船舶电力推进技术

第 2 版

乔鸣忠 于 飞 张晓锋 编著

机械工业出版社

本书重点分析了船舶交流电力推进系统的相关技术及特种电力推进技术，同时也兼顾了直流电力推进系统。全书共分 13 章，第 1 章简单介绍了船舶电力推进的基本概念、构成、特点、分类、应用及发展状况。第 2 章介绍了船舶电力推进中的螺旋桨基本理论、工作特性及螺旋桨对推进电动机的机械特性要求。第 3 章介绍了船舶电力推进系统中所采用的各种推进电动机，包括直流推进电动机、多相异步推进电动机、多相同步推进电动机和多相永磁推进电动机。第 4 章介绍了船舶直流电力推进系统，包括直流推进系统的主电路连接方式、简单的 G–M 系统、带蓄电池组的 G–M 系统、恒功率系统、恒电流系统以及带整流输出的交流发电机–直流电动机推进系统。第 5 章介绍了交流电力推进系统中所采用的大功率电力电子器件及其构成的交–交变频器、多电平变频器、H 桥型变频器和电流源型变频器。第 6 章介绍了交流推进变频器所采用的 PWM 技术，包括正弦 PWM、空间矢量 PWM、特定谐波消除 PWM 及电流滞环 PWM。第 7 章介绍了交流电力推进系统所采用的调速控制技术，包括标量控制技术、矢量控制技术及直接转矩控制技术，并举例分析了交流电力推进系统的构成及技术特点。第 8 章介绍了船舶侧推装置的组成、原理、典型控制系统及其应用。第 9 章介绍了吊舱式电力推进系统的组成、结构、原理及特点。第 10 章介绍了轮缘驱动电力推进系统组成、原理、技术特点、关键技术及应用案例。第 11 章介绍了超导电力推进系统的组成、原理与特点，并分析了超导推进电动机及超导电力推进系统方案设计。第 12 章介绍了船舶磁流体电力推进系统的构成、原理、性能特点及发展应用。第 13 章介绍了船舶电力推进的监测技术与控制技术以及电力推进监测与控制系统的设计，并进行了实例分析。

本书适合作为船舶类院校本科生或研究生教材，也可作为船舶设计研究所及船厂相关技术人员的参考书。

图书在版编目（CIP）数据

船舶电力推进技术/乔鸣忠，于飞，张晓锋编著．—2 版．—北京：机械工业出版社，2019.1
ISBN 978-7-111-61831-7

Ⅰ.①船… Ⅱ.①乔…②于…③张… Ⅲ.①船舶推进–电力装置–动力装置 Ⅳ.①U664.14

中国版本图书馆 CIP 数据核字（2019）第 009839 号

机械工业出版社（北京市百万庄大街22号　邮政编码100037）
策划编辑：罗　莉　　责任编辑：罗　莉
责任校对：佟瑞鑫　　封面设计：陈　沛
责任印制：张　博
三河市宏达印刷有限公司印刷
2019 年 3 月第 2 版第 1 次印刷
184mm×260mm・16.25 印张・396 千字
0 001—3 000 册
标准书号：ISBN 978-7-111-61831-7
定价：88.00 元

凡购本书，如有缺页、倒页、脱页，由本社发行部调换

电话服务　　　　　　　　　　　　网络服务
服务咨询热线：010–88361066　　机工官网：www.cmpbook.com
读者购书热线：010–68326294　　机工官博：weibo.com/cmp1952
　　　　　　　　　　　　　　　　金　书　网：www.golden–book.com
封面无防伪标均为盗版　　　　教育服务网：www.cmpedu.com

前　言

船舶电力推进技术是指采用电动机直接带动螺旋桨推动船舶行进的技术，可广泛用于各种民用船舶和军用舰船。与传统的机械推进方式相比，电力推进系统具有噪声低、调速性能好、效率高、可靠性好、重量体积小、布置灵活等优点。

船舶电力推进技术的应用历史悠久，1838 年第一艘电动试验船诞生，直到第一次世界大战开始，电力推进系统都采用蓄电池作动力源，直流电动机作推进电动机。二战结束后，电力推进系统在潜艇、大型邮轮、破冰船、拖轮、渡轮、消磁船、拖网船等船上开始得到了广泛的应用。1985 年后采用交流电力推进系统的民船大量涌现，过去一直只局限于专用船只的电力推进系统，目前已扩展到几乎所有的民船领域。1986 年美国提出"海上革命"计划，把综合全电力推进作为新一代舰艇的推进方式，英、法、德等发达国家也竞相斥巨资研制采用电力推进系统的新一代主战舰艇，并取得了重大进展，采用综合全电力推进已成为舰艇动力发展的必然趋势。

舰船电力推进技术在我国也有较长的发展历史，如我国自行设计的采用直流电力推进的常规潜艇性能优良，早已驰骋于世界各大洋。但是，我国电力推进技术在交流方面起步较晚，民船中所采用的交流电力推进大都引进国外大公司的成套设备。我国自主研发的交流电力推进技术从"十五"开始，历经"十一五""十二五"至今已取得了飞跃发展。本书作者有幸经历了国内交流电力推进技术从无到有、从小到大的发展过程，并借本书对船舶电力推进当前的技术组成和发展状况进行一次全面的归纳和系统的总结。

本书重点分析了船舶交流电力推进系统的相关技术及特种电力推进技术，同时也兼顾了直流电力推进系统。本书在第 1 版的基础上增加了一章（第 10 章）。全书共分 13 章，第 1 章简单介绍了船舶电力推进的基本概念、构成、特点、分类、应用及发展状况。第 2 章介绍了船舶电力推进中的螺旋桨基本理论、工作特性及螺旋桨对推进电动机的机械特性的要求。第 3 章介绍了船舶电力推进系统中所采用的各种推进电动机，包括直流推进电动机、多相异步推进电动机、多相同步推进电动机和多相永磁推进电动机。第 4 章介绍了船舶直流电力推进系统，包括直流推进系统的主电路连接方式、简单的 G – M 系统、带蓄电池组的 G – M 系统、恒功率系统、恒电流系统以及带整流输出的交流发电机 – 直流电动机推进系统。第 5 章介绍了交流电力推进系统中所采用的大功率电力电子器件及其构成的交 – 交变频器、多电平变频器、H 桥型变频器和电流源型变频器。第 6 章介绍了交流推进变频器所采用的脉宽调制（简称 PWM）技术，包括正弦 PWM、空间矢量 PWM、特定谐波消除 PWM 及电流滞环 PWM。第 7 章介绍了交流电力推进系统所采用的调速控制技术，包括标量控制技术、矢量控制技术及直接转矩控制技术，并举例分析了交流电力推进系统的构成及技术特点。第 8 章介绍了船舶侧推装置的组成、原理、典型控制系统及其应用。第 9 章介绍了吊舱式电力推进系统的组成、结构、原理及特点。第 10 章介绍了轮缘驱动电力推进系统组成、原理、技术特点、关键技术及应用案例。第 11 章介绍了超导电力推进系统的组成、原理与特点,并分析超导推进电动机及超导电力推进系统方案设计。第 12 章介绍了船舶磁流体电力推进系统的构成、原理、性能特点及发展应用。第 13 章介绍了船舶电力推进系统的监测技术与控制技术以及电力推进监测与控制系统的设计,并进行了实例分析。

本书的第 1～4、10 章由乔鸣忠编写,第 5～7 章由于飞编写,第 8、9、11～13 章由张晓锋编写,全书由乔鸣忠统稿。本书的部分内容来自课题组培养的博士研究生论文,他们是叶志浩博士、杜承东博士、宋庆国博士、魏永清博士、张成胜博士,在本书的写作过程中徐建霖讲师、梁京辉博士、蔡巍博士、朱鹏博士、夏益辉博士、李耕硕士、黄刘玮硕士、周玉文女士参与了本书部分内容的文字编排和绘图等工作,在此向他们表示感谢。

特别感谢李麟教授,他对全书内容进行了仔细审阅,提出了许多宝贵意见,并为本书提供了许多重要资料,对本书水平的进一步提升发挥了重要作用。

本书受到了国家自然科学基金项目(51877212、51277177)和海军工程大学研究生院教材建设基金的支持,在此向他们表示感谢。

由于作者水平有限,同时船舶电力推进技术的发展还在不断深入,许多技术问题本书没有涉及,本书内容中还有许多不足之处,敬请广大读者批评指正。

编　者

2019 年 1 月

目 录

前言
第1章 概述 ················· 1
1.1 船舶电力推进系统概述 ······· 1
1.1.1 电力推进系统的构成 ····· 1
1.1.2 电力推进系统的分类 ····· 1
1.1.3 电力推进的特点 ········· 3
1.2 船舶电力推进的应用 ········· 4
1.3 船舶电力推进发展趋势 ······· 6
1.3.1 电力推进发展概况 ······· 6
1.3.2 电力推进现状及发展趋势 ·· 8

第2章 船舶电力推进系统的机桨特性 ··············· 15
2.1 螺旋桨的基础知识 ············ 15
2.1.1 螺旋桨的外形和名称 ······ 15
2.1.2 螺旋面及螺旋线 ·········· 16
2.1.3 螺旋桨的几何特性 ········ 17
2.2 螺旋桨的推力和阻转矩 ········ 20
2.3 螺旋桨的工作特性 ············ 21
2.4 船体的阻力 ·················· 22
2.5 螺旋桨与船体的相互作用 ······ 22
2.5.1 船体对螺旋桨的影响 ······ 22
2.5.2 螺旋桨对船体的影响 ······ 23
2.6 螺旋桨特性 ·················· 23
2.6.1 自由航行特性 ············ 23
2.6.2 系缆（抛锚）特性 ········ 24
2.6.3 螺旋桨反转特性 ·········· 25
2.7 螺旋桨对推进电动机机械特性的要求 ················· 27

第3章 船舶推进电动机 ········ 30
3.1 船舶推进电动机概述 ·········· 30
3.1.1 推进电动机的特点 ········ 30
3.1.2 船舶推进电动机的要求 ···· 31
3.2 船舶直流推进电动机 ·········· 33
3.2.1 直流电动机的基本原理 ···· 33
3.2.2 他励直流电动机数学模型 ·· 35
3.2.3 直流电动机的运行特性 ···· 39
3.2.4 船舶直流推进电动机特点 ·· 40
3.3 交流推进电动机 ·············· 42
3.3.1 多相异步电动机数学模型 ·· 43
3.3.2 多相同步电动机数学模型 ·· 47
3.3.3 交流电动机的运行特性 ···· 50
3.3.4 船舶交流推进电动机特点 ·· 53
3.4 船舶永磁推进电动机 ·········· 55
3.4.1 基本原理、分类 ·········· 55
3.4.2 多相永磁电动机通用数学模型 ···· 55
3.4.3 多相正弦波永磁同步电动机数学模型 ············ 58
3.4.4 船舶永磁推进电动机特点 ·· 60

第4章 船舶直流电力推进 ······ 64
4.1 主电路连接方式 ·············· 64
4.1.1 主发电机并联接法与主发电机串联接法的比较 ······ 64
4.1.2 一般串联接法与交互串联接法的比较 ················ 65
4.1.3 主电动机采用单电枢或双电枢的比较 ················ 65
4.1.4 主电路连接法举例 ········ 66
4.2 简单的G-M系统 ············· 67
4.2.1 工作原理和机械特性 ······ 67
4.2.2 G-M系统的工作状态 ····· 69
4.2.3 G-M系统的优点 ········· 70
4.2.4 G-M系统的缺点 ········· 70
4.3 带蓄电池组的G-M系统 ······ 71
4.3.1 调速方式及工作特性 ······ 71
4.3.2 系统的优缺点 ············ 73
4.4 恒功率系统 ·················· 73
4.4.1 理想恒功率特性和发电机电动机特性的自动调节方法 ···· 73
4.4.2 三绕组发电机系统 ········ 76

4.5 恒电流系统 ……………………… 77
　4.5.1 基本原理 …………………… 77
　4.5.2 恒电流系统的静特性 ……… 79
　4.5.3 恒电流系统的应用范围 …… 79
4.6 带整流输出的交流发电机—直流电动机推进系统 ……………………… 80
　4.6.1 交流发电机的设计特点 …… 80
　4.6.2 十二相发电机整流桥连接方式及整流特性 ………………………… 82
　4.6.3 采用交—直系统的优点 …… 83
4.7 船舶直流电力推进控制案例 …… 84

第5章 船舶交流电力推进系统及其变频器 ……………………………… 86
5.1 交流电力推进系统概述 ………… 86
5.2 推进变频器用大功率电力电子器件 … 88
　5.2.1 电力二极管 ………………… 88
　5.2.2 晶闸管 ……………………… 90
　5.2.3 门极关断晶闸管（GTO） … 93
　5.2.4 绝缘栅双极型晶体管（IGBT） … 94
　5.2.5 集成门极换流晶闸管（IGCT） … 95
　5.2.6 电子注入增强栅晶体管（IEGT） … 96
5.3 交 - 直 - 交变频器分类 ………… 99
5.4 H 桥型逆变器 …………………… 100
　5.4.1 单相半桥电压型逆变电路 … 100
　5.4.2 单相 H 桥逆变器 …………… 100
　5.4.3 多相 H 桥逆变器 …………… 101
5.5 两电平逆变器 …………………… 103
　5.5.1 三相两电平逆变电路 ……… 103
　5.5.2 多相两电平逆变电路 ……… 105
5.6 多电平逆变器 …………………… 106
5.7 交 - 交变频器 …………………… 111
　5.7.1 单相交 - 交变频电路 ……… 111
　5.7.2 三相交 - 交变频电路 ……… 116

第6章 船舶交流电力推进系统 PWM 控制技术 …………………………… 118
6.1 正弦 PWM（SPWM）控制技术 … 118
　6.1.1 基本原理 …………………… 118
　6.1.2 过调制操作 ………………… 120
　6.1.3 载波与调制波频率的关系 … 120
　6.1.4 死区效应及补偿 …………… 121
6.2 空间矢量 PWM（SVPWM）控制技术 ……………………………… 122
　6.2.1 静止空间矢量 ……………… 123
　6.2.2 矢量作用时间计算 ………… 124
　6.2.3 V_{ref} 位置与作用时间之间的关系 ………………………………… 126
　6.2.4 开关顺序设计 ……………… 126
6.3 特定谐波消除 PWM（SHEPWM）控制技术 ………………………… 130
6.4 滞环 PWM 控制技术 …………… 132

第7章 船舶交流电力推进系统调速控制技术 ……………………………… 134
7.1 电力推进系统标量控制技术 …… 134
　7.1.1 开环恒压频比（V/F）标量控制 ……………………………………… 134
　7.1.2 带转差率调节的速度控制 … 136
7.2 电力推进系统矢量控制技术 …… 137
　7.2.1 矢量控制与直流电动机控制的相似性 ………………………………… 137
　7.2.2 等效电路和相量图 ………… 138
　7.2.3 矢量控制原理 ……………… 139
　7.2.4 直接矢量控制 ……………… 140
　7.2.5 磁链矢量的估计 …………… 141
　7.2.6 间接或前馈矢量控制 ……… 144
7.3 电力推进系统直接转矩控制 …… 146
　7.3.1 基于定子和转子磁链的转矩表达式 ………………………………… 146
　7.3.2 直接转矩控制的基本原理 … 147
7.4 交流电力推进系统示例 ………… 150
　7.4.1 某液化天然气运输船电力推进系统 …………………………………… 150
　7.4.2 某 350t 自航起重船电力推进系统 …………………………………… 152

第8章 船舶侧推装置 ……………… 155
8.1 船舶侧推装置概述 ……………… 155
　8.1.1 船舶侧推装置的工作原理 … 155
　8.1.2 船舶侧推装置的作用和要求 … 156
8.2 船舶侧推装置控制系统的组成和原理 ……………………………… 156
　8.2.1 定距桨侧推装置 …………… 157
　8.2.2 调距桨侧推装置 …………… 158
8.3 船舶侧推装置的典型控制系统 … 162
8.4 船舶侧推装置的选用要点及其应用 … 164
　8.4.1 船舶侧推装置的选用要点 … 164

8.4.2 船舶侧推装置的应用 …………… 164
8.5 船舶侧推装置设计举例 ……………… 167

第9章 船舶吊舱式电力推进 ………… 169
9.1 船舶吊舱式电力推进概述 …………… 169
    9.1.1 吊舱式推进器 ………………… 169
    9.1.2 吊舱电力推进系统 …………… 175
    9.1.3 吊舱电力推进中的几项关键技术 …………………………… 175
9.2 船舶吊舱式电力推进的性能和特点 … 178
9.3 吊舱式对转螺旋桨（CRP）系统的结构原理和特点 ………………………… 181

第10章 轮缘驱动电力推进 …………… 184
10.1 轮缘驱动电力推进概述 …………… 184
    10.1.1 轮缘驱动电力推进的基本概念 ………………………… 184
    10.1.2 轮缘驱动电力推进的主要特点 ………………………… 185
10.2 轮缘驱动电力推进的发展 ………… 186
10.3 轮缘驱动电力推进的关键技术 …… 188
10.4 轮缘驱动推进电动机 ……………… 189
10.5 轮缘驱动电力推进案例 …………… 191

第11章 船舶超导电力推进 …………… 194
11.1 超导技术概述 ……………………… 194
    11.1.1 超导材料的发展 …………… 194
    11.1.2 超导材料的性质 …………… 196
    11.1.3 超导技术应用 ……………… 198
11.2 船舶超导电力推进装置的发展 …… 198
11.3 超导电力推进系统 ………………… 200
    11.3.1 超导电力推进的特点 ……… 200
    11.3.2 适用范围及主要组成设备 … 202
    11.3.3 推进方式与特征 …………… 203
    11.3.4 低温冷却方案 ……………… 203
11.4 超导推进电动机 …………………… 204
    11.4.1 低温超导直流单极电动机 … 204
    11.4.2 高温超导交流同步电动机 … 205
11.5 船舶超导电力推进系统方案设计示例 ……………………………………… 207
    11.5.1 液化天然气破冰船超导直流电力推进系统方案 ……… 207
    11.5.2 直流超导电力推进试验船 … 208
    11.5.3 小水线面双体船、水翼艇等的超导交流电力推进系统方案 …… 208

第12章 船舶磁流体电力推进 ………… 210
12.1 磁流体推进概述 …………………… 210
    12.1.1 磁流体推进基本概念 ……… 210
    12.1.2 磁流体推进原理 …………… 211
    12.1.3 船舶总体构成 ……………… 213
12.2 磁流体推进的性能和特点 ………… 214
12.3 超导磁流体关键技术与总体概念 … 215
    12.3.1 推进器总体设计 …………… 215
    12.3.2 超导磁体系统 ……………… 215
    12.3.3 低温制冷系统 ……………… 217
    12.3.4 海水通电电极 ……………… 217
    12.3.5 推进用电力系统 …………… 218
    12.3.6 超导磁流体推进船设计概要 … 218
12.4 发展应用 …………………………… 219
    12.4.1 发展历程及前景 …………… 219
    12.4.2 潜在应用示例 ……………… 223

第13章 船舶电力推进的监测与控制 … 227
13.1 船舶电力推进监控概述 …………… 227
    13.1.1 船舶电力推进监测与控制技术现状 ……………………… 227
    13.1.2 船舶电力推进监测与控制技术的发展 …………………… 228
13.2 船舶电力推进监测与控制系统通信技术 ……………………………………… 229
13.3 船舶电力推进监测与控制系统设计要求 ……………………………………… 231
    13.3.1 环境要求 …………………… 231
    13.3.2 安装要求 …………………… 231
    13.3.3 绝缘耐压要求 ……………… 232
    13.3.4 工作电源要求 ……………… 232
    13.3.5 主要功能性能要求 ………… 232
    13.3.6 监控系统网络的要求 ……… 233
    13.3.7 监控系统用传感器的要求 … 233
    13.3.8 控制软件基本要求 ………… 233
13.4 船舶电力推进监测与控制系统设计 ……………………………………… 234
    13.4.1 方案的初步制订 …………… 234
    13.4.2 监测与控制网络设计 ……… 234
    13.4.3 监测与控制系统设计 ……… 234
    13.4.4 监测与控制系统软件设计 … 237
    13.4.5 人机界面设计 ……………… 238
13.5 船舶电力推进监测与控制系统方案实例 ……………………………………… 239
    13.5.1 某船电力推进监控系统设计 … 239
    13.5.2 采用CAN总线的多相推进电动机控制系统 …………………… 244

参考文献 …………………………………… 246

第 1 章 概 述

船舶电力推进是由电动机带动螺旋桨或其他推进器来推动船舶运动。与一般船舶机械拖动不同,电力推进电动机的功率很大,一般从几百千瓦到几十兆瓦。由于推进电动机的功率几乎与发电机组总容量相当,因而电力推进系统的设计不仅包括推进电动机部分,还要将发电机方面的影响考虑在内。

本章将主要介绍船舶电力推进系统的构成、分类、特点、应用及发展概况。

1.1 船舶电力推进系统概述

1.1.1 电力推进系统的构成

船舶电力推进系统一般由螺旋桨、推进电动机、发电机、原动机以及控制设备组成。其构成如图 1-1 所示。

其中,原动机 Y 的机械能经发电机 G 变为电能,传输给推进电动机 M,由电动机将电能变为机械能,传递给螺旋桨 J,推动船舶运动。由于螺旋桨所需功率较大,推进电动机不能由一般的日用电网供电,必须设置单独发电机(组)或更大功率的电源,因此电力推进船可设立两个独立的电站,也可设立一个综合性电站。

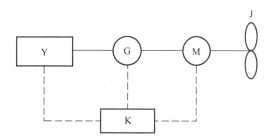

Y—原动机 G—发电机 M—推进电动机 K—控制设备 J—螺旋桨
图 1-1 电力推进系统构成简图

电力推进用的原动机可以采用柴油机、汽轮机或燃气轮机。目前一般采用高速或中高速柴油机,大功率时采用汽轮机或燃气轮机。

发电机可以采用直流他励发电机、交流同步发电机或交流整流发电机等。

电动机可以采用直流他励电动机、交流同步电动机、异步电动机或永磁电动机等。

船舶推进器一般采用定距螺旋桨,因为其效率高、尺寸较小。

1.1.2 电力推进系统的分类

电力推进装置利用旋转电动机从原动机向螺旋桨传递功率。由原动机驱动的发电机直接或通过固态整流器或变频器供电给推进电动机,推进电动机直接或通过减速齿轮装置与螺旋桨联轴。由于使用了固态变换器,发电机所发出的供推进电动机使用的电能不必是同一类型,可以是交流电也可以是直流电。因此,船舶电力推进系统可以根据所用的原动机类型、主电路电流种类以及装置的功能进行分类。

1. 按原动机类型分类

（1）柴油机电力推进　柴油机是目前船舶电力推进中最广泛采用的原动机，特别是中小型船舶，采用柴油机较汽轮机更为经济。为了减轻重量和减小体积，电力推进一般采用高中速柴油发电机组。

（2）蒸汽轮机电力推进　一般适用于大功率电力推进以及本身需要大量蒸汽消耗的船舶。汽轮机可以使用低级廉价的燃料，降低船舶运营的成本，汽轮机的缺点是需要蒸汽锅炉，使动力装置体积大，其重量亦大。

（3）燃气轮机电力推进　燃气轮机功率大、体积小、重量轻、结构简单、起动快，是电力推进可考虑的原动机。

（4）原子能反应堆装置电力推进　把原子能反应堆中产生的热能，通过热交换器加热蒸汽或惰性气体，然后通过汽轮机发电。作为船舶电力推进，它可以不需要燃料储备而航行很长时间，因而特别适于破冰船、潜艇、远洋船等大中型船舶。

（5）燃料电池电力推进　燃料电池是直接或间接地使用燃料氧化自由能的化学电池，它与通常的电池不同，只要连续供应燃料就能连续产生电能。此外，它工作可靠、无噪声，并可根据需要，任意串、并联。这些优点，使燃料电池在电力推进的应用中具有广阔的发展前景。

2. 按电流种类分类

按主回路电流种类可分成直流、交流、交直流和直交流系统电力推进。

（1）直流电力推进　按系统调节原理可分为恒压电力推进、简单 G-M 电力推进、恒功率电力推进以及恒电流电力推进等。

（2）交流电力推进　推进电动机采用交流电动机，包括异步电动机、同步电动机、永磁电动机，其调速方式主要采用交交变频调速、交直交变频调速等。目前，绝大多数船只均采用此类推进方式。

（3）交直流电力推进　交直流系统采用电力电子技术将交流电源和直流电动机结合成一个系统。

（4）直交流电力推进　直交流系统采用电力电子技术把直流电源和交流电动机结合成一个系统。

3. 按推进功能分类

（1）独立电力推进　螺旋桨专由推进电动机带动，主发电机除供电给推进电动机外，有时还可把一部分电能供给船舶电网。

（2）联合电力推进　联合电力推进，这种推进方式如图 1-2 所示，它可以有四种工况：

1）螺旋桨由推进电动机带动（此时主机与螺旋桨脱开），作低速航行；

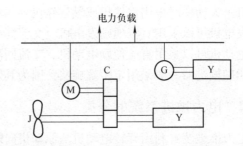

Y—原动机　G—发动机　M—推进电动机　J—螺旋桨　C—齿轮箱

图 1-2　联合电力推进

2) 螺旋桨由主机（原动机）直接带动（此时推进电动机与螺旋桨脱开）；

3) 螺旋桨由主机（原动机）与推进电动机共同带动，作高速航行；

4) 在航行时推进电动机由主轴带动，作发电运行，把电能回馈给电网（相当于轴带发电机）。

(3) 特种电力推进　特种电力推进有侧推电力推进、全回转吊舱电力推进、超导电力推进、磁流体电力推进和泵喷电力推进等。

(4) 综合电力推进　采用电力系统集成技术来实现船舶电能的产生、输送、变换、分配以及利用，以满足船舶推进、日用负载、大功率脉冲负载等的需要。它将船舶发供电与推进用电、船载设备用电集成在一个统一的系统内，从而实现发电、配电与电力推进用电及其他设备用电统一调度和集中控制。

1.1.3　电力推进的特点

与直接或带齿轮推进相比，电力推进的主要优点有：

1) 布置安装灵活。大型船舶的原动机几乎是毫无例外地安装在船尾的下部空间，同时需要一根较长的传动轴系连接螺旋桨。而电力推进的电动机通常和螺旋桨靠得很近，省去了传动轴系，相应地节省了空间。发电设备可以根据全船的配置合理安排，不受推进电动机和螺旋桨的限制，可以在机舱整个空间内立体布置，既方便灵活，又充分利用了机舱舱容。如果从消防和安全性方面考虑，还可以把发电机分成几组布置在不同的舱室中。

2) 易于获得理想的拖动特性，提高舰船的技术经济性能。

① 低速特性。柴油机的调速比一般为1:3，因此采用直接推进时，不容易获得低速（额定转速为$250 \sim 300 \text{r/min}$时，稳定低速不可能低于$90 \sim 120 \text{r/min}$）。而电动机的调速比可达1:10甚至一比几十，故采用电力推进时螺旋桨可以获得很低转速（4r/min以下），有利于船舶实现机动航行，比如稳定低速接近目标、靠离码头等。

② 动车停车等的快速性。电动机的起动、停止与反转均比柴油机迅速，因此螺旋桨动车停车及倒车速度很快，有利于提高船舶的机动性。

③ 恒功率特性。船舶在航行过程中，由于风浪等因素的影响，阻力经常发生变化。采用电力推进装置可以在阻力经常变化的条件下，始终维持动力设备（柴油机、发电机或电动机）处于恒功率运行，使动力设备的效率保持在较高的水平上，以利于充分发挥动力设备的效能（即充分利用设备的装置功率）。

④ 恒电流特性。电力推进装置的主回路电流可以采用一定的调节措施使其保持一定的数值不变，这就有可能在主回路内串接若干个电动机，这些电动机可以独立调节而彼此不受影响，这一特性对某些工程船特别适合。这些船具有容量相近而不同时使用的若干个负载，将它们的拖动电动机电枢串接在一条主回路内，由公共的发电机组供电，可以使发电机组的装置容量大大减小。采用恒电流系统时还具有电动机过渡过程较快、工作可靠、操纵灵活、系统无过载危害等特点。

⑤ 堵转特性。当螺旋桨被绳缆、冰块等卡住时，由于采用电力推进，系统具有"堵转特性"，在短时内不必断开电动机，待到卡住的原因消除以后，螺旋桨很快恢复正常运转，消除了系统经常"断开－接通"的弊端。

3) 可以采用中高速不反转原动机，降低了设备重量、体积。螺旋桨的转速不能太高，通常是在300r/min以下，否则其效率将降低，因此在直接推进时，原动机若为柴油机时，它的转速就不可能做得较高，只能采用所谓重型低速柴油机。其特点是功率大、速度低，因而重量大、尺寸大。如果采用电力推进装置，则可用轻小的中高速柴油发电机组，柴油机也不必采用可反转的，这样便可大大降低原动机的重量和体积。

中高速柴油机重量轻、尺寸小，便于舱室布置。不反转柴油机结构简单、运行可靠、寿命长。在其他条件相同时，不反转柴油机比可反转柴油机的寿命要长得多。据已有资料显示，柴油机每反转一次的磨损与它工作16h的磨损相当。由于原动机不必反转，因此电力推进装置也为燃气轮机的广泛应用创造了良好的条件。

4）操纵灵活、机动性能好。采用电力推进易于实现由驾驶室直接进行舰船的操纵，使舰船的操纵十分机动灵活。对于直接推进，一般是由驾驶室通过车钟向机舱传递主机操作指令，由主机操作人员按指令操纵柴油机，然后通过车钟向驾驶室回令。这样不但来车速度慢而且很容易产生误操作。若采用电力推进，驾驶人员只需在驾驶室操纵驱动推进电动机的调速装置即可实现对舰船的操纵，大大减少了误操作的可能性。

电力推进装置的操纵过渡过程比直接推进的大大缩短（来车快），因此它应付紧急状态的能力较强，极大地增加了航行安全性。

5）可靠性高。可使用多台发电机组和电动机，从而确保较大的可靠性，丧失一台装置不致引起电力的全部丧失。同时，进行多台小容量装置的维修比进行单台大容量装置的维修更高效、更容易。

6）振动小。摒弃了传动轴系和调速齿轮箱，较少的螺旋桨振动传递到原动机上。

7）适用性强。除提供推进电力外，还可利用发电机组给其他日用负载供电。

8）燃料经济性。由于可以完全关闭一些发电装置，且另一些发电装置在接近满载和高效率下运行，因此在减小了功率时，燃料的经济性是极好的。通过使用固态变换器控制电动机转速，发电机在其最佳转速下运行，使原动机获得最高效率。

与直接或带齿轮推进相比，电力推进的主要缺点有：
1）在最高速度时的总效率通常较低。
2）采用电气设备可能引来一些需要防避的附加危害，如电气设备中可能的火灾，故障引起的扰乱（闪络、短路和接地）、电击造成的人身伤害等。
3）电力推进装置需要受过较好训练且具有较高技能的操作人员。
4）需要种类繁多的备件。

1.2 船舶电力推进的应用

电力推进多数应用在具有下列特点的船舶上：
1）需要高度机动性能的船舶；
2）需要有特殊工作性质的船舶；
3）具有大容量辅助机械的船舶；
4）军用舰船。

在下述一些船舶上采用电力推进尤其具有突出的优点，国内外均有应用实例：

1. 渡轮

电力推进易于集中控制，可在驾驶室直接操纵船舶。采用电力推进后，除了船尾部装设推进器外，尚可方便地在船首及左右舷装设侧向推进器，使渡轮在港口要道和狭窄航道中能快速、灵活和安全地航行，也使靠离码头的操作快速、准确、可靠。"烟大"轮是国内首次采用全电力推进系统的载火车、汽车和旅客的客滚船，该船由上海船舶研究设计院设计，天津新港船厂建造，长182.6m，宽24.8m，满载排水量16299t，服务航速18kn[①]，抗风能力8级，推进器采用了ABB公司 2×4088 kW 紧凑型 Azipod 推进装置，已在2006年建成使用。

2. 挖泥船

耙吸式挖泥船在采用电力推进时，挖泥机械（大功率泥泵）不必由专用的原动机带动，动力装置的功率可以给耙吸工作和推进工作随意分配使用。即在耙吸挖泥时，船舶低速航行，主发电机除把一小部分电能供给推进装置外，大部分能量供给泥泵。不进行耙吸操作时，船舶可利用全部电能高速航行，提高了电能的利用率。这样可以减少原动机组数量，提高动力装置的经济性，还可简化机舱值班和维护工作，提高船舶生产率，降低挖泥成本。如链斗式挖泥船，在需要自航时，也常利用挖泥机械的电力作为推进动力。

3. 破冰船

电力推进在低速时能发出大推力，可出色地完成破冰任务。它的堵转特性使机组不会超载，并在螺旋桨被冰块卡住时也不会发生事故。电力推进装置的快速机动性能和恒功率自动调节性能，也改善了破冰船的工作效率。

4. 起重船

在自航式起重船上，可利用起重机械的电力作为推进动力。如我国自行设计、制造的50t起重船，装有两台55kW柴油发电机组，起重作业时，供电给起重机械。在航行时，供电给两台55kW的推进电动机，航速约为3kn。

5. 渔轮

可以根据各工况的不同要求，方便地把电能适当分配至推进、捕捞和冷藏机械，以节省一些专供辅机（如拖网机、冷藏机）的发电机组，如拖网渔船，在寻找鱼群时，只需在经济航行工况下运行，推进装置耗用一部分电能，在拖网捕鱼时，除将部分电能供低速推进外，其余可供给拖网机械与其他设备，在捕捞完毕返回基地时，可把全部电能供给推进装置，全速返航。

6. 拖轮

电力推进装置具有宽广的调速范围，故可保证从自由航行状态到拖带状态都发出全功率，获得拖航工作的最佳效率。此外，在拖带过重时，还可实现堵转，避免事故的发生。由于电力推进可以方便地在驾驶室控制，保证了操作的正确性和拖曳的安全性。对港口拖轮，就更为适宜。

7. 调查船、测量船

这些船上的甲板机械、附属设备和科研仪器，往往需要大量电能，它们可以与电力推进装置一起从主发电机组中获得电能。电力推进具有较高的机动性、低速航行特性等，这些对

[①] 1节（kn）=1海里/小时（n mile/h）=（1852/3600）m/s。

于航行状态多变、航区复杂的调查船和测量船都是必不可少的。

8. 消防船

消防船在急驶火场时，必须把主发电机的全部功率用于推进，在到达火场后，只需把少量的电能供给低速推进，在火场周围缓行，而把大部分电能供给消防泵。电力推进不仅可以减少消防船上原动机数量，而且可以在驾驶室集中控制，获得良好的机动性和操纵性，使消防船处于最佳灭火位置，出色完成消防任务。

9. 救捞船

同消防船相似，在急驶救生地点后，救生打捞设备（如空压机、绞车等）可从主发电机组获得大量电能。

10. 领航船

采用电力推进，可精确地控制低速推进，使船的位置保持不变，在恶劣的气候条件下移动时，电力推进还可增加其安全性。由于领航船的工作包括了一段相当长的低速航行，采用电力推进后，可以只开一部分机组，减少了燃料消耗，提高了经济性；在一定的燃料储备下，减少了返航添加燃料的次数，增加了运营时间。

11. 布缆船

在敷设电缆时，需要稳定正确的航向和较大调节范围的低速推进。采用了电力推进，就可以达到上述要求，同时还可降低推进速度，将剩余的电力用于布缆作业。

12. 航标工作船

在敷设和维修航标时，需要低速电力推进，使船舶逐渐靠近和保持在航标敷设的位置进行作业。我国沿海航标船大都采用电力推进。

13. 水下作业船只

由于在水下无法采用柴油机等需要氧气的原动机，因此，水下作业船只通常都采用蓄电池供电的电力推进方式，如潜艇、潜水器等。

14. 大型邮轮

直接由变频器控制的电动机推进驱动装置，使邮轮布置方便、紧凑；增加了客轮房间，减少噪声，使乘客生活更舒适。如美国的"幻想号"，日本的"Crystal Harmonuy 号"等。

15. 现代化的军用舰船

现代化的军用舰船一方面需要较强的机动性，另一方面也会配备电磁炮、激光、微波等高能武器和电磁弹射等高能量的装备。采用电力推进后，用电动机驱动船舶推进器，控制灵活、调速方便，船在低速航行时，可将大量的能量用于高能武器和高能量装备。如英国建造的45型驱逐舰，美国研制的DDX驱逐舰都采用电力推进。

1.3 船舶电力推进发展趋势

1.3.1 电力推进发展概况

船舶电力推进并非新名词，这一术语出现于1838年，迄今已有180余年的历史。船舶电力推进随船舶航运事业和电气、电力电子技术的不断进步而发展。在20世纪初期，交流和直流电力推进系统就已在船舶中应用。回顾电力推进的发展，大致有以下几个阶段：

1. 试验时期

19世纪末期，在德国和俄国最先开始以蓄电池为能源的电力推进应用试验，此后第一代电力推进于1920年投入使用，结果在小客船横渡大西洋上效果明显。这个时期大约从电动船诞生一直延续到20世纪初，此期间的电力推进大多采用蓄电池作动力，用直流电动机作推进电动机，功率在75kW以下。

2. 广泛应用时期

20世纪20~30年代，尽管大功率蒸汽轮机作为舰船原动机的技术已经成熟，但由于机械加工水平和能力的不足，从民用货轮、客轮、油轮到航空母舰等大功率舰船，多采用电力推进。电力推进出现过广泛应用的流行期，除潜艇、破冰船等特殊工程专用舰船外，仅美国就有226艘护卫舰与488艘民船采用电力推进。美国建造的"新墨西哥"号电力推进战列舰，采用汽轮机发电，异步电动机推进的总轴功率已达到4000~22000kW。

3. 充分应用电力推进特长时期

20世纪40年代后期，由于机械加工技术的进步，特别是齿轮传动装置加工能力的提高，蒸汽轮机和柴油机朝大型化发展，批量生产能力也得到了提高，而当时的电力推进却由于技术条件的限制，其装置大而笨重、效率低、成本高，严重限制了其广泛应用。因此大部分水面舰船均采用蒸汽轮机、柴油机和燃气轮机及各种联合动力装置推进。

20世纪50年代，电力推进主要是可调速的"发电机–电动机"直流系统，调速是利用电机励磁回路的可变电阻来实现。

20世纪60年代，半导体技术可以保证由晶闸管系统来控制励磁，推动了电力推进系统的发展。20世纪60年代中期，出现了带变桨距的交流电力推进。

20世纪70年代，电力推进的特征是借助大电流的半导体元器件，将用于船舶总电网工作的三相交流发电机电流传递给电力推进装置，但是，船舶直流推进电动机有换向器和电刷，在使用中存在许多缺点，如大负载和反转时出现火花、换向器磨损、电刷烧毁、产生电磁干扰以及维护困难等。由于在当时条件下变频技术还是新鲜事物，所以可获得的交流推进装置不能提供必要的容量，交流换向器电动机具有与直流变速系统相同的缺点。

4. 蓬勃发展时期

20世纪80年代以后，通过改变供给电动机的电流频率和电压来调节推进电动机转速的交流推进系统取代了直流推进系统，借助于逆变器和变频器来实现的各种推进方案得到广泛应用。采用更紧凑和更轻便的交流推进电动机——同步电动机和异步电动机可以使系统获得更高频率，大大简化设备的维护。采用现代交流变换器技术的以下两个系统已获得广泛应用：

1）带直接变频器和安静型同步推进电动机的系统，适合1~40MW功率使用；

2）带有中间直流环节的变频器和异步推进电动机的系统，电动机转速范围为800~1500r/min，并具有与推进轴连接的减速传动装置，这种类型的推进装置适合于7~8MW功率使用。

20世纪后期，功率电子器件制造技术不断提高，控制技术不断完善，大大地推动了商用船舶电力推进技术的应用水平，更大地提升了电力推进系统的有效功率等级，电力推进在民船应用领域出现了前所未有的发展盛世，电力商船的应用范围日益扩大。

另外，船舶在推进结构上从燃气轮机、柴油机或核动力等单机配制到多种原动机混合配制；功率等级上从百千瓦级到数十兆瓦级不等；推进模式上更加多样化，如用途广泛的吊舱式推进。由于采用了脉宽调制和循环变频等控制技术，电力推进中推进电动机的控制更加可靠，船上各种设备的用电品质得到保证。上述一系列变化使电力推进成为船舶推进技术的发展趋势。

1.3.2 电力推进现状及发展趋势

1. 电力推进现状

进入20世纪末期，世界各国都热衷于研究船舶电力推进技术，新造的船舶80%以上都采用了电力推进，而且比例越来越高。另外，造船强国也纷纷提出了电力推进技术的研究计划，如美国提出了船舶综合电力系统（Integrated Power System，IPS）的研究计划，英国提出了船舶综合全电力推进系统（Integrated Full Electric Propulsion，IFEP）研究计划等。

我国在20世纪设计和建造的电力推进船舶主要采用传统的直流推进技术，到了20世纪末期，我国也开始研究以综合电力系统为背景、具有现代技术的交流电力推进船舶，国内建造的第一艘交流电力推进船舶是上海爱德华造船有限公司为瑞典DONSOTANK公司制造的"帕劳斯佩拉"号化学品船，于2000年投入运营；2002年12月广船国际为中远广州公司建造的半潜船"泰安口"号正式交付使用。该船采用了先进的吊舱型式的交流电力推进系统，目前它的姊妹船"康盛口"号也已经投入运行。上述船舶均由国外公司设计，仅在国内厂家建造。国内自行设计的第一条具有现代技术的交流电力推进船是由上海船舶研究设计院设计，江南重工建造的科学考察船，于2005年在南海投入使用，上海船舶研究设计院还为铁道部设计了两艘交流电力推进的客滚船"烟大"渡轮，该船由天津新港船厂建造，船长182.6m，宽24.8m，满载排水量16299t，服务航速18kn，抗风浪能力为8级。

船舶综合电力系统主要包括发电、配电、电能变换、电力推进、监测与控制等内容。其构成如图1-3所示。

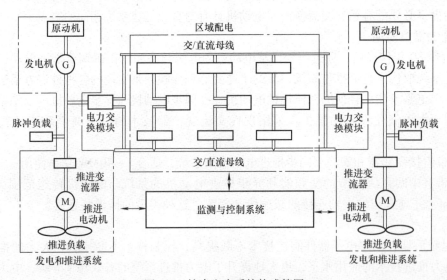

图1-3 综合电力系统构成简图

电力推进系统主要由推进电动机、推进变频器、推进负载、监测与控制系统等组成。这些装置的应用现状及发展趋势如下：

（1）推进电动机　按电动机类型，推进电动机分为直流推进电动机、交流推进电动机、永磁推进电动机和超导推进电动机。在水面船舶电力推进中是交流推进电动机和永磁推进电动机并存的局面。在水下作业船只（含潜艇）电力推进中直流推进电动机目前占主导地位。

1）直流推进电动机：因其具有良好的转速、过载、起动和运行性能，直流推进电动机在水下作业船只（含潜艇）电力推进系统中至今仍占统治地位。为适应形势发展的需要，在采用新技术、新结构、新工艺和新材料的背景下，直流推进电动机的设计不断完善，其推进性能不断提高。

2）交流推进电动机：在变频调速技术成熟以前，由于交流电动机调速性能的限制，交流推进电动机主要用于对机动性要求不高的船舶，或者作为某些船舶的一种辅助推进。例如，作为辅助推进的主动舵电动机和用于驱动变桨距推进器的交流推进电动机。

随着电力电子技术、数字控制技术、现代控制理论特别是矢量控制技术和直接转矩控制技术的发展，交流推进电动机的调速性能已可与直流推进电动机相媲美。在国外的商用特种水面船舶中交流推进电动机的应用已十分广泛，国内电力推进船舶中交流推进电动机的应用也正在起步。

作为动力型的交流电动机，原则上都可以作为交流推进电动机用。但是，实际应用中主要有下列几种类型：绕线转子异步电动机、笼型异步电动机、先进感应电动机和同步电动机等。

3）永磁推进电动机：伴随着永磁材料和交流调速的发展，永磁推进电动机以其明显的优势展示在世界海洋上。永磁推进电动机在德国 212 潜艇、俄罗斯"阿莫尔"号潜艇上的成功应用以及美国、英国、法国等各国在实用化研究上的累累硕果，有力地证明了它是近中期首选的动力装置，是船舶直流推进电动机的更新换代产品。永磁推进电动机按气隙磁通方向可以分为径向磁通永磁电动机、轴向磁通永磁电动机和横向磁通永磁电动机。按电枢绕组反电势波形，可分为正弦波永磁电动机和方波（梯形波）永磁电动机。

永磁电动机采用永磁材料励磁，没有励磁绕组和励磁损耗。与一般励磁电动机相比，永磁电动机具有效率高、体积小等优点，特别适用于船舶推进电动机。

在船舶推进电动机上使用的永磁材料主要为钕铁硼和钐钴两种稀土永磁材料。钕铁硼具有较高的磁能积、价格便宜，但温度系数偏大、居里温度低。钐钴具有较高居里温度、温度系数小，但价格贵、磁能积低。

4）超导推进电动机：随着高温超导材料的发展，超导推进电动机逐渐引起世界各国的青睐，成为中远期可提供高效、大功率动力的推进电动机。超导推进电动机有超导单极电动机、超导同步电动机、超导异极电动机（即超导换向器式直流电机）、特种超导电动机等。其中超导单极电动机和超导同步电动机已具有一定的研究基础，较为成熟。

直流超导电力推进系统采用的是超导单极电动机，到目前为止，世界上已经研制成功 20 多台功率不等、型式各异的低温超导单极电动机，2200kW 和 1000kW 超导单极发电机和电动机已经开始进行推进系统实船试验。

（2）变频调速装置　以主电路结构形式来划分，船舶电力推进变频调速装置最常见的类型主要有四种：整流器或斩波器、交－交型循环变频器、交－直－交电流源型变频器

（又称同步变频器）、交－直－交电压源型变频器（又称 PWM 变频器），它们可驱动不同类型的推进电动机。

1）整流器和斩波器：在船舶电力推进应用中，整流器可直接驱动直流推进电动机实现调速功能。

在船舶电力推进中常采用 12 脉波或 24 脉波不可控整流器，目的是减小谐波，为交流推进逆变电路提供高质量的直流电。输出采用串联和并联结构的 12 脉波不可控整流器如图 1-4 和图 1-5 所示。

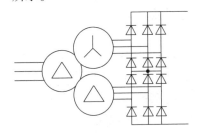 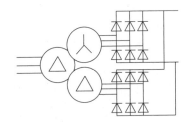

图 1-4　串联型输出 12 脉波整流器　　图 1-5　并联型输出 12 脉波整流器

斩波器是直流－直流（DC－DC）的变换方式，包括斩波降压变换电路、升压变换电路和升降压变换电路三种类型。其中斩波降压电路调速最为常见。这种方式可用于蓄电池供电的潜艇或深潜器设备中，通过斩波改变电压进行直流推进调速。

2）交－交型循环变频器：交－交型循环变频器（又称周波变频器），是一种不经过中间直流环节，直接将一种频率的交流电变换为另一种频率交流电的变频器。交－交变频器是由一定方式连接起来的晶闸管整流电路所构成，当以一定规律控制各整流电路的输出时，变频器输出端便可以得到由多相整流电压包络线组成的符合规定要求频率的交流电。

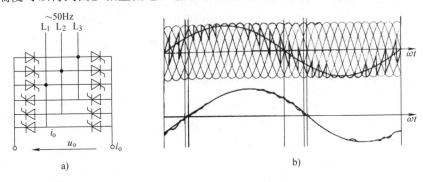

图 1-6　单相输出交－交变频器电路及电压电流波形
a）电路　b）波形

单相输出交－交变频器电路及电压电流波形如图 1-6 所示。它实质上是一套三相桥式无环流反并联的可逆整流装置，装置中工作的晶闸管关断是通过电源交流电压的自然换相实现。

交－交变频器的优点在于其利用电源电压换相，无须专门的换流电路，可以使用容量较大、相对可靠且价格低廉的晶闸管作为功率器件；没有直流环节，只有一次换能过程，换能效率高,过载能力强;流过电动机的电流近似于三相正弦,附加损耗低,脉动转矩小。但交-交变频调速系统的缺点也很明显,主要在于其变频范围小,最大输出频率仅为输入频率的1/3,并且功率因数低,谐波污染严重。另外,由于交-交变频器的功率密度低,输出谐波大,会产生较大的振动和噪声。

交-交型循环变频器是低速运行场合的首选,特别是破冰船舶,但也用于低速和对机动性能要求较高的动力定位船舶和客轮。

3) 交-直-交电流源型变频器:交-直-交电流源型变频器又称同步变频器,有时也称为负载整流换向变频器(LCI),该类变频器的显著特征是在直流电源上串联了大电感以达到滤波效果。由于大电感的限流作用,逆变器提供的直流电流波形平直、脉动很小,具有电流源特性。另外,这使逆变器输出的交流电流为矩形波,与负载性质无关,而输出的交流电压波形及相位随负载变化。对电力推进调速系统而言,这个大电感同时又是缓冲负载无功功率能量的储能元件。

电流源变频器需要从电动机获得一个特定的反相感应电压(EMF——电动势)来完成换向。低速时,典型的是在低于额定转速的5%~10%时,EMF太低而不能完成正常的换向,会造成电动机转矩脉动过大,因此,在推进系统设计中必须仔细考虑转矩脉动和转轴振动,以减少振动和噪声。

同步变频器通常驱动同步推进电动机,与三相同步电动机相比,采用六相同步电动机可减少转矩脉动。图1-7为电流型变频器驱动六相同步电动机的主电路拓扑图。

4) 交-直-交电压源型变频器:交-直-交电压型变频器又称PWM变频器,其拓扑图如图1-8所示。由于直流侧并联有大容量滤波电容器C_f,使得直流侧

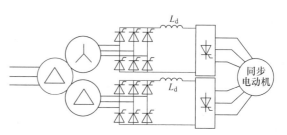

图1-7 电流型变频器驱动六相同步电动机的主电路拓扑图

内阻较小,输出电压具有电压源特性。并联的大电容还使逆变器的交流输出电压被钳位为矩形波,与负载性质无关,交流输出电流的波形与相位则由负载功率因数决定。在推进电动机变频调速系统中,大电容同时又是缓冲负载无功功率的储能元件。

直流回路电感起限流作用,电感量很小。

交-直-交电压型变频器是船舶推进应用中使用得最多的变频器类型,它提供了最灵活、精确和高性能的驱动,而且既可驱动异步电动机,也可驱动同步电动机和永磁同步电动机。在高功率范围可与其他类型的变频器进行竞争,现今它能够应用于超过30MW的大功率驱动场合。

逆变器的结构则灵活多样,有传统的单桥臂型、H桥型、多电平型等,这些逆变器各有特点,在船舶推进领域都得到了广泛的应用。

5) 变频调速装置的选择:考虑到推进功率、可维护性及经济性等各方面因素,目前舰船电力推进的主流是采用交流电动机推进,因此对应的变频器为交-交循环变频器或者交-直-交变频器。循环变频器主要用于速度极低、扭矩极高的场合,例如破冰船等。另外,这种变频器的功率密度较低,输出谐波大,会导致较大的振动和噪声。同步变频器和PWM变

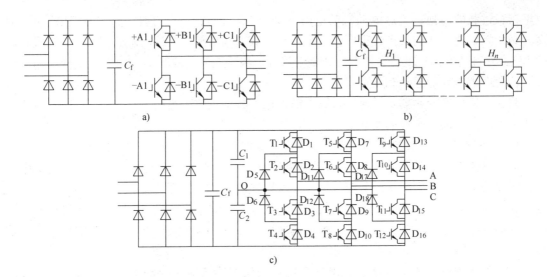

图 1-8 交 – 直 – 交电压源型变频器拓扑图
a) 三相单桥臂电压型变频器 b) H 桥电压型变频器 c) 三相三电平电压型变频器

频器是目前的主流变频调速装置。同步变频器主要用于同步电动机变频调速控制，其技术发展已经十分成熟，由于它主要采用晶闸管作为主开关器件，因此在电压、功率等级和经济性方面具有优势，所以很多采用电力推进的大型民船如油轮和客轮等都采用这种结构的变频器，它的主要缺点是功率密度不高，同样存在噪声和振动大的问题。

因此对于隐身性和机动性要求较高的舰船来说，同步变频器可能无法满足需要。主要选择性能更加优越的 PWM 变频器，它在功率密度、输出谐波、控制性能等方面比其他几种类型的变频器具有更多的优点，另外，它的控制对象也更加灵活，可以是异步电动机、同步电动机或者是永磁电动机，这为电力推进的研发提供了更多的选择。表 1-1 是不同船舶所采用的推进电动机和变频器的结构实例，可供参考。

表 1-1 不同船舶所采用的推进电动机和变频器的结构实例

船　　名	推进电动机	变频器
"奥特索"破冰船	2×7.5MW, 8.8kV, 110~200r/min 同步电动机	循环变频器
Uikku 油轮	11.4MW 交流电动机	循环变频器
ROBIN HOOD 渡轮	2×6.5MW, 6.6kV, 120~135r/min 双绕组同步电动机	2 套 12/12 脉波同步变频器
COSTA VICTORIA 游轮	2×15MW, 10kV, 135r/min 双绕组同步电动机	2 套 24/12 脉波同步变频器
SOLITAIR 工程船	8×4.3MW, 10kV, 465r/min 双绕组同步电动机	8 套 24/12 脉波同步变频器
NEUWERK 多用途船	2×2.9MW, 690V, 913~1074r/min 双绕组同步电动机	2 套 12/12 脉波同步变频器
KOMET 海洋勘探船	1.35MW, 690V, 280r/min 直流电动机	PWM 变频器
上海打捞局大功率工程船	2×4.3MW, 3.3kV, 主推	PWM 变频器
烟大线火车轮渡	2×2.9MW, 6.6kV, 主推	PWM 变频器

(3) 推进器 推进器的种类有常规轴系推进器、Z 型推进器和吊舱式推进器等。

1) 常规轴系电力推进：常规轴系电力推进是由推进电动机通过轴系直接带动螺旋桨推动船舶运动，与常规机械推进的传动设备基本相同。

2) Z 型电力推进装置：Z 型电力推进装置是由两对伞形齿轮传动带动螺旋桨的全回转装置。推进电动机在船体内，主要应用于航速低于 15kn 的拖轮及海上作业船，由于受机械强度和伞形齿轮加工难度的限制，在该装置作为主推进时，一般单机最大功率小于 4000kW。

3) 吊舱式推进系统：吊舱式推进系统是近年来发展的一种非常先进的新型电力推进系统。其主要工作原理是：将用于直接驱动螺旋桨的大功率电动机安装在船体下面的一个流线型的吊舱里，吊舱可随垂直转动轴作 360°水平旋转，以达到最佳的灵活性。

吊舱里的推进电动机采用空冷式低速同步电动机。低速电动机直接与定距螺旋桨连接，去掉了传统的传动齿轮。吊舱、推进电动机以及螺旋桨连成一个整体，置于船底部的水中，其原理结构如图 1-9 所示。

同步电动机采用同步变换器进行速度控制。对于低功率范围或特殊要求，可采用 PWM 变换器调速。螺旋桨方位角由电动－液压装置操纵，2~4 台电动液压驱动装置驱动钢质齿轮达到控制螺旋桨旋转的目的。液压电动机的数量取决于对操纵能力和冗余程度的要求。调节推进电动机的转速和螺旋桨的方位角即可实现船舶前进、倒车、转向、调速、制动等各种航行工况，使船舶的灵活性和机动性处于最佳状态。

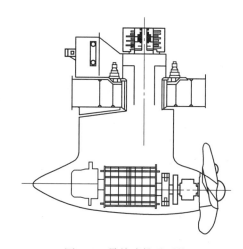

图 1-9 吊舱式推进系统

吊舱式推进系统除具有一般电力推进的特点外，还具有更显著的优点：①效率高；②控制灵活，机动性能好；③倒车迅速，应急制动距离短，动态响应快；④噪声更低、振动更小。

(4) 监测与控制系统 电力推进监测与控制系统主要涉及电力推进系统、执行机构系统、传感器系统和控制计算机系统。设计与制造的任务则是按工程标准规范，将这些子系统进行有目的的整合，完成满足要求的监测与控制功能。

控制计算机系统由硬件和软件平台组成，至少有一个含有 CPU 和 I/O 的控制器或处理器，装有基础软件和应用软件，机柜有一个或几个操作台，并有一系列接口，作为传感器输入、每个控制器 I/O 单元和网络转接。控制计算机系统依照电力推进监控原则设计，进行监测和指令设备所需的计算，以实现一整套有计划或具备系统特征动作的功能。其他的功能涉及相关的安全性、系统完整性、正确的故障保护和操作，针对系统故障和有限的适应外部环境的安全策略（如主动重构）等。

2. 电力推进的发展趋势

船舶操纵的灵活性、高可靠性、高效率、装备的高功率密度等必然是电力推进追求的目标。随着科学技术的不断进步，船舶电力推进技术也将不断地向前发展。

美、英、法等国正在开展新一代综合电力系统的关键技术研究。其中，一些新技术如推进电动机采用高温超导电动机、变频调速装置采用基于碳化硅的功率器件以及输电电网采用直流电网等，将大大降低新一代综合电力系统的体积、重量，提高其应用范围和应用灵活性。

第 2 章
船舶电力推进系统的机桨特性

螺旋桨是目前船用推进器效率较高、应用最广的一种,它也是推进电动机的负载,推进电动机通过驱动它来推动船舶行进。本章将主要介绍螺旋桨的基础知识、水动力特性和螺旋桨对推进电动机机械特性的要求。

2.1 螺旋桨的基础知识

2.1.1 螺旋桨的外形和名称

螺旋桨俗称车叶,其外观如图 2-1 所示。螺旋桨通常装于船的尾部(但也有一些特殊船只在首尾都装有螺旋桨,如港口工作船及渡轮等),在船尾部中线处只装一只螺旋桨的船称为单螺旋桨船,左右各一只称为双螺旋桨船,也有三桨、四桨乃至五桨者。

螺旋桨通常由桨叶和桨毂构成,如图 2-2 所示,螺旋桨与尾轴连接部分称为桨毂,桨毂是一个截头的锥形体。为了减少水阻力,在桨毂后端加一整流罩,与桨毂形成一光顺流线形体,称为毂帽。

图 2-1 螺旋桨

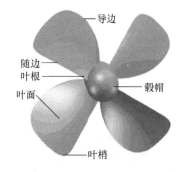

图 2-2 螺旋桨的结构

桨叶固定在桨毂上。普通螺旋桨常为三叶或四叶,两叶螺旋桨仅用于帆船或小艇上,有些船舶(如大吨位的油船)为避免振动而采用五叶或五叶以上的螺旋桨。

由船尾后面向前看时,所见到的螺旋桨桨叶的一面称为叶面,另一面称为叶背。桨叶与毂连接处称为叶根,桨叶的外端称为叶梢。螺旋桨正车旋转时桨叶边缘在前面者称为导边,另一边称为随边。

螺旋桨旋转时(设无前后运动)叶梢的圆形轨迹称为梢圆,梢圆的直径称为螺旋桨直径,以 D 表示。梢圆的面积称为螺旋桨的盘面积,以 A_0 表示:

$$A_0 = \frac{\pi D^2}{4} \tag{2-1}$$

当螺旋桨正车旋转时，由船后向前看去，所见到的旋转方向为顺时针称为右旋桨。反之，则为左旋桨。装于船尾两侧的螺旋桨，在正车旋转时其上部向船的中线方向转动者称为内旋桨。反之，则为外旋桨。

2.1.2 螺旋面及螺旋线

桨叶的叶面通常是螺旋面的一部分。为了清楚地了解螺旋桨的几何特征，有必要讨论一下螺旋面的形成及其特点。

设线段 ab 与轴线 OO_1 成固定角度，并使 ab 以等角速度绕轴 OO_1 旋转的同时以等线速度沿 OO_1 向上移动，则 ab 线在空间所描绘的曲面即为等螺距螺旋面，如图 2-3 所示。线段 ab 称为母线，母线绕行一周在轴向前进的距离称为螺距，以 P 表示。

根据母线的形状及与轴线间夹角的变化可以得到不同形式的螺旋面。若母线为一直线且垂直于轴线，则所形成的螺旋面为正螺旋面，如图 2-4a 所示。若母线为一直线但不垂直于轴线，则形成斜螺旋面，如图 2-4b 所示。当母线为曲线时，则形成扭曲的螺旋面，如图 2-4c、d 所示。

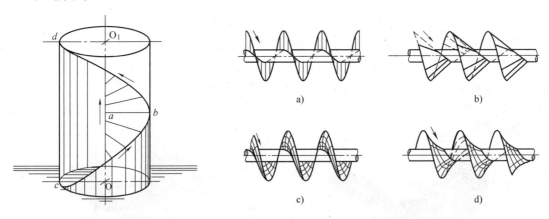

图 2-3　等螺距螺旋面图　　图 2-4　不同形式的螺旋面

母线上任一固定点在运动过程中所形成的轨迹为一螺旋线。任一共轴之圆柱面与螺旋面相交的交线也为螺旋线，图 2-5a 表示半径为 R 的圆柱面与螺旋面相交所得的螺旋线 BB_1B_2。如将此圆柱面展成平面，则此圆柱面即成一底长为 $2\pi R$、高为 P 的矩形，而螺旋线变为斜线（矩形的对角线），此斜线称为节线。三角形 $B'B''B_2''$ 称为螺距三角形，节线与底线间之夹角 θ 称为螺距角，如图 2-5b 所示。由图可知，螺距角可由下式来确定：

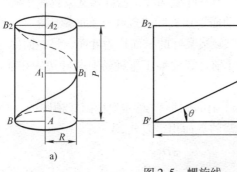

图 2-5　螺旋线

$$\tan\theta = \frac{P}{2\pi R} \qquad (2\text{-}2)$$

2.1.3 螺旋桨的几何特性

1. 螺旋桨的面螺距

螺旋桨桨叶的叶面是螺旋面的一部分（见图 2-6a），故任何与螺旋桨共轴的圆柱面与叶面的交线为螺旋线的一段，如图 2-6b 中的 B_0C_0 段。若将螺旋线段 B_0C_0 引长环绕轴线一周，则其两端之轴向距离等于此螺旋线的螺距 P。若螺旋桨的叶面为等螺距螺旋面之一部分，则 P 即称为螺旋桨的面螺距。面螺距 P 与直径 D 之比 P/D 称为螺距比。将圆柱面展成平面后即得螺距三角形，如图 2-6c 所示。

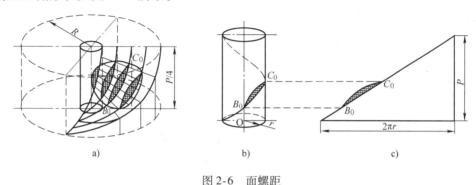

图 2-6 面螺距

设上述圆柱面的半径为 r，则展开后螺距三角形的底边长为 $2\pi r$，节线与底线之间的夹角 θ 为半径 r 处的螺距角，并可据下式来确定：

$$\tan\theta = \frac{P}{2\pi r} \qquad (2\text{-}3)$$

螺旋桨某半径 r 处螺距角 θ 的大小，表示桨叶叶面在该处的倾斜程度。不同半径处的螺距角是不等的，r 越小则螺距角 θ 越大。图 2-7a 表示三个不同半径的共轴圆柱面与等螺距螺旋桨桨叶相交的情形，其展开后的螺距三角形如图 2-7b 所示。显然，$r_1 < r_2 < r_3$ 而 $\theta_1 > \theta_2 > \theta_3$。

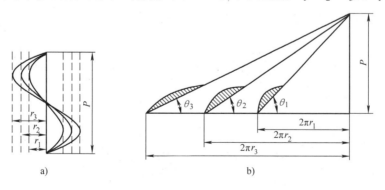

图 2-7 螺旋桨半径与螺距角

若螺旋桨叶面各半径处的面螺距不等，则称为变螺距螺旋桨，其不同半径处螺旋线的展开如图 2-8 所示。对此类螺旋桨常取半径为 $0.7R$ 或 $0.75R$（R 为螺旋桨梢半径）处的面螺距代表螺旋桨的螺距,为注明其计量方法,在简写时可记作 $P_{0.7R}$ 或 $P_{0.75R}$。

2. 桨叶切面

与螺旋桨共轴的圆柱面和桨叶相截所得的截面称为桨叶的切面,简称叶切面或叶剖面,如图2-6b所示。将圆柱面展为平面后则得如图2-6c所示的叶切面形状,其形状与机翼切面相仿。所以表征机翼切面几何特性的方法,可以用于桨叶切面。

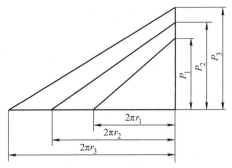

图2-8 变螺距螺旋桨的螺距

桨叶切面的形状通常为圆背式切面(弓形切面)或机翼形切面,特殊的也有梭形切面和月牙形切面,如图2-9所示。一般说来,机翼形切面的叶型效率较高,但空泡性能较差,弓形切面则相反。普通弓形切面展开后叶面为一直线,叶背为一曲线,中部最厚两端颇尖。机翼形切面在展开后无一定形状,叶面大致为一直线或曲线,叶背为曲线,导边钝而随边较尖,其最大厚度则近于导边,约在离导边25%~40%弦长处。

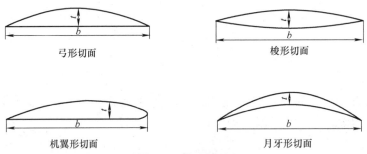

图2-9 桨叶切面

切面的弦长一般有内弦和外弦之分。连接切面导边与随边的直线 AB 称内弦,如图2-10所示,图中所示线段 BC 称为外弦。对于系列图谱螺旋桨来说,通常称外弦为弦线,而对于理论设计的螺旋桨来说,则常以内弦(鼻尾线)为弦线,弦长及螺距也根据所取弦线来定义。图2-10中所示的弦长 b 为系列螺旋桨的表示方法。

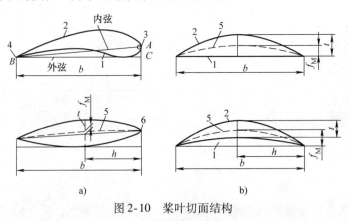

图2-10 桨叶切面结构

a)机翼型 b)弓形

1—面线 2—背线 3—导缘 4—随缘 5—拱线 6—导缘端圆

切面厚度以垂直于所取弦线方向与切面上、下面交点间的距离来表示。其最大厚度 t 称为叶厚，t 与切面弦长 b 之比称为切面的相对厚度或叶厚比，$\delta = t/b$。切面的中线或平均线称为拱线或中线，拱线到内弦线的最大垂直距离称为切面的拱度，以 f_M 表示。f_M 与弦长 b 之比称为切面的拱度比，$f = f_M/b$（见图 2-10）。

3. 桨叶的外形轮廓和叶面积

桨叶的外形轮廓可以用螺旋桨的正视图和侧视图来表示。从船后向船首看过去所看到的为螺旋桨的正视图，从船侧看过去所看到的为侧视图。图 2-11 所示为一普通螺旋桨图，图中注明了螺旋桨各部分的名称和术语。

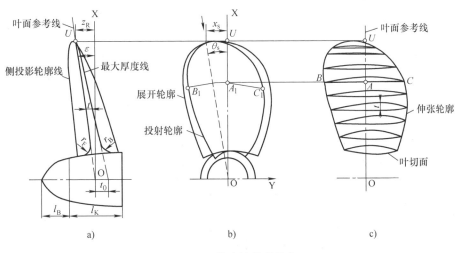

图 2-11 桨叶的外形轮廓

为了正确表达正视图和侧视图之间的关系，取叶面中间的一根母线作为作图的参考线，称为桨叶参考线或叶面参考线，如图中直线 OU。若螺旋桨叶面是正螺旋面，则在侧视图上参考线 OU 与轴线垂直。若为斜螺旋面，则参考线与轴线的垂线成某一夹角 ε，称为纵斜角。参考线 OU 在轴线上的投影长度称为纵斜，用 z_R 表示。纵斜螺旋桨一般都是向后倾斜的，其目的在于增大桨叶与尾框架或船体间的间隙，以减小螺旋桨诱导的船体振动，但纵斜不宜过大（一般 $\varepsilon < 15°$，否则螺旋桨在操作时因离心力而增加叶根处的弯曲应力，对桨叶强度不利）。

桨叶在垂直于桨轴的平面上的投影称为正投影，其外形轮廓称为投射轮廓。螺旋桨所有桨叶投射轮廓包含面积之总和称为螺旋桨投射面积，以 A_P 表示。投射面积 A_P 与盘面积 A_0 之比称为投射面比，即

$$\text{投射面比} = A_P/A_0$$

投射轮廓对称于参考线的称为对称叶形。若其外形与参考线不相对称，则为不对称叶形。不对称桨叶的叶梢与参考线间的距离 x_s 称为侧斜，相应之角度 θ_s 为侧斜角。桨叶的侧斜方向一般与螺旋桨的转向相反，合理选择桨叶的侧斜可明显减缓螺旋桨诱导的船体振动。

桨叶在平行于包含轴线和辐射参考线的平面上的投影称为侧投影。图中除画出桨叶外形轮廓及参考线 OU 的位置外，还需作出最大厚度线。最大厚度线与参考线 OU 之间的轴向距离 t 表示该半径处叶切面的最大厚度。它仅表示不同半径处切面最大厚度沿径向的分布情况，并不表示最大厚度沿切面弦向的位置。与桨毂相连处的切面最大厚度称为叶根厚度

（除去两边填角料）。辐射参考线与最大厚度线的延长线在轴线上交点的距离 t_0 与直径 D 之比值 t_0/D 称为叶厚分数。工艺上往往将叶梢处的桨叶厚度做薄呈圆弧状，为了求得叶梢厚度，需将桨叶最大厚度线延长至梢径，如图 2-11a 所示。

螺旋桨桨毂的形状一般为圆锥体，在侧投影上可以看到其各处的直径并不相等。通常所说的桨毂直径（简称毂径）是指辐射参考线与桨毂表面相交处（略去叶根处的填角料）至轴线距离的两倍，并以 d 来表示。毂径 d 与螺旋桨直径 D 的比值 d/D 称为毂径比。

将各半径处共轴圆柱面与桨叶相截的各切面展成平面后，将其弦长置于相应半径的水平线上，并连接端点所得之轮廓称为伸张轮廓，如图 2-11c 所示。螺旋桨各叶伸张轮廓所包含的面积之总和称为伸张面积，以 A_E 表示。伸张面积 A_E 与盘面积 A_0 之比称为伸张面比，即

$$\text{伸张面比} = A_E/A_0$$

将桨叶叶面近似展放在平面上所得的轮廓称为展开轮廓，如图 2-11b 所示。各桨叶展开轮廓所包含面积之总和称为展开面积，以 A_D 表示。展开面积 A_D 与盘面积 A_0 之比称为展开面比，即

$$\text{展开面比} = A_D/A_0$$

螺旋桨桨叶的展开面积和伸张面积极为接近，故均可称为叶面积，而伸张面比和展开面比均可称为盘面比或叶面比。盘面比的大小实质上表示桨叶的宽窄程度，在相同的叶数下，盘面比越大，桨叶越宽。

此外，还可用桨叶的平均宽度 b_m 来表示桨叶的宽窄程度，其值按下式求取

$$b_m = \frac{A_E}{Z\left(R - \dfrac{d}{2}\right)} \tag{2-4}$$

式中，A_E 为螺旋桨伸张面积；d 为毂径；Z 为叶数。

或用平均宽度比 $\bar{b}_m$ 来表示，即

$$\bar{b}_m = \frac{b_m}{D} = \frac{\pi A_E/A_0}{2Z\left(1 - \dfrac{d}{D}\right)} \tag{2-5}$$

2.2　螺旋桨的推力和阻转矩

螺旋桨转动时，桨叶向后拨水，自身受到水流的反作用力，其推力通过桨轴和推力轴承传递至船体。螺旋桨本身除了旋转之外，还随着船体一起作轴向运动，所以螺旋桨工作时，会同时产生轴向诱导速度和周向诱导速度。

设想螺旋桨是在刚性的介质中运动，即是像螺栓在螺母中运动一样，此时螺旋桨旋转一周时，其在轴向的前进距离就刚好等于一个螺距 H。但实际上螺旋桨工作在流体中时，其旋转一周前进的距离就小于螺距 H。于是定义螺旋桨在流体中旋转一周时在轴向上的实际前进距离为进程 h_p。设螺旋桨的转速为 n，则螺旋桨在流体中的实际前进速度为 $v_p = h_p n$。螺旋桨进程的相对值称为相对进程，又称进速比，表达式为

$$J = h_p/D_p = v_p/nD_p \tag{2-6}$$

螺旋桨的推力 P 和阻转矩 M 常用无因次量表示：

$$P = K_p \rho n^2 D_p^4 \tag{2-7}$$

$$M = K_M \rho n^2 D_p^5 \tag{2-8}$$

式中，K_p 为推力系数；ρ 为海水密度；n 为螺旋桨转速；D_p 为螺旋桨直径；K_M 为阻转矩系数。

另外，螺旋桨的效率也可以用 K_p、K_M 以及 J 来表示：

$$\eta_p = P v_p / 2\pi n M = (K_p / K_M)(J / 2\pi) \tag{2-9}$$

式（2-7）与式（2-8）中的 K_p 和 K_M 都是进速比 J 的函数，当进速比 J 一定时，不管螺旋桨是在正转，还是在反转，K_p 和 K_M 都是不变的常数，此时推力 P 和阻转矩 M 都与 n^2 成正比。

2.3 螺旋桨的工作特性

对于几何形状一定的螺旋桨，其推力系数 K_p、阻转矩系数 K_M 以及效率 η_p 仅仅与进速比 J 有关，K_p、K_M、η_p 对 J 的关系称为螺旋桨特性曲线，又因为所讨论的螺旋桨的性能并未考虑船体的影响，所以该曲线又称为螺旋桨的敞水特性曲线，如图 2-12 所示。图中因为 K_M 数值太小，通常就给出 $10K_M$ 的曲线。K_p 和 K_M 都不是直线，而且两者都是随着 J 的增加而单调递减。一般可以认为 K_p 和 K_M 近似为抛物线，并表达为

$$K_p = K_0 + K_1 J + K_2 J^2 \tag{2-10}$$

$$K_M = \overline{K}_0 + \overline{K}_1 J + \overline{K}_2 J^2 \tag{2-11}$$

式中的系数 K_0、K_1、K_2、$\overline{K}_0$、$\overline{K}_1$、$\overline{K}_2$ 可以通过曲线拟合的方式来确定。如果是给定的螺旋桨，则它们都为常系数。

从图 2-12 的工作特性曲线中，我们可以看到 $K_p \sim J$ 曲线和 $K_M \sim J$ 曲线在第一象限内非常相似，事实上，$K_p \sim J$ 曲线和 $K_M \sim J$ 曲线在整个坐标系内都是比较相似的。图 2-13 给出了 J 在大范围内取值时的 $K_p \sim J$ 曲线。

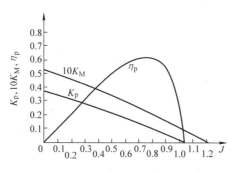

图 2-12 螺旋桨的工作特性曲线

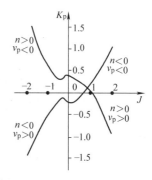

图 2-13 $K_p \sim J$ 特性曲线

图 2-13 中走向为左上方至右下方的曲线为螺旋桨转速 n 为正转时的特性。其中第一象限部分对应为螺旋桨推进船舶前进的状态，第二象限部分对应为船舶转为倒退运行状态，第四象限部分是设想有拖轮拖着船舶向前航行，螺旋桨成为水轮机的工作状态。图中走向为右上方至左下方的曲线为螺旋桨转速 n 为反转时的特性。其中第四象限部分对应为螺旋桨推动船舶倒航的状态，第三象限部分对应为船舶由倒航转变为正向航行状态，第一象限部分对应为设想有拖轮拖动船舶向后，螺旋桨成为水轮机的工作运行状态。

船舶在实际航行时,会受到各种外界因素的影响,其进速比 J 会发生变化,从而与之关联的螺旋桨推力和阻转矩也会变化。可见从螺旋桨的工作特性出发,可以仿真出船舶在任何工作状态时的螺旋桨的工作特性。

2.4 船体的阻力

船舶在水中航行时会受到阻力,螺旋推进器所产生的推力用以克服船舶所受到的阻力,从而保证其正常航行。船体在实际流体中运动时,会受到垂直于船体表面的压力作用,这种压力是由兴波和旋涡等所引起的;同时船体又受到水质点沿着船体表面切向力的作用,即水的摩擦阻力作用。所以船舶航行时的阻力有旋涡阻力、兴波阻力和摩擦阻力,而且它们的大小都是随着船速的增加而增大,阻力和航速的关系为

$$R = K_r V^2 \tag{2-12}$$

式中,R 为船体阻力;V 为航速;K_r 为阻力系数,航行工况一定时,K_r 为常数,工况改变时,K_r 也改变。

通常采用实际船舶航行阻力曲线图,将曲线值存入数据库,利用数值插值算法求得某个时刻船速所对应的阻力值。

2.5 螺旋桨与船体的相互作用

螺旋桨的敞水特性是指孤立的螺旋桨在均匀流场中的水动力性能,船舶阻力一般也是单独考虑孤立的船体所受到的阻力,实际螺旋桨工作于船尾,船和桨构成一个系统,两者之间存在着相互作用,这种相互作用表现为船体所形成的速度场和螺旋桨所形成的速度场之间的相互影响。螺旋桨由于受到船体的影响,其桨盘处的水流速度及其分布情况与敞水时不同,船体周围的水流速度分布及压力分布也因为螺旋桨的影响而与孤立的船体不同,所以螺旋桨与水流的相对速度不等于船速,螺旋桨发出的推力也与船体所受到的阻力不同。目前工程上研究螺旋桨和船体时所采取的做法是先研究船对桨的影响,然后研究桨对船的影响,再以简单的形式对两个结果进行综合来求得最后的结果。

2.5.1 船体对螺旋桨的影响

船体在水中以某一速度向前航行时,附近的水会受到船体的影响而产生运动,表现为船体周围伴随着一股水流,这股水流称为伴流,伴流使得螺旋桨与其附近水流的相对速度和船速不同。伴流速度与船速方向相同的称为正伴流,相反的称为负伴流。伴流主要由三部分组成:摩擦伴流、位差伴流和波浪伴流。摩擦伴流是船体运动时由于水的黏性引起的一种追随水流;若船前进一段距离,船艏需将这一段水向两舷挤开,船尾则有空出一段水的趋势,使外围的水自船艉和两舷挤入,这种随着船体运动自船艏经两舷再流向船尾的水流称为位差伴流,位差伴流作用不是非常显著;因为波浪作用而使水产生的伴随船体的运动称为波浪伴流,一般较小。

所以,伴流速度 u 可以写成

$$u = u_p + u_f + u_w \tag{2-13}$$

式中，u_p 为桨盘处位差伴流的轴向平均速度；u_f 为桨盘处摩擦伴流的轴向平均速度；u_w 为桨盘处波浪伴流的轴向平均速度。

设船速为 v，桨相对于水的速度为 v_p，由于伴流使流过螺旋桨的水速 $v_p < v$，定义如下：

伴流速度为
$$u = v - v_p \tag{2-14}$$

伴流系数为
$$\omega_p = u/v = 1 - v_p/v \tag{2-15}$$

则有
$$J = h_p/D_p = v_p/nD_p = v(1 - \omega_p)/nD_p \tag{2-16}$$

紧靠船后安装的螺旋桨所产生的推力比安装在船后方的螺旋桨大，伴流对提高螺旋桨推力是个有利因素，应将螺旋桨尽量设置在伴流较大的位置处。船给水以能量的同时产生了伴流，而推力的提高意味着船又回收了其中的部分能量。

2.5.2 螺旋桨对船体的影响

螺旋桨在船后面工作时，由于它的抽吸作用，使桨盘前方的水流速度增大，导致船体尾部压强减小，这相当于增大了船舶首尾压力差，从而使船体阻力增加。这种由于螺旋桨在船后工作时引起的船体附加阻力称为阻力增额。若螺旋桨发出的总推力为 P，则其中一部分用于克服船的阻力 P_e（不带螺旋桨时的阻力），而另一部分则为克服阻力增额 ΔP，即 $P_e = P - \Delta P$。推力减额系数定义为 $t = \Delta P/P$。则有

$$P_e = P(1 - t) \tag{2-17}$$

单桨船的 t 可以用下列经验公式确定：
$$t = C_1 \omega_p \tag{2-18}$$

式中，ω_p 为伴流系数；$C_1 = 0.5 \sim 0.7$（螺旋桨后装流线型舵），$C_1 = 0.7 \sim 0.9$（螺旋桨后装方形尾柱和双板舵），$C_1 = 0.9 \sim 1.05$（螺旋桨后装平板舵）。

双桨船 t 值可以用下列经验公式：

$$t = 0.25\omega_p + 0.14 \text{（桨毂，Bossing）}$$
$$t = 0.70\omega_p + 0.06 \text{（螺旋桨托架，Propeller bracket）}$$

2.6 螺旋桨特性

螺旋桨特性指的是螺旋桨转矩、功率与转速之间的关系曲线，即 $M = f(n)$、$P = f(n)$ 曲线。最常用到的是下面三条典型特性曲线：

1）自由航行特性 $M_y = f(n)$，$P_y = f(n)$；
2）系缆特性或抛锚特性 $M_z = f(n)$，$P_z = f(n)$；
3）反转特性 $M_f = f(n)$。

2.6.1 自由航行特性

满载船舶在静水中航行时所得出的螺旋桨阻转矩（或功率）与其转速的关系曲线称为自由航行特性。

转矩-转速特性为一条近似的二次方曲线，其表达式可以写为

$$M_y = K_y n^2 \tag{2-19}$$

而功率-转速特性为一条近似的三次方曲线，其表达式可以写为

$$P_y = K'_y n^3 \tag{2-20}$$

式中，M_y 为转矩（N·m）；P_y 为功率（kW）；n 为转速（r/min）；K_y、K'_y 为常数。

图 2-14 为自由航行特性曲线。船舶航速与螺旋桨转速近似成正比（$V \propto n$），因此，这条特性曲线上的每一个螺旋桨转速，对应有一个确定的船舶航速。整个一条特性曲线对应有很多不同的航速。

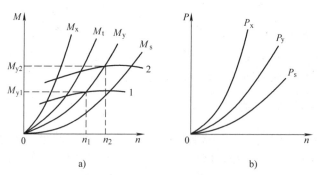

图 2-14 自由航行特性曲线
a) 转矩-转速曲线 b) 功率-转速曲线
1、2—原动机特性

要使螺旋桨以某个转速稳定运转，则必须克服该转速下螺旋桨的阻转矩，为此必须有相应大小的原动机转矩。比如要以 n_1 或 n_2 的转速运转，原动机转矩必须与螺旋桨阻转矩 M_{y1} 或 M_{y2} 的大小相等而方向相反。

2.6.2 系缆（抛锚）特性

满载船舶在航速等于零时所得的螺旋桨阻转矩 M_z（或功率 P_z）与其转速的关系曲线 $M_z = f(x)$ 或 $P_z = f(n)$ 称为系缆特性或抛锚特性。做试验时是将船舶系住不动，因此得名。曲线如图 2-14 所示。

系缆特性表达式为

$$M_z = K_z n^2 \tag{2-21}$$

$$P_z = K'_z n^3 \tag{2-22}$$

必须注意：在自由航行特性上螺旋桨每个转速 n 对应有不同的航速，而在系缆特性上，航速总为零，即 $V = 0$。在大风浪中逆风航行时阻力很大，可能接近这种情形。当船舶静止时起动螺旋桨，螺旋桨阻转矩与转速的关系曲线就是一条系缆特性。因此当研究起动时的原动机（或电动机）与螺旋桨共同工作特性，应该用系缆特性。

如果船舶有拖曳性负载（如拖船），则其螺旋桨转矩-转速曲线为 $M_t = f(n)$，它处于自由航行特性与系缆特性之间。

如船舶在轻载或顺风顺水的条件下航行，则船舶阻力较小，螺旋桨特性将处于自由航行特性的下方，如图 2-14 的 $M_s = f(n)$ 所示。

在 $M_x=f(n)$ 与 $M_s=f(n)$ 之间，实际上还有许多条相似的特性，随船舶负载情况和阻力情况而不同。当船舶在暴风雨天气航行时，船舶阻力会在很大范围内变化。有时螺旋桨还可能脱落、损坏、出水等，使螺旋桨阻力矩减小到近于零。这时，在原动机转矩的作用下，螺旋桨甚至可能产生"飞车"现象，使转速达到不允许的程度。

2.6.3 螺旋桨反转特性

当航速不变时，螺旋桨反转过程中其阻转矩与转速的关系曲线 $M_f=f(n)$ 称为螺旋桨反转特性曲线。螺旋桨的反转特性曲线有非常奇特的形状，如图 2-15 所示。M_{yd}、M_j 分别为原动机和螺旋桨转矩，图中表示的正值是螺旋桨正转转速，负值则为螺旋桨反转转速。

在论及螺旋桨反转特性时，必须把螺旋桨本身的反转与船舶倒车区别开来。为使船舶倒车，必先使螺旋桨反转，螺旋桨反转时间甚短，以 s 计。但船舶倒车（例如由全速前进到全速后退）所需时间甚长，是以 min 来计算的，两者在过渡过程中的时间，后者是前者的 100～150 倍。因此可以认为，在船舶倒车的一定时间段内，船舶还是几乎以全速继续航行，尽管螺旋桨这时已经在反转了。

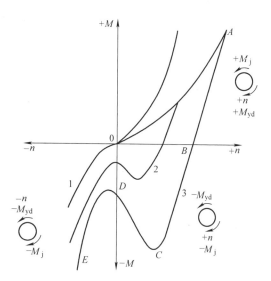

图 2-15 螺旋桨反转特性

在反转时，由于这种情况而引起螺旋桨阻转矩有非常特殊的变化。假如螺旋桨在船舶航速为零的情况下（例如在船舶停泊时）进行反转，则其反转特性曲线为一条相互对称的曲线，此时反转特性与系缆特性将重合为一，如图 2-15 中的曲线 1 所示。

假如螺旋桨在其他船舶航速的情况下（例如船舶前进或后退时）进行反转，则其反转特性曲线是一条相互不对称的曲线，在这些相互不对称的曲线上都将具有这样的一些特性，即当螺旋桨的转速维持为正值时，在它们的个别线段上将出现负的转矩，如图 2-15 中曲线 3 的 BCD 段所示（由全速前进到全速后退），并且在一定转速时出现最大值，如 C 点。

负的制动转矩，也即螺旋桨负值转矩的出现说明了由于船舶继续向前推进而螺旋桨在水压的作用下将力图维持原先的旋转方向，这时螺旋桨不再作推进器的工作，而是开始作水力发电机的工作。

在倒车时，螺旋桨制动转矩的大小是与船舶的前进速度有关的，若船舶的前进速度原来很高，则螺旋桨的负制动转矩也较高，比较曲线 2 和曲线 3 即可明了这一点。曲线 2 对应于船速 $V=0.6V_e$，曲线 3 则对应于全船速，即 $V=1.0V_e$。V_e 为额定船速。螺旋桨反转时其力矩的变化可用螺旋桨叶素受力图分析，具体说明如下：所谓螺旋桨叶素就是半径为 r 处的螺旋桨薄片。分析叶素上的受力情况即可明了整个螺旋桨的受力情况。

在图 2-16 中绘出了螺旋桨及其叶素简图。图中，中空圆柱 A 为桨毂；B 为桨叶；画有阴影的 C 即为叶素的剖面示意图。

当螺旋桨以转速 n 旋转时，叶素的圆周线速度即为 $2\pi rn$，于是水流对它的相对速度也为 $2\pi rn$，因此可以认为叶素不动，而水流以 $2\pi rn$ 的速度冲向叶素。在螺旋桨的推动下，船舶以一定的速度运动，因此水流还以相对速度 v_p 从反船向的方向冲向叶素。把这两个速度作向量合成，即得向量 W。水流就是以这个合成速度冲向叶素，如图 2-17 所示。

在水流冲击下，在叶素上产生升力 dY（方向垂直于 W）和阻力 dX（方向和 W 一致）。把它们的合力 dR 向垂直方向和水平方向投影，即可得推力 dP 和转力 dQ。

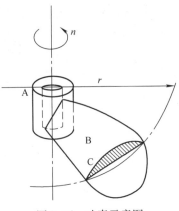

图 2-16　叶素示意图

在反转曲线的 A 点，推力 dP 为正方向，推动船舶前进。转力 dQ 也为正方向，产生阻转矩阻止螺旋桨转动，因此为了使螺旋桨以转速 n 运转，原动机必须发出相同的转矩以克服这个阻力矩。在图 2-15 中，绘出了螺旋桨转矩、转速以及原动机转矩的方向示意图。在 A 点时认为 M（螺旋桨转矩）、M_{yd}（原动机转矩）、n（螺旋桨转速）均为正。

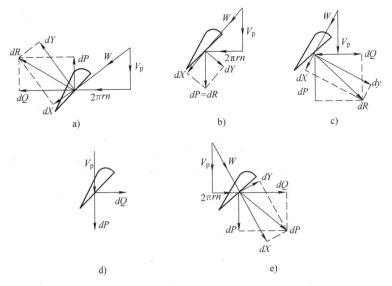

图 2-17　螺旋桨反转特性各特殊点叶素受力图

如果降低原动机转矩，使它总是小于螺旋桨阻转矩，则螺旋桨阻转矩在抵消原动机转矩以后尚有多余，在这个剩余的转矩作用下，螺旋桨将减速，同时其阻力矩也因转速的降低而减小，按特性 AB 段变化。

当螺旋桨转速低到 B 点时，其阻转矩变为零，即螺旋桨转动不受阻碍。这可由图 2-17b 看出。由图可见，dX、dY 的合力 dR 同垂直方向重合，它在垂直方向的投影 dP（推力）即为它本身，而在水平方向的投影 dQ（转力）为零。如果原动机转矩也为零，则螺旋桨将在这一点稳定运行。这时螺旋桨的转动不是由于原动机的带动，而是由于螺旋桨本身的惯性。

要使螺旋桨转速进一步降低，原动机必须给螺旋桨一个制动转矩，即原动机转矩应该变负而与原先的方向相反。在原动机转矩的作用下，螺旋桨减速而进入 BC 段。在这一段，螺

螺旋桨虽然仍在原来方向旋转，但其转矩变负，这是因为它的转力方向变反。如图 2-15 所示，螺旋桨转向不变而转矩变负，于是这个转矩就成了推动螺旋桨转动的主动转矩，而原动机转矩是阻力矩。如果在 BCD 段的某个转速 n 下，有 $M_{yd} = M_j$，则螺旋桨处于转矩平衡，它就像一个水力涡轮一样，在水流的冲击下克服阻转矩以转速 n 不断地、稳定地旋转。只有原动机力矩绝对值比螺旋桨转矩绝对值大，即 $|M_{yd}| > |M_j|$ 时，螺旋桨才会继续减速。

在 BC 段，dR 与 dQ 的夹角随 n 降低而减小（见图 2-17b）这个夹角为 90°，而图 2-17c 对应的这个夹角就大大小于 90°，因此 dQ 随 n 降低而增大。到 C 点时，dQ 达最大值，M_j 也达最大值。当 n 进一步降低时，由于 W 减小，故 dR 也减小，因此，dQ 就减小，M_j 也减小。这样，在 C 点就出现一个尖峰转矩，形成螺旋桨反转特性奇特的形状。

当螺旋桨转速减到零时（D 点），螺旋桨的力矩不等于零，由图 2-17d 可见，这时转力 dQ 有一定值，这说明在水流冲击下，螺旋桨上产生一主动转矩，力图维持原来的旋转方向。要使螺旋桨在这一点不动，必须有大小相等的原动机阻力矩。而欲使螺旋桨在反方向加速，原动机负转矩必须进一步加大。当螺旋桨在反方向加速时，其转矩随转速而变的关系如 DE 段所示。在这一段，即使转速很低，原动机所应发出的转矩也相当高，否则不足以克服螺旋桨转矩。因此在螺旋桨反转过程中，原动机工作十分沉重。

若于较低船速时使螺旋桨反转，则其反转特性在全船速的反转特性上方。比如在图 2-15 中，特性 2（对应船速 $V = 0.6V_e$）就在特性 3（对应船速 $V = V_e$，即全船速）的上方。当从零船速开始反转（此即为反向起动）时，特性取曲线 1 的形状。这条特性曲线即为反向抛锚特性，与正向起动时的抛锚特性完全对称。

在螺旋桨反转过程中，船速实际上不会保持不变，而在不断降低。因此，螺旋桨转矩不是按照某条确定的特性曲线变化，而是由下方的特性曲线不断地向上方特性曲线过渡，与每个时刻船速相对应。

在以后的讨论中，我们一般将忽略轴的摩擦损耗，认为螺旋桨功率和转矩即为电动机功率和转矩。

2.7 螺旋桨对推进电动机机械特性的要求

螺旋桨是推进电动机的工作对象，推进电动机的特性必须与螺旋桨的特性相适应，彼此才能很好地配合工作。下面以直流电力推进为例，分析一下螺旋桨对直流电动机特性有哪些要求，以及为什么会有这些要求。这些要求包括：

1）电动机理想空载转速 n_0 必须能够自动限制，不允许太高。

一般设计为 $n_0 \leq (120\% \sim 140\%) n_e$。如果电动机空载转速远大于额定转速，则当螺旋桨出水（船舶在大风浪中颠簸时常有可能）或者脱落时，电动机负载大为减小，电动机转速将大大升高，使电动机受到很大的机械性损害。

2）电动机的"堵转"转矩必须能够自动控制，也不允许太高。

一般设计为 $M_{dz} = (150\% \sim 250\%) M_e$。这是因为螺旋桨，特别是港口作业船、破冰船等的螺旋桨，容易被钢缆、冰块等卡住，使得电动机发生"堵转"，即电动机转速急剧降低到零，流过电动机电枢的电流会迅速增大，电动机的电磁力矩 $M = C_m \Phi I$ 变得很大。电流和电磁转矩的增大使电动机电枢过热、电动机和轴系机械应力过大，因此电动机"堵转转矩"

应受到限制。

图 2-18 中的特性 1 为他励电动机的机械特性，它是一条硬特性。如果理想空载转速设计得符合要求，则堵转转矩的数值将会极大，在图形上无法找到它的位置。而如果堵转转矩设计得符合要求，则空载转速将大为升高。由此可见，他励电动机的特性无法同时满足空载点与堵转点的要求，总是有"顾此失彼"的毛病。

3）当负载变化时，电动机的功率应该获得比较充分的利用。

船舶航行中，特别是在风浪中，电动机的负载经常发生变化，表现为螺旋桨特性经常在自由航行特性曲线两侧发生变动，这时要保持电动机在某一点（比如 a 点，见图 2-19）稳定工作是不可能的。当负载增大时（其极限是螺旋桨特性由自由航行特性变到系缆特性），电动机将过渡到 b 点工作，b 点既在电动机机械特性上，又在螺旋桨系缆特性上。可以看到，在 b 点，转速与 a 点差不多，而转矩却远大于 M_a（$=M_e$）。这将使电动机发生过载，并引起发电机和柴油机过载。而负载减轻时，电动机将过渡到 c 点工作，电动机将严重欠载，功率利用不充分。

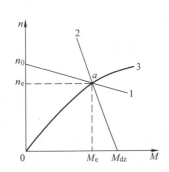

图 2-18　他励电动机的空载转速和堵转转矩
1、2—电动机机械特性　3—螺旋桨自由航行特性

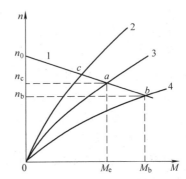

图 2-19　他励电动机与螺旋桨的共同工作特性
1—电动机特性　2、3、4—螺旋桨特性

由此可见，他励电动机的特性也不能适应负载变化时充分利用机组功率的要求。

为了能够比较好地适应上述几点要求，电动机机械特性必须具有如图 2-20 所示的形状。在这条特性曲线 $dacbe$ 的 acb 段，曲线呈双曲线形状，在 ab 段的每一点始终具有 $M \cdot n = $ 常数的关系。

而我们知道，电动机的输出轴功率为

$$P = M \cdot n / 975$$

式中，P 的单位为 kW；M 的单位为 kg·m；n 的单位为 r/min。

因此在这条双曲线上的每一点，电动机输出的功率相等，电动机的这种状态称为"恒功率"状态。a 点是在螺旋桨自由航行特性上，而 b 点在螺旋桨系缆特性上，这就保证当电动机的负载在 1、2 之间变化时，电动机将能自动维持"恒功率"运行，电动机功率不会过载，因而发电机和柴油机功率也不会过载。转矩虽然大于额定值，但它在电动机允许的转矩过载范围之内，不致引起电的和机械性的损害。

这条特性的 d 点限制了电动机的空载转速，而 e 点限制了电动机的堵转转矩。它们的数值均可设计在允许范围之内。

一般来讲，要获得 acb 段的理想恒功率特性比较困难，而获得所谓"凸形特性"则比较容易。凸形特性如图 2-20 的曲线 $dafbe$ 所示。当负载变化，电动机过渡到如 f 点工作时，虽然这一点高于恒功率曲线，电动机将稍有过载（$P_f > P_e$），但过载不大，因此应用还是比较普遍。一般我们把它和理想恒功率特性一样都称为恒功率特性。

恒功率特性在拖船、拖网渔船、扫雷艇、破冰船等船舶上应用比较适当。在某些船舶上，比如消防船、渡轮、挖泥船等船舶上，除了螺旋桨外，还有一些同螺旋桨容量相当的大容量辅机，它们的特点一是容量大，二是它们的负载高峰在时间上常常是与螺旋桨错开的，这时往往把它们的电动机与螺旋桨电动机串接在同一条主电路上，由公共的发电机组供电。为保证各电动机可独立调速且互不影响，人们研制了所谓"恒电流"系统。

4）在恒电流系统中，要求主回路电流保持不变，不因任一台电动机的转速变化而受到影响。

特性形状如图 2-21 曲线 $dabe$ 所示。图中的横坐标用电流 I 表示。所得的特性是 $n = f(I)$ 特性。当电动机 $\Phi =$ 常数时，$M \propto I$，这条特性也就代表机械特性 $n = f(M)$。这条特性比图 2-20 中的特性 $dafbe$ 更为陡峭，它的转矩在 a 点以下几乎为恒定值。当螺旋桨特性由 1 变为 2 时，电动机工作点由 a 变到 b。很显然，b 点的功率比 a 点小，即 $P_b < P_a$。该台电动机的功率利用是不充分的，但由于各台电动机的负载高峰不是同时出现，因此整个柴油发电机组的负载有可能比较均匀，其功率利用也就有可能比较充分。

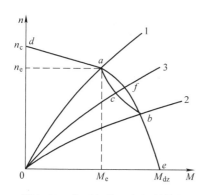

图 2-20　电动机的理想机械特性

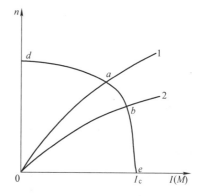

图 2-21　恒电流系统中电动机的特性

5）电动机调速应该比较方便。

船舶运行过程中，经常要求螺旋桨正反转及获得不同的低速。这就要求电动机具有不同的转速，而且调速相对比较简便。从调速性能来讲，直流电力推进系统比交流电力推进系统优越。

对于交流推进而言，螺旋桨同样对交流电动机特性有要求，这部分内容在后面章节将会阐述，此处不再赘述。

第 3 章 船舶推进电动机

船舶电力推进系统的主要动力源是推进电动机,目前主要有直流推进电动机、交流异步推进电动机、交流同步推进电动机、永磁推进电动机。本章将介绍船舶推进电动机的特点及要求,分析船舶各类推进电动机的工作原理、数学模型、运行特性和设计特点。

3.1 船舶推进电动机概述

3.1.1 推进电动机的特点

船舶的航速和推进轴功率的变化范围很大,船舶对推进电动机的要求决定了推进电动机的特点,即是一种高可靠性、大容量、低转速、高转矩、高功率比、功率和转速变化范围很宽的多工况电动机。

1. 高可靠性

推进电动机是船舶电力推进系统的主要甚至是唯一的动力源,其可靠性直接关系到船舶的安全航行,特别是潜艇推进电动机。早期的潜艇采用柴油机与推进电动机同轴推进,而且有多台主推进电动机和多台经航推进电动机。而现在仅仅设一台主推进电动机,推进电动机成为了潜艇深潜、上浮、航行的唯一推动力,它必须具有非常高的可靠性,以保证船舶的生命力。

2. 大容量

船舶推进电动机的最大功率取决于船舶航行所要求的最大航速、排水量、运动阻力和推进螺旋桨的特性,一般在船舶总体设计时决定。推进电动机的功率大致与螺旋桨转速的三次方成正比,即 $P = kn^3$(k 为常数),因此,提高船舶的航速要求显著增加推进电动机的功率。

随着船舶的排水量增大,航速增高,所需推进动力越来越大,导致推进电动机的容量也逐步增大。现代船舶已由双螺旋桨推进发展为单桨推进,单台推进电动机的容量成倍地增加。

3. 低转速、高转矩

早期的船舶螺旋桨为小直径高速螺旋桨,为提高螺旋桨推进效率和降低噪声,现均采用低速大直径螺旋桨。而一般推进电动机与螺旋桨同轴联接,无齿轮减速,所以推进电动机转速向低速发展。单台推进电动机的容量大幅度增加,推进电动机的转矩也大幅度提高。

4. 高功率比

船舶舱室空间和排水量有限,希望设备体积、重量尽量轻巧,推进电动机在船上属于大型设备之一,特别是潜艇推进电动机一般放置在船舶的尾部。现代潜艇为了提高流体力学和声学性能，趋向于采用水滴型尾部收缩，导致舱室容积变小，所以要求推进电动机体积小、重量轻、功率密度大。

要求推进电动机具有最小的外形尺寸和重量，是与电动机便于维护以及某些部件便于接触相矛盾的，但是对于船舶推进电动机来说，最小的外形尺寸和重量成为设计时的优先考虑因素。

5. 宽调速范围和调速性能

推进电动机要能满足船舶航行的全部航速需要，其转速一般在每分钟几十转到几百转。在同样的输出功率情况下，它与一般恒速的电动机和有转速中断区的调速电动机相比，实际分担的功率、电负载和磁负载都要大得多。

6. 高效率

电动机的效率对船舶的燃料消耗、主发电机外形尺寸和重量有很大的影响。推进电动机效率低，总的电力消耗加大，会使主发电机的容量、外形尺寸、重量以及燃料的消耗显著地增加。

舰艇推进电动机的效率直接影响舰艇的续航力和作战半径。

7. 振动和噪声小

船舶推进电动机通常是安装在很小的舱室内，那里的长期工作人员将被电动机不间断的噪声所困扰。因此为了改善工作人员的居住和工作条件，减小电动机的噪声是很有必要的。

对于特殊船舶如测量船和海洋考察船，推进电动机的振动和噪声还会干扰测量的准确度。

另外，随着声呐等反潜技术的发展，需要研究、发展安静型潜艇。潜艇低速航行时，推进电动机是其主要振动和噪声源，对潜艇的隐蔽性影响很大，尤其影响了潜艇的战术技术性能指标。因此，根据船舶发射到水中的声能值的限制，对潜艇推进电动机振动和噪声的要求越来越高。

必须指出，要求振动噪声小是与限制外形尺寸和重量直接相矛盾的，因为电动机的有效材料利用率越高，即电动机的电磁负载和转速越高，电动机的噪声就会越大，要得到噪声小的电动机，必须减小电动机的电磁负载和转速，这样就要增加外形尺寸和重量。所以实际设计时，通常是要兼顾上述各个因素的影响，最终得到一个最优方案。

8. 多工况运行

推进电动机要推动船舶在不同的航速下前进、后退，应满足多种工作状况运行要求。

潜艇推进电动机一般有基本、短时和连续三种工作制。基本工作制是水下航行的短时工作状态，也是电动机的额定工况，一般为1h；短时工作制可以使潜艇操纵更加灵活、机动，有利于接近敌人、占领有利阵位和规避各种不利的局面，一般为10min工况；连续工作制满足潜艇水面、水下、通气管航行、倒车等状况下的各种航速。

9. 多电压供电方式

潜艇推进电动机一般由蓄电池幅压供电。由于蓄电池放电特性，使供电电压波动范围很大，另一方面，为了便于调速，蓄电池组在工作时，经常调整串并联结构。推进电动机在同样输出功率时，它与一般电动机相比，电负载和磁负载较大。

3.1.2 船舶推进电动机的要求

对推进电动机的要求，除由推进电动机的特点决定外，同时要考虑船舶工作时的环境条件,如海水、盐雾、霉菌等,战术技术状态如倾斜、摇摆和冲击的影响等,还要考虑舱内的布置、外形结构尺寸、重量等要求。

推进电动机的基本要求如下:

1) 可靠性高。电动机高可靠性的要求是一个综合性概念,它可决定该电动机的许多结构特点。电动机的可靠性高通常可作如下理解:

① 电动机可以长期不间断地工作,维护时只需短期内停止工作,即更换电动机需维修的零部件如直流推进电动机的电刷、机电一体化推进电动机的功率模块、轴承润滑油,在清除电动机上的灰尘时也不长期停止工作;

② 推进电动机安装在船舶上,要求所有最重要的结构部件可以方便地定期维护;

③ 绕组绝缘的耐潮性和耐水性。在正常海洋空气湿度的作用下,电动机仍能保持良好的绝缘性能。即使被海水浸没的电动机在海水从舱中排出后,电动机用淡水洗涤,并经短期烘焙干燥后,仍能短期工作;

④ 电动机的机械强度。具有承受正常操作时以及船舶执行任务时所产生的机械应力的能力,能承受较大的冲击震动;

⑤ 保证电动机在横倾、纵倾、横摇下能可靠地工作;

⑥ 电动机脱离辅助机械的独立性,即在有限的时间间隔内,电动机不因辅助机械(如风扇、供轴承油的油泵以及其他辅助机械)出现异常而丧失了其独立工作的能力与生命力;

⑦ 保证电动机冷却系统安全运行。

2) 推进电机最好采用强迫通风,以减小体积和重量,避免在船舶制动或倒车时过热。对于功率过大的电动机也可采用水内冷式。

3) 视船舶条件不同,可以用单独通风系统,也可用总的通风系统,但最好采用单独的通风系统。

4) 具有强迫通风的电动机,应在不用强迫通风时也能承受低负载运行。

5) 为了防止电动机停车后在内部凝水,以及提高电动机绝缘,电动机内部应装电热器,使电动机内温度保持比周围介质温度高 2~3℃。为此目的,也允许使用电动机的励磁绕组来作加热器。

6) 推进电动机的绝缘电阻,在耐电压试验前后,测得的修正到25℃时的绝缘电阻值(按照温度每降低15℃,绝缘电阻增加一倍进行修正),应不低于下列数值:

磁场绕组(B、F、H级绝缘):50MΩ;

电枢回路(B、F、H级绝缘):25MΩ;

电加热器:25MΩ。

7) 电动机应能承受超速运行的考验。电动机应能承受125%额定转速,空载超速运行5min而不发生损伤或有害变形。当125%额定转速小于120%最高工作转速时,应按120%最高工作转速进行试验。

8) 逆转。对可逆转电动机,应能在产品技术规格书规定的逆转工况下正常运行。

9) 电动机应采取有效措施防止轴电流对轴承产生危害。一般轴电压的峰-峰值不应超过1V。如果轴承已电气绝缘,轴电流回路被断开,则允许有较高的轴电压。

当采取轴承绝缘措施时至少应将电动机的非驱动端轴承加以电气绝缘,与绝缘轴承连接的金属油管、金属冷却管和其他导电连接件均应电气绝缘。

10）推进电动机的轴承和润滑。在电动机允许的倾斜范围内，应保证轴承能得到良好地润滑，正常工作。润滑油（脂）不能从轴承中渗漏或溢出。

11）推进电动机应尽量采用滑动轴承。

12）当推进电动机采用滚动轴承时，应考虑：

① 在船舶上能顺利地更换滚动轴承；

② 设置轴承加脂杯（孔），并设置排脂道；正确选用润滑脂，以保证轴承良好地润滑；

③ 滚动轴承的使用寿命应不少于20000h。

13）当推进电动机采用滑动轴承时，应考虑：

① 在明显部位应设有轴承温度测量、油面高度观察以及超温报警装置；

② 若采用压力润滑时，必须保持足够的油压或油面高度，以保证不断油。若采用飞溅式滑动轴承时，应设轴承加油杯（孔），以便补充润滑油；

③ 采用滑动轴承的推进电动机，必须设有转子提升装置，以利于更换轴承轴瓦。

14）推进电动机转子的直径应尽可能小，以减小转动惯量，减少反向或调速时的过渡时间，提高机动性。

15）在必要的情况下，应安装推进电动机的超速保护，以防止在操纵和故障条件下超过电动机设计的速度极限。

16）在规定的运行模式和紧急操纵模式下，再生电力不应引起推进系统的任何报警。

17）推进电动机励磁电路保护不应引起开路，除非电枢电路同时断开。

18）对于具有一个励磁绕组或者两个电枢绕组的电动机，一个电枢电路的故障不应引起励磁电路的断路。

19）应有检测电动机内部温度和轴承润滑情况的装置，其信号应在操纵板上反映出来。

20）由静止式变频器供电的推进电动机，在设计中要考虑电源中谐波的影响。

21）电动机排在舱室中的热量的导出。船舶舱室空间很有限，大容量推进电动机所排出的热量对船上的居住条件以及维护人员正常工作条件的影响很大，因此电动机排在舱室中的热量的导出很重要。船舶推进电动机一般使用带有水冷式空气冷却器的闭式循环通风冷却系统或水冷系统。

22）满足船用条件使用要求。船舶推进电动机必须防潮、防霉、防盐雾。

3.2 船舶直流推进电动机

直流电动机具有良好的运行和控制特性，其调速系统在理论和实践上都比较成熟，从控制技术的角度来看，它又是交流调速系统的基础。本节主要分析直流电动机的基本方程、运行特性和船用直流推进电动机的特点。

3.2.1 直流电动机的基本原理

1. 电磁转矩方程

图3-1为并励直流电动机的原理图。由图可见，当接通电源后，电枢中通过电流I_a，而与电枢并联的励磁绕组中则通过电流I_f，并产生磁通Φ。假设电枢上半部导体的电流方向为⊕（流进），下半部导体的电流方向为⊙（流出），由图中看出，由于电枢电流与磁场相

互作用，使电枢上的导体受到电磁力 F 的作用，其方向可用左手定则确定。电磁力的作用构成电磁转矩 T，如果这个电磁转矩 T 大于制动转矩 T_c（阻碍电动机转动的转矩），电动机便沿着电磁转矩 T 的方向旋转起来（图中为逆时针方向）。由于电刷与换向器的作用，每个主极下导体电流的方向不因电枢旋转而改变，因此这个电磁转矩 T 的方向是恒定的。电磁转矩公式为

$$T = C_T \Phi I_a \tag{3-1}$$

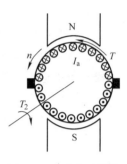

图 3-1　直流电动机的电磁转矩和外施转矩

式（3-1）说明电动机的电磁转矩 T 与磁通 Φ 和电枢电流 I_a 成正比。

电动机带负载稳定运行时，电磁转矩 T 与制动转矩 T_c 相等，而制动转矩包括负载制动转矩 T_2 和由于机械摩擦以及铁心中磁滞、涡流等原因引起的空载制动转矩 T_0，即 $T_c = T_2 + T_0$。所以电动机稳态运行时的转矩关系为

$$T = C_T \Phi I_a = T_2 + T_0 = T_c \tag{3-2}$$

由式（3-2）可知，当电动机的机械负载增加，即 T_2 加大时，电磁转矩 T 必相应地增大。对于并励直流电动机来说，Φ 可认为是不变的，因而电枢电流 I_a 必然增大（因 $I_a = \dfrac{T_c}{C_T \Phi}$），当电磁转矩 T 与制动转矩 $T_c = T_2 + T_0$ 不相等时，电动机的转速 n 便要发生变化，这时机组的转矩关系如下：

$$T - T_c = T_i = J \dfrac{d\Omega}{dt} = J \dfrac{2\pi}{60} \dfrac{dn}{dt} \tag{3-3}$$

这就是电动机动态转矩平衡关系，式中 T_i 叫动态转矩，J 是机组转动部分（电动机转子加上被拖动机械）的转动惯量，$\Omega = \dfrac{2\pi n}{60}$ 是转子的角速度。显然，若 $T > T_c$，则角加速度 $\dfrac{d\Omega}{dt} > 0$，转速 n 将升高；反之，若 $T < T_c$，则 $\dfrac{d\Omega}{dt} < 0$，转速 n 将降低。

2. 电动机电压方程

电动机的反电动势 E_a 是由于电磁感应作用而产生。其计算公式为

$$E_a = C_e \Phi n \tag{3-4}$$

根据直流电动机的电枢电路，如图 3-2 所示，可以列出电压平衡方程式如下：

$$U = E_a + I_a R_a \tag{3-5}$$

式中，R_a 为电枢电路的内电阻。

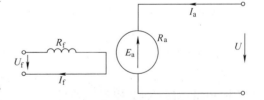

图 3-2　直流电动机电势关系

由式（3-5）可以看出，电源电压 U 的一小部分降落在电枢电路的内电阻上（$I_a R_a$），大部分用来克服反电动势，以维持电枢电流 I_a。电压平衡方程式经过变换后，可以得到

$$I_a = \dfrac{U - E_a}{R_a} = \dfrac{U - C_e n \Phi}{R_a} \tag{3-6}$$

由此可知，当 U 一定时，直流电动机的电枢电流 I_a 将随反电动势 E_a 的变化而变化。E_a

越高，则 I_a 越小，如磁通 Φ 保持不变（并励直流电动机可看成这种情况），则电枢电流 I_a 将随转速 n 的变化而变化。n 越高，则 E_a 越高，因而 I_a 越小。

3. 功率方程

电动机从电源输入的电功率为 $P_1 = UI$，它的一小部分消耗于励磁损耗 $P_{Cuf} = UI_f$ 和电枢电路铜损耗 $P_{Cua} = I_a^2 R_a$，其余的电功率则转换为机械功率，由于该功率是通过电流与磁场的作用而转换得来，故又称为电磁功率，用 P_M 表示，即

$$P_1 - (P_{Cuf} + P_{Cua}) = P_M \tag{3-7}$$

机械功率尚不能全部被利用，还需扣除铁心损耗 P_{Fe} 和机械损耗 P_i，之后才是轴上的输出功率，即

$$P_M - (P_i + P_{Fe}) = P_M - P_0 = P_2 \tag{3-8}$$

式中，$P_0 = P_i + P_{Fe}$ 称为空载损耗。

由上面两式可得

$$P_1 - (P_{Cuf} + P_{Cua} + P_i + P_{Fe}) = P_1 - \sum P = P_2 \tag{3-9}$$

$\sum P = P_{Cuf} + P_{Cua} + P_i + P_{Fe}$ 为电动机总的功率损耗。

电动机的效率为

$$\eta = \frac{P_2}{P_1} \times 100\% = \frac{P_2}{P_2 + \sum P} \times 100\% \tag{3-10}$$

上述三个关系是相互联系的，即在功率关系 $P_M = P_0 + P_2$ 的两边除以电动机的角速度 Ω，可得转矩关系，即

$$\frac{P_M}{\Omega} = \frac{P_0}{\Omega} + \frac{P_2}{\Omega} \tag{3-11a}$$

$$T = T_0 + T_2 \tag{3-11b}$$

式中，$T = \dfrac{P_M}{\Omega}$；$T_0 = \dfrac{P_0}{\Omega}$；$T_2 = \dfrac{P_2}{\Omega}$。

3.2.2 他励直流电动机数学模型

他励直流电动机的等效电路如图 3-3 所示。他励直流电动机有两类控制方式，即电枢电压控制方式（励磁恒定）和磁场控制方式（即电枢电压恒定）。通常磁场控制功率只为电枢控制功率的 5%，但电磁时间常数比较大，动态性能差。他励直流电动机往往以电枢控制为主，磁场控制为辅。下面将根据图 3-3 所示参量建立电枢控制下的电动机数学模型，并给出方块图和传递函数。

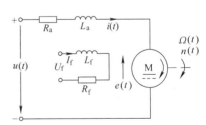

图 3-3 他励直流电动机等效电路

忽略电源内阻，电枢回路的电压平衡方程式为

$$L_a \mathrm{d}i(t)/\mathrm{d}t + R_a i(t) + e(t) = u(t) \tag{3-12}$$

其中感应电动势为

$$e(t) = K_e \Omega(t) = C_e \varphi_e n(t) \tag{3-13}$$

式中，K_e 为反电动势常数，$K_e = 9.55 C_e \phi_e (\mathrm{V \cdot s})$；$\Omega(t)$ 为电动机轴角速度（rad/s）；$n(t)$

为转速（r/min）；L_a(H) 和 R_a(Ω) 分别为电枢回路的电感和电阻；C_e 为电动势系数。

电动机的转矩平衡方程式为

$$M(t) - M_z(t) = J\mathrm{d}\Omega(t)/\mathrm{d}t$$

或

$$M(t) - M_z(t) = (GD^2/375)\mathrm{d}n(t)/\mathrm{d}t \tag{3-14}$$

式中，$M(t)$ 为电动机的电磁转矩；$M_z(t)$ 是折算到电动机轴上的负载转矩（N·m），J(kg·m² 或 N·m·s²) 和 GD^2(kgf·m²) 分别为折算到电动机轴上的转动惯量和飞轮矩，其中

$$M(t) = K_m i(t) = C_M \phi_e i(t) \tag{3-15}$$

式中，K_m 为电动机力矩常数（N·m/A），且 $K_m = C_M \phi_e$。因为 $C_M \phi_e = 9.55 C_e \phi_e$，所以有 $K_m = K_e$ 的关系，C_M 为转矩系数。

式（3-12）~式（3-15）就是他励直流电动机电枢控制时的数学模型。对其进行拉氏变换，并假设全部初始条件为零，可得

$$(L_a s + R_a)I(s) + E(s) = U(s) \tag{3-16}$$

$$E(s) = K_a \Omega(s) = C_e \phi_e n(s) \tag{3-17}$$

$$M(s) - M_z(s) = Js\Omega(s)$$

或

$$M(s) - M_z(s) = (GD^2/375)sn(s) \tag{3-18}$$

$$M(s) = K_m I(s) \tag{3-19}$$

以 $U(s)$ 为输入量，以 $\Omega(s)$ 或 $n(s)$ 为输出量，以 $M_z(s)$ 为扰动量，根据式（3-16）~式（3-19）可以画出如图 3-4 所示的电枢控制时的电动机方块图。可见电动机转速不仅受电枢电压 $U(s)$ 控制，还与负载转矩 $M_z(s)$ 有关。

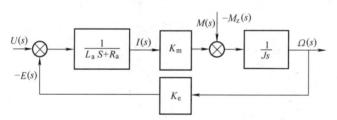

图 3-4　他励直流电动机方块图

电动机转速对电枢电压的传递函数为

$$\frac{\Omega(s)}{U(s)} = \frac{1/K_e}{T_M T_a s^2 + T_M s + 1} \tag{3-20}$$

若 $T_a \ll T_M$，上式可简化为

$$\frac{\Omega(s)}{U(s)} = \frac{1/K_e}{T_M s + 1} \tag{3-21}$$

转速对负载扰动的传递函数为

$$\frac{\Omega(s)}{M_z(s)} = \frac{-R_a(T_a s + 1)/K_e K_m}{T_M T_a s^2 + T_M s + 1} \tag{3-22}$$

若 $T_a \ll T_m$，上式可简化为

$$\frac{\Omega(s)}{M_z(s)} = \frac{-R_a(T_a s + 1)/K_e K_m}{T_M s + 1} \tag{3-23}$$

式中，$T_a = L_a/R_a$ 为电枢回路的电磁时间常数（s），$T_M = JR_a/K_e K_m = GD^2 R_a/375 C_e C_M \phi_e^2$ 为机电时间常数（s）。

利用电动机铭牌数据求取有关参数的方法已在相关内容中介绍。这里仅就电感 L_a 的实测与估算问题加以说明。

电枢电感 L_a（H）可以用交流伏安法实测，所测交流电压与电流值可代入下式计算：

$$L_a = \sqrt{(U/I)^2 - R_a^2}/2\pi f \tag{3-24}$$

式中，f 为测量电源的频率（Hz）。

也可以用下述经验公式估算：

$$L_a = 19.1 C U_e/2 p n_e I_e \tag{3-25}$$

式中，p 为极对数；U_e、I_e 和 n_e 分别为电动机的铭牌数据；C 为系数，一般中小型电动机均无补偿极，取 $C = 0.4$，有补偿极时取 $C = 0.1$。

他励直流电动机励磁回路与电枢回路各自独立，如图 3-3 所示，在电气上没有联系。励磁回路的数学模型，通常分为两种情况来考虑。

1. 忽略磁场回路涡流影响时的数学模型

（1）励磁绕组回路的数学模型　电动机励磁电流 I_f 和励磁电压 U_f 间的关系为惯性环节，其时间常数较大（最大时间常数可达几秒），所以在系统中一般看成是大惯性环节，其传递函数为

$$W_f(s) = \frac{I_f(s)}{U_f(s)} = \frac{1/R_f}{1 + L_f s/R_f} = \frac{K_f}{1 + T_f s} \tag{3-26}$$

式中，R_f 为电动机励磁回路电阻；L_f 为电动机励磁回路电感；T_f 为励磁回路时间常数。

将式（3-26）绘制成动态结构图，如图 3-5 所示。

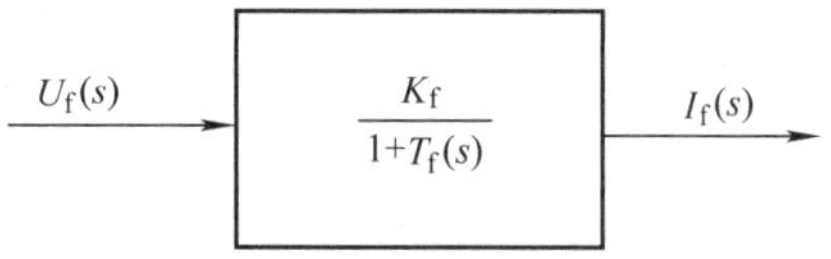

（2）触发器与整流器的数学模型

$$\frac{U_f}{U_{ctf}} = W_{sf}(s) = K_{sf} e^{-T_{sf} s} \approx \frac{K_{sf}}{1 + T_{sf} s} \tag{3-27}$$

图 3-5　励磁绕组回路模型的动态结构图

将式（3-27）绘制成动态结构图，如图 3-6 所示。

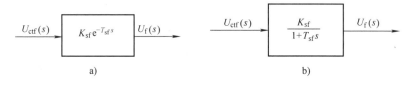

图 3-6　励磁触发器 - 整流器动态结构图
a）准确的　b）近似的

（3）励磁系统数学模型的动态结构图　将图 3-5 和图 3-6 合并，即得到励磁系统数学模型的动态结构图，如图 3-7 所示。

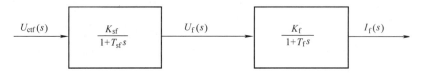

图 3-7　忽略磁场回路涡流影响时的动态模型结构图

2. 考虑磁场回路涡流及磁化曲线非线性影响时的数学模型

当电动机磁场回路损耗很小时，可以忽略涡流影响，近似认为励磁电流 I_f 的变化能够反映磁通 Φ_d 的变化。但是当电动机磁场回路存在较大涡流时，则励磁电流只有一部分产生磁通 Φ_d，而另一部分就是涡流。此时磁场回路的等效电路如图 3-8 所示。

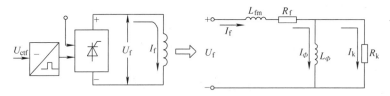

图 3-8　磁场回路等效电路图

图中，R_f 为励磁绕组电阻；L_Φ 为励磁绕组电感；L_{fm} 为励磁绕组漏感；I_k 为涡流阻尼等效电流；I_Φ 为产生磁通的励磁电流；R_k 为涡流阻尼等效电阻。

根据磁场回路的等效电路，则有

$$I_f(s) = \frac{U_f(s)}{R_f + L_{fm}s + \dfrac{R_k L_\Phi s}{R_k + L_\Phi s}} = \frac{U_f(s)}{R_f + L_{fm}s + \dfrac{L_\Phi s}{1 + T_k s}} \tag{3-28}$$

式中，$T_k = \dfrac{L_\Phi}{R_k}$ 为涡流阻尼时间常数。一般 $L_\Phi \gg L_{fm}$，所以可以忽略 L_{fm}，于是有

$$\frac{I_f}{U_f} \approx \frac{1}{R_f + \dfrac{L_\Phi s}{1 + T_k s}} = \frac{1 + T_k s}{R_f + R_f T_k s + L_\Phi s} = \frac{1 + T_k s}{R_f\left[1 + \left(T_k + \dfrac{L_\Phi}{R_f}\right)s\right]} = \frac{1 + T_k s}{R_f(1 + T_{fb} s)} \tag{3-29}$$

式中，$T_{fb} = \left(T_k + \dfrac{L_\Phi}{R_f}\right)$ 为考虑涡流后的励磁回路时间常数。

由励磁回路的等值电路可知：

$$I_\Phi(s) = I_f(s) \frac{R_k}{R_k + L_\Phi s} = \frac{I_f s}{1 + T_k s}$$

故

$$\frac{I_\Phi(s)}{I_f(s)} = \frac{1}{1 + T_k s} \tag{3-30}$$

磁通 Φ_d 和产生它的电流 I_Φ 之间的关系是由电动机的磁化曲线来描述的，如图 3-9 所示。磁化曲线是非线性的，经分段线性化之后，则 I_Φ 和 Φ_d 的关系可以表示成：

$$\Phi_d = K_\Phi I_\Phi$$

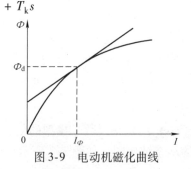

图 3-9　电动机磁化曲线

故

$$\frac{\Phi_d(s)}{I_\Phi(s)} = K_\Phi \tag{3-31}$$

由于电动机的磁化曲线的非线性，因而 K_Φ 值大小与电动机磁路饱和程度有关。根据电动机磁场回路 U_f、I_f、I_Φ、Φ_d 各量之间的相互关系，可以得到励磁系统的动态结构图，如图 3-10 所示。

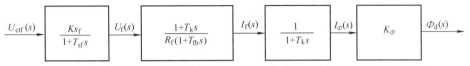

图 3-10　考虑涡流及磁化曲线非线性影响时励磁系统数学模型的动态结构图

3.2.3　直流电动机的运行特性

直流电动机的运行特性主要有两条：一条是工作特性，另一条是机械特性，即转速-转矩特性。分析表明，运行性能因励磁方式不同而有很大差异，下面以并励直流电动机为例加以研究。

图 3-11 表示并励直流电动机的接线图。并励直流电动机的运行特性可用试验法或解析法求得，先讨论工作特性。

1. 工作特性

工作特性是指电动机的端电压 $U = U_N$、励磁电流 $I_f = I_{fN}$ 时，电动机的转速 n、电磁转矩 T 和效率 η 与输出功率 P_2 的关系，即 n、T、η 与 P_2 的关系。由于实际运行中 I_a 较易测得，且 I_a 随 P_2 的增大而增大，故也可把工作特性表示为 n、T、η 与 I_a 的关系。上述条件中，I_{fN} 为额定励磁电流，即输出功率达到额定功率 P_N、转速达到额定转速 n_N 时的励磁电流。

先看转速特性 $n = f(P_2)$。从电动势公式 $E_a = C_e n \phi$ 和电压方程可知：

$$n = \frac{E_a}{C_e \phi} = \frac{U}{C_e \phi} - \frac{R_a}{C_e \phi} I_a \tag{3-32}$$

上式通常称为电动机的转速公式。此式表示，在端电压 U、励磁电流 I_f 均为常值的条件下，影响并励直流电动机转速的因素有两个：①电枢电阻压降；②电枢反应。当电动机的负载增加时，电枢电流增大，$I_a R_a$ 使电动机的转速趋于下降；电枢反应有去磁作用时，则使转速趋于上升。这两个因素对转速的影响部分地互相抵消，使并励直流电动机的转速变化很小。实际上，为保证并励直流电动机的稳定运行，常使它具有如图 3-12 所示稍微下降的转速特性。

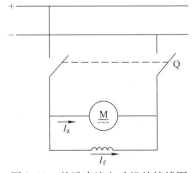

图 3-11　并励直流电动机的接线图

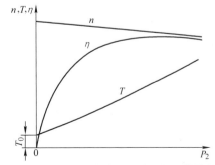

图 3-12　并励（他励）电动机的工作特性

空载转速 n_0 与额定转速 n_N 之差用额定转速的百分数表示，就称为并励直流电动机的转速调整率 Δn，即

$$\Delta n = \frac{n_0 - n_N}{n_N} \times 100\% \tag{3-33}$$

并励直流电动机的转速调整率很小，约为3%~8%，所以它基本上是一种恒速电动机。

注意，并励（他励）直流电动机在运行中，励磁绕组绝对不能断开。若励磁绕组断开，$I_f = 0$，主磁通将迅速下降到剩磁磁通，使电枢电流迅速增大。此时若负载为轻载，则电动机的转速将迅速上升，造成"飞车"；若负载为重载，所产生的电磁转矩克服不了负载转矩，则电动机可能停转，使电枢电流增大到起动电流，引起绕组过热而将电动机烧毁。这两种情况都是非常危险的。

再看转矩特性 $T = f(P_2)$，根据转矩方程

$$T = T_0 + T_2 = T_0 + \frac{P_2}{\Omega} \tag{3-34}$$

若转速为常值，则 T 与 P_2 之间为一直线关系。实际上，P_2 增大时，转速略有下降，故 $T = f(P_2)$ 将略微向上弯曲，且当 $P_2 = 0$ 时，$T = T_0$，如图3-12所示。

最后是效率特性 $\eta = f(P_2)$。并励电动机的效率特性和其他电动机相类似，如图3-12所示。

2. 机械特性

机械特性是指 $U = U_N$，励磁回路电阻 $R_f = $ 常值时，电动机的转速与电磁转矩的关系 $n = f(P_2)$。

从电磁转矩公式和电动机的电压方程可知

$$T = C_T \phi I_a = C_T \phi \left(\frac{U - C_e n \phi}{R_a} \right) \tag{3-35}$$

由此可以解出

$$n = \frac{U}{C_e \phi} - \frac{R_a}{C_T C_e \phi^2} T \tag{3-36}$$

由于 $U = U_N$，$R_f = $ 常值，且 $R_a \ll C_T C_e \phi^2$，故不计磁饱和效应时，并励直流电动机的机械特性为一稍微下降的直线。如果计及磁饱和，交轴电枢反应呈现去磁作用，曲线的下降程度减小，甚至可以成为水平或上翘的曲线。总之，并励直流电动机的转速随着所需电磁转矩的增加而稍有变化，如图3-13所示，这种特性称为硬特性。

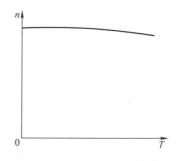

图3-13 并励电动机的机械特性

3.2.4 船舶直流推进电动机特点

船用直流推进电动机的结构形式和普通的直流电动机差别较大，为了全面了解船舶直流推进，在此，对船用直流推进电动机的结构特点进行分析。

1. 基本型式

推进电动机的布置空间有限且调速范围较大，往往需要做成双电枢双换向器电动机或单电枢双换向器电动机。双电枢双换向器电动机与单电枢电动机相比，电枢之间可以串、并

联;既可单电枢工作,又可双电枢工作,机动性好,可靠性高。但其轴向尺寸较长,重量和体积较大,效率稍低。单电枢双换向器电动机两个独立的换向器之间可以串、并联,增加调速区,灵活性较好,但结构相对复杂,风路上要特殊考虑。

直流推进电动机基本型式有:

(1) 单电枢单换向器 同一轴上只有一个电枢和换向器,如一般电动机的转子型式。

(2) 单电枢双换向器 同一轴上只有一个电枢铁心和两个换向器,在该铁心上放有两套独立的绕组,每一套绕组接到各自的换向器上,如图3-14所示。

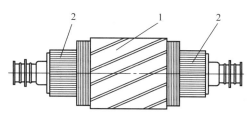

图 3-14 单电枢双换向器
1—电枢 2—换向器

(3) 双电枢双换向器 同一轴上有两个独立的电枢铁心,每个铁心上有一套绕组,分别接到各自的换向器上,这两个电枢装在同一机壳内,有两个独立的磁路系统,两换向器可以置于两铁心中间,也可置于两端,如图3-15所示。

(4) 双电枢四换向器 同一轴上有两个独立的带双换向器电枢。

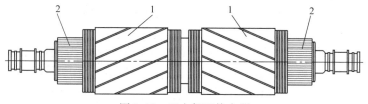

图 3-15 双电枢双换向器
1—电枢 2—换向器

2. 机座

机座一般由钢板焊接而成,机座结构除考虑强度、刚度、防护型式、冷却方式和安装等方面的要求外,同时应考虑机座的结构工艺性要求。

推进电动机的机座多为剖分式结构,其上、下机座併合面位置应着重考虑安装和维护的方便,还应装有定位销以保证定位。若推进电动机布置在船的舷侧,则上、下机座为斜剖分,底脚也不在一个平面上。

端盖也为上、下剖分结构。较大直径的电动机,上半端盖又分为两半,而且上半端盖没有止口,以便于拆卸。

机座结构应满足磁路对称方面的要求,对同轴双电枢电动机,独立的两磁路系统,其机座应使用材质相同、导磁性能尽量一致的材料。

3. 定子磁路系统

推进直流电动机的定子磁路系统一般由主磁极、换向极、励磁绕组、换向极绕组、补偿绕组和极间连线组成。对大功率的直流推进电动机一般需采用补偿绕组,增加抗环火的能力。

主磁极应采用优质冷轧硅钢片叠压而成,换向极应根据换向设计要求来确定是采用薄钢板或硅钢片叠压结构。主磁极、换向极与机座的连接固定需使用螺栓,并留有足够的调整垫片的裕量,以便必要时调整气隙来调整换向性能。

各磁极绕组的对地绝缘性能很重要，主磁极和换向极推荐采用真空压力浸漆（VPI），极间连线应包有足够的绝缘，以防凝露或积水导致磁路系统的绝缘电阻偏低，影响电动机的正常使用。

磁路系统各绕组之间的连线方式应使各极磁势相等、极性正确、轴电流和外磁场最小。

磁路系统的极间连线必须考虑机座的剖分要求，在併合面附近分断并采用螺栓联结。

4. 电枢

直流推进电动机电枢一般需要采用斜槽，电枢铁心由高导磁、低损耗的电工硅钢片叠压而成，若采用扇形片叠压，扇形片间接缝应逐层交错放置，并应使磁性对称。叠片应通过穿过铁心的拉紧螺杆同压板一起牢固地压紧。为防止在拉杆内产生涡流损耗，拉紧螺杆不宜装在过于靠近铁心外缘的地方，且必须仔细地加以绝缘。

直流推进电动机电枢直径较大时，考虑到转轴加工和锻造的生产难度，同时为了减少重量，在电枢铁心和轴之间另装电枢支架。电枢支架用钢板焊接而成，设计时还需考虑电动机通风冷却的要求。根据电枢铁心的长度，可采用轴向通风或轴向、径向混合通风结构。

5. 换向器

换向器是直流推进电动机的关键部件，在整个寿命周期内换向器必须保持良好的状态，不得产生有害变形，换向器外圆跳动应不超过规定值。在船舶大修期，若需要车换向器外圆，仍要保证足够的片间压力。

直流推进电动机的换向器一般采用螺杆紧固式拱形换向器，升高片与换向片间用硬焊方法联结，机械强度高，接触电阻小。换向器可通过螺栓和销钉与电枢支架紧固，升高片不易发生因疲劳折断而引起的事故；电枢绕组可以在套轴前进行嵌线、浸漆工序，对双电枢电动机更容易实现真空压力浸漆，对提高电动机的性能极其有利。

换向器必须具有很好的防潮性能，换向器端部V形环外边缘与套筒、压圈结合处必须密封可靠，并有足够的爬电距离。V形环和换向片、套筒、压圈之间的空腔可进行灌胶处理。

6. 刷架装置

刷架装置应有可靠的坚固性和足够的刚度，使直流推进电动机在各种船用环境下不产生有害变形和机械振动、接头不发生松动、保证刷架始终处于中性线处。

刷杆座应可以旋转，且设有复位标记，以便对电刷和刷握进行维护调节和更换。刷杆座应为分半结构，便于拆装。

直流推进电动机为可逆转电动机，需要采用合理的电刷和刷握型式，为防止维护保养时电刷装反，电刷设计时应考虑有防错标记。

3.3 交流推进电动机

在变频调速技术成熟以前，由于交流电动机调速性能的限制，交流推进电动机主要用于对机动性要求不高的船舶，或者作为某些船舶的一种辅助推进，例如，作为辅助推进的主动舵电动机和用于驱动变螺距推进器的交流推进电动机。

随着电力电子技术、数字控制技术、现代控制理论特别是矢量控制技术和直接转矩控制技术的发展，交流推进电动机的调速性能已可与直流推进电动机的调速性能相媲美。在国外的商用特种水面船舶中交流推进电动机的应用已十分广泛,国内电力推进船舶中交流推进电动机的应用也正在起步。

交流推进电动机与直流推进电动机相比,具有以下优点:

1) 交流推进电动机的极限容量大。由于交流推进电动机没有换向器,因而其极限容量远远大于直流推进电动机的极限容量。

2) 降低了电动机的总损耗,提高了效率。同功率等级的交流推进电动机与直流推进电动机相比,效率通常高 2%~3%。

3) 可以采用较高的电压。目前,直流电力推进装置采用的最高电压为 1000V,而交流电力推进装置的电压可达 6300V 或 7500V,能够减轻电力推进设备的重量。

4) 交流推进电动机的结构比直流推进电动机的结构简单,因而交流推进电动机维护方便、成本低廉。

电励磁交流推进电动机主要有异步推进电动机和同步推进电动机两大类,两类电动机在船舶推进领域都有应用,并都有其自身的特点。无论是同步推进电动机还是异步推进电动机,其相数不局限于三相。采用多相绕组的交流推进电动机可以使转矩脉动减小,运行更平稳,特别是当一相或几相故障时可以使故障相退出,电动机降载运行而不必停机,因此可提高推进系统的可靠性。当然推进电动机相数越多变频调速控制系统就越复杂,应权衡考虑,采用恰当的相数。本节主要分析全对称多相推进电动机,下述分析同样适用于三相电动机。

3.3.1 多相异步电动机数学模型

在建立模型之前,首先对本文中所讨论的电动机做如下限定,N 相异步电动机定子绕组均匀分布,每相邻两相的电角度为 γ,如图 3-16 所示。N 相矢量总共占矢量空间 360°,所以电角度 $\gamma = 360°/N$。为方便模型的建立和讨论研究,假设电动机符合下列理想条件。

1. 理想条件及正方向的选择

1) 铁磁材料的饱和、磁滞以及涡流影响忽略不计;

2) 忽略空间谐波磁场的影响,电动机气隙磁场按正弦分布;

图 3-16 多相异步电动机各相绕组分布图

3) 定子内表面光滑,忽略齿隙和通风槽的影响;

4) 电动机参数为常数,即不受电流、温度、转速等条件变化的影响;

5) 建模中所用到的各物理量及正方向作如下规定:①s、r 分别表示定子、转子量,脚标中含有的 1,2,3,…,N 分别表示第 1,2,3,…,N 相的量;②定子和转子电压及电流正方向的选择都按照电动机的惯例;③磁链的正方向规定为正的电流产生正的磁链;④转子旋转的正方向规定为逆时针方向;⑤$\alpha-\beta$ 坐标系中,α 轴与定子 A 相绕组轴线重合,β 轴超前 α 轴 90°电角度;⑥$d-q$ 坐标系中,d、q 轴与转子同步旋转,q 轴超前 d 轴 90°电角度。

2. N 相异步电动机在自然坐标系下的数学模型

以 N 相笼型异步电动机为例,由基尔霍夫电压定律以及法拉第电磁定律可得电动机绕组在自然坐标系下的电压及磁链平衡方程。

1) 电压方程:

$$\begin{bmatrix} U_S \\ 0 \end{bmatrix} = \begin{bmatrix} R_S & 0 \\ 0 & R_R \end{bmatrix} \begin{bmatrix} I_S \\ I_R \end{bmatrix} + p \begin{bmatrix} \psi_S \\ \psi_R \end{bmatrix} \tag{3-37}$$

2) 磁链方程：

$$\begin{bmatrix} \psi_S \\ \psi_R \end{bmatrix} = \begin{bmatrix} L_{SS} & M_{SR} \\ M_{RS} & L_{RR} \end{bmatrix} \begin{bmatrix} I_S \\ I_R \end{bmatrix} \tag{3-38}$$

式（3-37）和式（3-38）中各元素定义如下所示，p 为微分算子 $p = \dfrac{d}{dt}$。

定子电压 $U_S = \begin{bmatrix} u_{s1} & u_{s2} & \cdots & u_{sN} \end{bmatrix}^T$，

定子电流 $I_S = \begin{bmatrix} i_{s1} & i_{s2} & \cdots & i_{sN} \end{bmatrix}^T$，

转子电流 $I_R = \begin{bmatrix} i_{r1} & i_{r2} & \cdots & i_{rN} \end{bmatrix}^T$，

定子磁链 $\psi_S = \begin{bmatrix} \psi_{s1} & \psi_{s2} & \cdots & \psi_{sN} \end{bmatrix}^T$，

转子磁链 $\psi_R = \begin{bmatrix} \psi_{r1} & \psi_{r2} & \cdots & \psi_{rN} \end{bmatrix}^T$，

定子绕组电阻 $R_S = \mathrm{diag}\begin{bmatrix} r_s & r_s & r_s & \cdots & r_s \end{bmatrix}$，$(\dim R_S = N)$，

转子绕组电阻 $R_R = \mathrm{diag}\begin{bmatrix} r & r & r & \cdots & r \end{bmatrix}$，$(\dim R_R = N)$。

需要指出，这里的转子绕组是经转子笼等效而来，一般将转子笼等效成为与定子相数相同的绕组来进行分析。如图 3-17 所示，将左边含有 K 个导条回路的转子笼经过等效变换，得到右边的对称 N 相绕组。

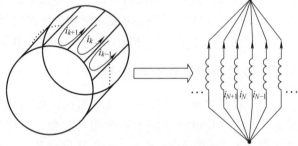

图 3-17 多相异步电动机转子笼等效示意图

定子绕组相间电感矩阵为

$$L_{SS} = \begin{bmatrix} L_{s11} & M_{s12} & M_{s13} & \cdots & M_{s1N} \\ M_{s21} & L_{s22} & M_{s23} & \cdots & M_{s2N} \\ M_{s31} & M_{s32} & L_{s33} & \cdots & M_{s3N} \\ \vdots & \vdots & \vdots & & \vdots \\ M_{sN1} & M_{sN2} & M_{sN3} & \cdots & L_{sNN} \end{bmatrix}$$

其中各绕组间自感与互感如下：

定子绕组各相自感为 $L_{s11} = L_{s22} = \cdots = L_{sNN} = L_{sm} + L_{sl}$

定子绕组相间互感为 $M_{s_{ij}} = L_{sm} \cos[(j-i)\gamma]$，$i \neq j$

式中，L_{sm} 为与主磁通对应的定子电感；L_{sl} 为定子各相漏磁通对应的电感。

转子绕组相间电感矩阵为

$$L_{RR} = \begin{bmatrix} L_{r11} & M_{r12} & M_{r13} & \cdots & M_{r1N} \\ M_{r21} & L_{r22} & M_{r23} & \cdots & M_{r2N} \\ M_{r31} & M_{r32} & L_{r33} & \cdots & L_{r3N} \\ \vdots & \vdots & \vdots & & \vdots \\ M_{rN1} & M_{rN2} & M_{rN3} & \cdots & L_{rNN} \end{bmatrix}$$

其中各绕组间自感与互感如下：

转子各相自感为 $L_{r11} = L_{r22} = \cdots = L_{rNN} = L_{rm} + L_{rl}$

转子相间互感为 $M_{rij} = L_{rm}\cos[(j-i)\varphi], i \neq j$，其中 φ 为转子相邻两相绕组的电角度。

与定子磁链方程中类似的，上式中 L_{rm} 表示与主磁通对应的转子电感，L_{rl} 为转子各相漏磁通对应的电感。

定、转子绕组间互感矩阵：

$$M_{SR} = \begin{bmatrix} M_{s1r1} & M_{s1r2} & M_{s1r3} & \cdots & M_{s1rN} \\ M_{s2r1} & M_{s2r2} & M_{s2r3} & \cdots & M_{s2rN} \\ M_{s3r1} & M_{s3r2} & M_{s3r3} & \cdots & M_{s3rN} \\ \vdots & \vdots & \vdots & & \vdots \\ M_{sNr1} & M_{sNr2} & M_{sNr3} & \cdots & M_{sNrN} \end{bmatrix} = M_{RS}^{T}$$

其中各绕组间互感如下：

$$M_{sirj} = L_{sm}\cos[\theta + (j-1)\varphi + (i-1)\gamma]$$
$$M_{risj} = L_{sm}\cos[\theta + (j-1)\gamma + (i-1)\varphi]$$

式中，θ 为转子在某一时刻相对于初始位置的电角位移，即 $\theta = \int_0^t \omega dt$。

3) 运动方程及转矩方程：

运动方程为

$$T = T_L + \frac{J}{p_n}\frac{d\omega_r}{dt} + \frac{D}{p_n}\omega_r + \frac{K}{p_n}\theta_r \tag{3-39}$$

式中，T_L 为负载转矩；J 为转动惯量；D 为与速度成正比的转矩阻尼系数；K 为扭转弹性转矩系数；p_n 为极对数；θ_r 为电动机转子位置角，相应的 ω_r 为转子角速度。

转矩方程为

$$T = p_n \frac{\partial W_m}{\partial \theta_r}\bigg|_{i=\text{const}} \tag{3-40}$$

式中，$W_m = \frac{1}{2}i_N^T \psi_N$；$i_N^T = \begin{bmatrix} I_S^T & I_R^T \end{bmatrix}$；$\psi_N = \begin{bmatrix} \psi_S^T & \psi_R^T \end{bmatrix}^T$。

3. N 相异步电动机在 $d-q$ 坐标系下的数学模型

前一小节已经完成了电动机在自然坐标系下的建模，本节主要通过坐标变换，对 N 相异步电动机在 $d-q$ 坐标系下的数学模型进行模型推导。

从自然坐标系到 $d-q$ 坐标系物理量变换关系为

$$X_{dq} = C_{dq}^N X_N \tag{3-41}$$

式中，$C_{dq}^N = (C_N^{dq})^{-1} = (C_N^{dq})^T$；$C_{dq}^N C_N^{dq} = E$。$X_{dq}$ 和 X_N 分别代表 $d-q$ 坐标系和自然坐标系下的物理量。

参考图 3-16 的矢量角度关系，利用三角函数将自然坐标系下的量分解到 d 轴及 q 轴上去，则有变换矩阵为

定子侧变换矩阵为 $C_S = k\begin{bmatrix} \cos(-\theta_r) & \cos(\gamma-\theta_r) & \cdots & \cos[(N-1)\gamma-\theta_r] \\ \sin(-\theta_r) & \sin(\gamma-\theta_r) & \cdots & \sin[(N-1)\gamma-\theta_r] \end{bmatrix}$

转子侧变换矩阵为：$C_R = k\begin{bmatrix} 1 & \cos\gamma & \cos 2\gamma & \cdots & \cos(N-1)\gamma \\ 0 & \sin\gamma & \sin 2\gamma & \cdots & \sin(N-1)\gamma \end{bmatrix}$

式中，θ 为定子 i 相绕组与 d 轴的电角度。

d 轴与转子的第 1 相重合，根据坐标变换前后功率保持不变这一原理，列写功率平衡等式可推导出上式中矩阵的系数 $k = \sqrt{2/N}$。

由式 (3-41) 以及第 2 节中所列写的电压及磁链方程并将转子参数等效折算到定子边，经过坐标变换得到 $d-q$ 坐标系下的对应方程组。

1) 磁链方程：

$$\psi_{dq} = L_{dq} i_{dq} \tag{3-42}$$

式中，$\psi_{dq} = C_{dq}^N \psi_N = \begin{bmatrix} \psi_{sd} & \psi_{sq} & \psi_{rd} & \psi_{rq} \end{bmatrix}^T$；$i_{dq} = C_{dq}^N i_N = \begin{bmatrix} i_{sd} & i_{sq} & i_{rd} & i_{rq} \end{bmatrix}^T$。

由于 $\psi_{dq} = C_{dq}^N \psi_N = C_{dq}^N L_N i_N = (C_{dq}^N L_N C_N^{dq}) i_{dq}$，将此式与式 (3-42) 对照，由对应项相等可推知：

$$L_{dq} = C_{dq}^N L_N C_N^{dq}$$

所以在 $d-q$ 坐标系中，电动机定转子电感矩阵为

$$L_{dq} = \begin{bmatrix} L_{sd} & 0 & M_{md} & 0 \\ 0 & L_{sd} & 0 & M_{md} \\ M_{md} & 0 & L_{rd} & 0 \\ 0 & M_{md} & 0 & L_{rd} \end{bmatrix} = \begin{bmatrix} L_{sd} & M_{dSR} \\ M_{dRS} & L_{rd} \end{bmatrix} \tag{3-43}$$

式 (3-43) 矩阵中各元素如下：

$$L_{sd} = \frac{N}{2} L_{sm} + L_{sl}$$

$$L_{rd} = \frac{N}{2} L_{rm} + L_{rl}$$

$$M_{md} = \frac{N}{2} L_{sm}$$

2) 电压方程：自然坐标系下的电压方程依照式 (3-42) 的变换关系有

$$U_{dq} = C_{dq}^N \begin{bmatrix} R_S & 0 \\ 0 & R_R \end{bmatrix} C_N^{dq} i_{dq} + C_{dq}^N \frac{d}{dt} C_N^{dq} \psi_{dq} \tag{3-44}$$

上式等号右边第二项中的求导部分作如下推导：

$$\frac{d}{dt} C_N^{dq} \psi_{dq} = \left(\frac{d}{dt} C_N^{dq}\right) \psi_{dq} + C_N^{dq} \frac{d}{dt} \psi_{dq}$$

$$= \left(\frac{d}{d\theta_r} C_N^{dq} \frac{d\theta_r}{dt}\right) \psi_{dq} + C_N^{dq} \frac{d}{dt} \psi_{dq}$$

$$= \omega_r \left(\frac{d}{d\theta_r} C_N^{dq}\right) \psi_{dq} + C_N^{dq} \frac{d}{dt} \psi_{dq}$$

令 $A = C_{dq}^N \frac{d}{d\theta_r} C_N^{dq}$，所以 $d-q$ 坐标系下的电压方程为

$$U_{dq} = R_{dq} i_{dq} + A \psi_{dq} \omega_r + p \psi_{dq}$$

其中：

$$U_{dq} = C_{dq}^N U_N = \begin{bmatrix} u_{sd} & u_{sq} & u_{rd} & u_{rq} \end{bmatrix}^T$$

$$R_{dq} = C_{dq}^N \begin{bmatrix} R_S & 0 \\ 0 & R_R \end{bmatrix} C_N^{dq} = \begin{bmatrix} R_S & 0 \\ 0 & R_R \end{bmatrix} = \mathrm{diag}(r_s \quad r_s \quad r \quad r)$$

$$A = C_{dq}^N \frac{\mathrm{d}}{\mathrm{d}\theta_r} C_N^{dq} = \begin{bmatrix} 0 & -1 & 0 & 0 \\ 1 & 0 & 0 & 0 \\ 0 & 0 & 0 & -1 \\ 0 & 0 & 1 & 0 \end{bmatrix}$$

ψ_{dq}、i_{dq}在磁链方程的讨论中已经做了定义,p 为微分算子,$p = \frac{\mathrm{d}}{\mathrm{d}t}$。

则由此可将方程整理得到与三相异步电动机 $d-q$ 坐标系电压方程完全类似的形式:

$$\begin{bmatrix} u_{sd} \\ u_{sq} \\ u_{rd} \\ u_{rq} \end{bmatrix} = \begin{bmatrix} pL_{sd}+r_s & -\omega_r L_{sd} & pM_{md} & -\omega_r M_{md} \\ \omega_r L_{sd} & pL_{sd}+r_s & \omega_r M_{md} & pM_{md} \\ pM_{md}+r_s & 0 & pL_{rd}+r & 0 \\ 0 & pM_{md}+r_s & 0 & pL_{rd}+r \end{bmatrix} \begin{bmatrix} i_{sd} \\ i_{sq} \\ i_{rd} \\ i_{rq} \end{bmatrix} \quad (3\text{-}45)$$

3) 运动方程及转矩方程:

运动方程为

$$T = T_L + \frac{J}{p_n}\frac{\mathrm{d}\omega_r}{\mathrm{d}t} + \frac{D}{p_n}\omega_r + \frac{K}{p_n}\theta_r \quad (3\text{-}46)$$

式中,T_L 为负载转矩;J 为转动惯量;D 为与速度成正比的转矩阻尼系数;K 为扭转弹性转矩系数;p_n 为极对数。

转矩方程为

$$T = p_n \frac{\partial W_m}{\partial \theta_r}\bigg|_{i=\mathrm{const}} \quad (3\text{-}47)$$

3.3.2 多相同步电动机数学模型

N 相同步电动机定子绕组分布类似于异步电动机。同样地,为方便模型的建立和讨论研究,假设电动机符合下列理想条件。

1. 基本假设条件及正方向的选择

1) 电动机气隙磁场按正弦分布,忽略空间谐波磁场的影响;
2) 忽略电动机铁心的饱和、磁滞及涡流的影响;
3) 定子内表面是光滑的,即忽略齿隙和通风槽的影响;
4) 电动机参数不变,不受电流、温度、转速的影响;
5) 电动机定子绕组采用集中整距的布线方式,转子上的阻尼回路看成两组等效的短路绕组——直轴阻尼绕组和交轴阻尼绕组。

在数学模型中,对各个物理量的下标作如下的规定:①s 表示定子量;②r 表示转子量;③fd 表示励磁绕组的量;④rd 表示阻尼绕组直轴分量;⑤rq 表示阻尼绕组交轴分量。

各物理量的正方向作如下规定:①定子和转子电压及电流正方向的选择都按照电动机的惯例;②磁链的正方向规定为正的定子电流产生正的磁链;③转子旋转的正方向规定

为逆时针方向；④$\alpha-\beta$坐标系中，α轴与定子第一相相轴重合，β轴超前α轴90°电角度；⑤$d-q$坐标系中，d、q轴与转子同步旋转，q轴超前d轴90°电角度。

2. 自然坐标系下的多相同步电动机模型

相邻两相绕组之间的电角度为γ，电动机各相绕组的空间分布及各坐标系之间的关系如图3-16所示。据基尔霍夫电压定律和法拉第电磁定律可以得到电动机各绕组回路的方程如下：

电压方程为

$$\psi_N = L_N i_N \tag{3-48}$$
$$U_N = p\psi_N + R_N i_N \tag{3-49}$$

式中：

$$\psi_N = [\psi_1 \quad \psi_2 \quad \cdots \quad \psi_N \quad \psi_{fd} \quad \psi_{rd} \quad \psi_{rq}]^T$$
$$i_N = [i_1 \quad i_2 \quad \cdots \quad i_N \quad i_{fd} \quad i_{rd} \quad i_{rq}]^T$$
$$U_N = [u_1 \quad u_2 \quad \cdots \quad u_N \quad u_{fd} \quad u_{rd} \quad u_{rq}]^T$$
$$R_N = \mathrm{diag}(\underbrace{r,r,\cdots,r}_{N},r_{fd},r_{rd},r_{rq})$$

$$L_N = \begin{bmatrix} L_{11} & M_{12} & \cdots & M_{1N} & M_{1fd} & M_{1rd} & M_{1rq} \\ M_{21} & L_{22} & \cdots & M_{2N} & M_{2fd} & M_{2rd} & M_{2rq} \\ \vdots & \vdots & \ddots & \vdots & \vdots & \vdots & \vdots \\ M_{N1} & M_{N2} & \cdots & L_{NN} & M_{Nfd} & M_{Nrd} & M_{Nrq} \\ M_{fd1} & M_{fd2} & \cdots & M_{fdN} & L_{ffd} & M_{frd} & 0 \\ M_{rd1} & M_{rd2} & \cdots & M_{rdN} & M_{frd} & L_{rrd} & 0 \\ M_{rq1} & M_{rq2} & \cdots & M_{rqN} & 0 & 0 & L_{rrq} \end{bmatrix}$$

各绕组的自感与互感如下（其中$i = 1,2,\cdots,N$）：

$$L_{11} = L_{22} = \cdots = L_{NN} = L_{ll} + L_{mm0}$$
$$M_{ij} = M_{1(j-i)} + L_{mm0}\cos[(j-i)\gamma]$$
$$M_{Nfd} = L_{afd}\cos[\theta - (N-1)\gamma] = M_{fdN}$$
$$M_{Nrd} = L_{ard}\cos[\theta - (N-1)\gamma] = M_{rdN}$$
$$M_{Nrq} = -L_{arq}\sin[\theta - (N-1)\gamma] = M_{rqN}$$

式中，L_{ll}为定子各相绕组每相自漏感；M_{lk}为相差$k\gamma$的定子多相绕组两相间的互漏感；L_{mm0}为定子绕组每相自感和互感系数的零次谐波分量幅值；L_{afd}为定子绕组的相绕组与转子励磁绕组在轴线重合时的互感电感；L_{ard}为定子绕组的相绕组与转子直轴阻尼绕组在轴线重合时的互感电感；L_{arq}为定子绕组的相绕组与转子交轴阻尼绕组在轴线重合时的互感；L_{ffd}为励磁绕组回路自感系数；M_{frd}为励磁绕组回路与转子阻尼绕组d轴互感系数；L_{rrd}为转子阻尼绕组d轴自感系数；L_{rrq}为转子阻尼绕组q轴自感系数；θ为同步电角位移，且有$\theta = \theta_r$，θ_r为转子角位移。

电动机的电磁转矩为

$$T = p_m \frac{\partial W_m}{\partial \theta_r}\bigg|_{i=\mathrm{const}} \tag{3-50}$$

式中，$W_m = \frac{1}{2}i_N^T\psi_N$

机械方程为

$$T - T_L = J\frac{d\omega_r}{dt} \tag{3-51}$$

3. $d-q$ 坐标系下同步电动机的数学模型

不考虑零轴分量，按照空间角度关系构造变换矩阵，将自然坐标系下的物理量投影到 $d-q$ 坐标系中去，即可得到 $d-q$ 变换矩阵。应注意到，由于转子本身已经定义在 $d-q$ 轴上，因此可沿用自然坐标系下的方程来描述转子部分。而变换过程中只进行定子侧的坐标变换，令 d 轴与定子第 1 相绕组轴线重合。则 $d-q$ 变换矩阵为

$$C_{dq}^N = \sqrt{\frac{2}{N}}\begin{bmatrix} \cos(-\theta) & \cos(\gamma-\theta) & \cdots & \cos[(N-1)\gamma-\theta] \\ \sin(-\theta) & \sin(\gamma-\theta) & \cdots & \sin[(N-1)\gamma-\theta] \end{bmatrix}$$

并且有：$C_N^{dq} = [C_{dq}^N]^{-1} = \sqrt{\dfrac{2}{N}}\begin{bmatrix} \cos(-\theta) & \sin(-\theta) \\ \cos(\gamma-\theta) & \sin(\gamma-\theta) \\ \vdots & \vdots \\ \cos[(N-1)\gamma-\theta] & \sin[(N-1)\gamma-\theta] \end{bmatrix}$

式中，γ 为相邻两相绕组之间的电角度。

用同样的方法可以得到自然坐标系与 $\alpha-\beta$ 坐标系之间的坐标变换矩阵：

定子侧变换矩阵为

$$C_{\alpha\beta}^N = \sqrt{\frac{2}{N}}\begin{bmatrix} 1 & \cos\gamma & \cdots & \cos(N-1)\gamma \\ 0 & \sin\gamma & \cdots & \sin(N-1)\gamma \end{bmatrix}$$

$d-q$ 坐标系与 $\alpha-\beta$ 坐标系之间的变换矩阵为

$$C_{\alpha\beta}^{dq} = C_{\alpha\beta}^N C_N^{dq} = \begin{bmatrix} \cos\theta & -\sin\theta \\ \sin\theta & \cos\theta \end{bmatrix}$$

$$C_{dq}^{\alpha\beta} = (C_{\alpha\beta}^{dq})^{-1} = \begin{bmatrix} \cos\theta & \sin\theta \\ -\sin\theta & \cos\theta \end{bmatrix}$$

用上面得到的 $d-q$ 变换矩阵对自然坐标下的模型进行变换可以得到磁链方程和电压方程，分别为

$$\psi_{dq} = L_{dq} i_{dq} \tag{3-52}$$
$$U_{dq} = R_{dq} i_{dq} + \mathrm{p}\psi_{dq} + \omega D \psi_{dq} \tag{3-53}$$
$$\psi_{dq} = [\psi_{sd} \quad \psi_{sq} \quad \psi_{fd} \quad \psi_{rd} \quad \psi_{rq}]^T$$
$$i_{dq} = [i_{sd} \quad i_{sq} \quad i_{fd} \quad i_{rd} \quad i_{rq}]^T$$
$$U_{dq} = [u_{sd} \quad u_{sq} \quad u_{fd} \quad u_{rd} \quad u_{rq}]^T$$

式中

$$D = C_{dq}^N \left(\frac{d}{d\theta} C_N^{dq}\right) = \begin{bmatrix} 0 & -1 & 0 & 0 & 0 \\ 1 & 0 & 0 & 0 & 0 \\ 0 & 0 & 0 & 0 & 0 \\ 0 & 0 & 0 & 0 & 0 \\ 0 & 0 & 0 & 0 & 0 \end{bmatrix}$$

$$R_{dq} = \mathrm{diag}(r_y, r_y, r_{fd}, r_{rd}, r_{rq})$$

$$L_{dq} = C_{dq}^N L_N C_N^{dq} = \begin{bmatrix} L_{sd} & 0 & L_{afdy} & L_{ardy} & 0 \\ 0 & L_{sq} & 0 & 0 & L_{arqy} \\ L_{afdy} & 0 & L_{ffd} & M_{frd} & 0 \\ L_{ardy} & 0 & M_{frd} & L_{rrd} & 0 \\ 0 & L_{arqy} & 0 & 0 & L_{rrq} \end{bmatrix}$$

$$L_{sd} = L_{sl} + L_{ady} \qquad L_{sq} = L_{sl} + L_{aqy}$$

$$L_{sl} = L_{ll} - L_{ld} \qquad L_{ady} = \frac{N}{2} L_{mm0} \qquad L_{aqy} = \frac{N}{2} L_{mm0}$$

$$L_{afdy} = \sqrt{\frac{N}{2}} L_{afd} \qquad L_{ardy} = \sqrt{\frac{N}{2}} L_{ard} \qquad L_{arqy} = \sqrt{\frac{N}{2}} L_{arq}$$

因此，在 $d-q$ 坐标系下同步电动机的电压方程可列写为下式：

$$\begin{bmatrix} u_{sd} \\ u_{sq} \\ u_{fd} \\ 0 \\ 0 \end{bmatrix} = \begin{bmatrix} r_y + pL_{sd} & -\omega L_{sq} & pL_{afdy} & pL_{ardy} & -\omega L_{arqy} \\ \omega L_{sd} & r_y + pL_{sq} & \omega L_{afdy} & \omega L_{ardy} & pL_{arqy} \\ pL_{afdy} & 0 & r_{fd} + pL_{afdy} & pM_{frd} & 0 \\ pL_{ardy} & 0 & pM_{frd} & r_{rd} + pL_{ardy} & 0 \\ 0 & pL_{arqy} & 0 & 0 & r_{rq} + pL_{arqy} \end{bmatrix} \begin{bmatrix} i_{sd} \\ i_{sq} \\ i_{fd} \\ i_{rd} \\ i_{rq} \end{bmatrix}$$

$d-q$ 坐标下的电磁转矩为

$$T = \sum_{k=1}^{m} (i_{qk}\psi_{dk} - i_{dk}\psi_{qk}) \tag{3-54}$$

3.3.3 交流电动机的运行特性

1. 异步电动机的工作特性

异步电动机的工作特性是指在额定电压、额定频率下，异步电动机的转差率 s、效率 η、功率因数 $\cos\varphi_1$、定子电流 I_1、输出转矩 T_2 与输出功率 P_2 的关系曲线。对于普通三相异步电动机其特性如下：

（1）转差率特性 $s = f(P_2)$　在空载运行时，$P_2 = 0$，$s \approx 0$，$n \approx n_1$。在 $s \in [0, s_m]$ 区间，近似有

$$T_2 \approx T \propto s$$
$$P_2 \propto T_2 n \propto sn \propto s(1-s)$$

故在此区间，P_2 增大，s 随之增大，而转速 n 呈下降趋势。这和并励直流电动机相似，转差率特性 $s = f(P_2)$，如图 3-18 所示。

（2）定子电流特性 $I_1 = f(P_2)$　异步电动机定子电流 $I_1 = I_0 + (-I_2')$，空载运行时，$I_2' \approx 0$，定子电流 $I_1 \approx I_0$ 是励磁电流。随 P_2 的增大，转子电流 I_2' 增大，与之平衡的定子电流也增大，即 I_1 随之增大。定子电流特性曲线如图 3-18 所示。

（3）效率特性　电动机的效率为

$$\eta = \frac{P_2}{P_1} = 1 - \frac{\sum P}{P_1} \tag{3-55}$$

式中，$\sum p$ 为电动机总损耗，$\sum p = p_{Cu1} + p_{Cu2} + p_{Fe} + p_{mec} + p_{ad}$。

等式右边分别为定子铜损耗、转子铜损耗、定子铁损耗、机械损耗和附加损耗。

在空载运行时，$P_2 = 0$，$\eta = 0$。从空载到额定负载运行，由于主磁通变化很小，故铁损耗认为不变，在此区间转速变化很小，故机械损耗也认为不变。上述两项损耗称为不变损耗。而定、转子铜损耗与各自电流的二次方成正比，附加损耗也随负载的增加而增加，这三项损耗称为可变损耗。当 P_2 从零开始增加时，总损耗 $\sum p$ 增加较慢，效率上升很快，在可变损耗与不变损耗相等时（即 $p_{Cu1} + p_{Cu2} + p_{ad} = p_{Fe} + p_{mec}$），$\eta$ 达到最大值，当 P_2 继续增大，由于定、转子铜损耗增加很快，效率反而下降，如图 3-19 所示。对于普通中小型异步电动机，效率约在 $(1/4 \sim 3/4) P_N$ 时达到最大。

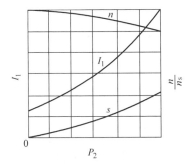

图 3-18 异步电动机的工作特性曲线 1

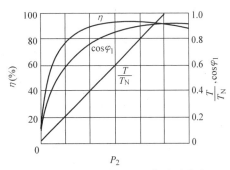

图 3-19 异步电动机的工作特性曲线 2

（4）功率因数特性 $\cos\varphi_1 = f(P_2)$ 异步电动机必须从电网吸收滞后的电流来励磁，其功率因数永远小于 1。空载运行时，异步电动机的定子电流基本上是励磁电流 I_m，因此空载时功率因数很低，通常小于 0.2。随着 P_2 的增大，定子电流的有功分量增加，$\cos\varphi_1$ 增大，在额定负载附近，$\cos\varphi_1$ 达到最大值。当 P_2 继续增大时，转差率 s 变大，使转子回路阻抗角 $\varphi_2 = \arctan\dfrac{sX_{2\sigma}}{R_2}$ 变大，$\cos\varphi_2$ 下降，从而使 $\cos\varphi_1$ 下降，功率因数曲线如图 3-19 所示。

（5）转矩特性 $T = f(P_2)$ 异步电动机的轴端输出转矩 $T_2 = \dfrac{P_2}{\Omega}$，其中 $\Omega = \dfrac{2\pi n}{60}$ 为机械角速度。从空载到额定负载，转速 n 变化很小，所以 $T_2 = f(P_2)$ 可以近似地认为是一条过零点的斜线，如图 3-19 所示。

2. 同步电动机的运行特性

三相同步电动机的运行特性包括工作特性和 V 形曲线。

（1）工作特性 定子电压 $U = U_N$、励磁电流 $I_f = I_{fN}$ 时，电磁转矩、电枢电流、效率、功率因数与输出功率之间的关系。

从转矩方程 $T = T_0 + T_2 = T_0 + P_2/\Omega_s$ 可知，当输出功率 $P_2 = 0$ 时，$T = T_0$，此时电枢电流为很小的空载电流；随着输出功率的增加，电磁转矩将正比增大，电枢电流也随之而增大；因此 $T = f(P_2)$ 是一条直线，$I_M = f(P_2)$ 近似为一直线，如图 3-20 所示。

同步电动机的效率特性与其他电动机基本相同。空载时，$\eta = 0$，随着输出功率的增加，效率逐步增加，达到某个最大值后开始下降。

图 3-21 表示不同励磁时同步电动机的功率因数特性。图中曲线 1 对应于励磁电流较小、

空载时 $\cos\varphi_M = 1$ 的情况，此时随着负载的增加，功率因数将从 1 逐步下降而变为滞后。曲线 2 对应于励磁电流稍大、半载时 $\cos\varphi_M = 1$ 的情况，此时轻载的功率因数变成超前，超过半载后功率因数变成滞后。曲线 3 对应于励磁电流更大、使满载时 $\cos\varphi_M = 1$ 的情况。从图可见，改变励磁电流，可使电动机在任一特定负载下的功率因数达到 1，甚至变成超前。

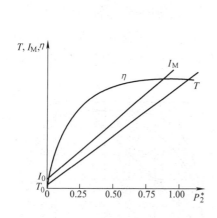 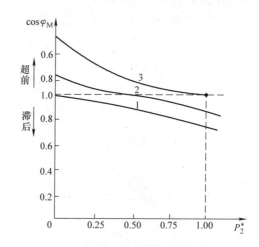

图 3-20　同步电动机的工作特性　　图 3-21　不同励磁时同步电动机的功率因数特性

增加电动机的励磁（即增大励磁电动势 E_0），可以提高最大电磁功率 $P_{e(\max)}$，从而提高过载能力，这亦是同步电动机的特点之一。

(2) V 形曲线　定子电压 $U = U_N$，电磁功率 $P_M =$ 常值时，电枢电流与励磁电流的关系 $I_M = f(I_f)$。

图 3-22 表示电磁功率保持不变，改变励磁时隐极同步电动机的相量图（电枢绕组电阻和磁饱和忽略不计）。由于电磁功率为常值，电枢的输入功率亦近似为常值，因而有：

$$E_0 \sin\delta_M = 常值，\quad I_M \cos\phi_M = 常值$$

式中，δ_M 为 E_0 与 U 的夹角；ϕ_M 为励磁电流 I_M 与 U 的夹角。

改变励磁时，$\dot{E}_0$ 的端点将落在水平线 $\overline{AB}$ 上，$\dot{I}_M$ 的端点将落在铅垂线 $\overline{CD}$ 上。若励磁为"正常励磁"，励磁电动势为 $\dot{E}_0$，则电动机的功率因数 $\cos\varphi_M = 1$，电枢电流 $\dot{I}_M$ 全部为有功电流，I_M 为最小。若增大励磁，使励磁电动势增加到 $\dot{E}'_0$，电机便处于"过励"状态；此时电枢电流 $\dot{I}'_M$ 将成为超前，其值较正常励磁时大，即 $I'_M > I_M$。反之，若减少励磁，使励磁电动势减小到 $\dot{E}''_0$，电动机处于"欠励"状态；此时电枢电流 $\dot{I}''_M$ 将成为滞后，其值亦比正常励磁时大，即 $I''_M > I_M$。由此便可画出电磁功率为某一常值时的 V 形曲线 $I_M = f(I_f)$。

图 3-23 示出了电磁功率为三个不同的值 P_M、P'_M 和 P''_M 时的 V 形曲线。V 形曲线的最低点是正常励磁、$\cos\varphi_M = 1$ 的工作点；其右侧为"过励"状态，功率因数为超前；左侧为"欠励"状态，功率因数为滞后。对于某一负载，当减小励磁至图中虚线所示数值时，由于过载能力下降，电动机将出现不稳定现象，虚线所示即为稳定极限。

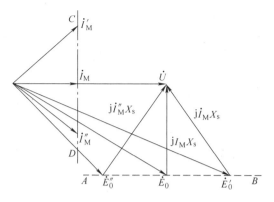 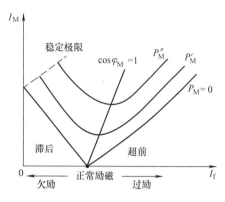

图 3-22　恒功率、变励磁时隐极同步电动机的相量图　　图 3-23　同步电动机的 V 形曲线

调节励磁就可以调节电动机的无功电流和功率因数,这是同步电动机的主要优点。通常同步电动机多在过励状态下运行,以便从电网吸收超前电流(即向电网输出滞后电流),改善电网的功率因数。但是过励时,电动机的效率将有所降低。

3.3.4　船舶交流推进电动机特点

1. 电磁设计

交流电动机电磁设计方法在很多专著中已有论述,本文主要讲述直接驱动船舶螺旋桨的变频调速交流推进电动机电磁设计要点。

电磁设计是在明确技术要求的前提下来确定电动机的电磁负载、有效部分尺寸、绕组数据及性能参数等,在交流推进电动机电磁设计中需要考虑变频电源及控制策略的影响,关注功率密度、噪声振动和冗余设计等因素。

(1) 主要尺寸与电磁参数的关系　电动机的主要尺寸决定了其外形尺寸和重量,对于船舶推进电动机而言,外形尺寸和重量具有举足轻重的地位。交流推进电动机的主要尺寸主要取决于气隙剪切力和电磁负载水平。

1) 气隙剪切力:衡量电动机有效部分是否优化的重要指标是气隙剪切力,其定义为电枢单位表面积的平均电磁切应力,由此可知,气隙剪切力越大,电动机的主要尺寸越小。表3-1 给出了几种典型异步电动机的气隙剪切力。

表 3-1　几种典型异步电动机气隙剪切力水平

序号	电　动　机	气隙剪切力/(kN/m²)
1	标准工业用大容量异步电动机	13
2	高性能工业用 1500r/min 的异步电动机	35
3	低速轧钢电动机(1992 年)	45
4	美国海军 IPS 用异步推进电动机,19MW,150r/min(1997 年)	76
5	英国 45 型驱逐舰用异步推进电动机,20MW,180r/min(2002)	100

2) 电磁负载:

① 电负载。交流推进电动机电负载的选择与电源谐波含量、绝缘耐热等级、绝缘工艺和冷却形式有关。对于现代大型交流推进电动机,在采用强迫通风和真空压力浸漆技术的 F 级绝缘情况下,考虑谐波的影响,发热参数(热负载)可控制在 $4000 A^2/cm \cdot mm^2$ 左右,电流密度可控制在 $5A/mm^2$ 以下,以保证推进电动机有较高的效率,并有足够的储备转矩和功

率容量。对于采用介质冷却方式的推进电动机，发热参数可大大提高，但是冷却系统较复杂，需要综合考虑。

交流推进电动机最终发热参数的选取需要开展精确的冷却与发热分析计算，对于高水平发热参数的选取，还需要通过相关试验验证，确保最高热点温度低于绝缘材料耐热等级温度。

② 磁负载。磁负载的选择一般与供电电源频率有关，当供电电源频率较低时，可取较高气隙磁密，但是气隙磁密的提高受铁心所用硅钢片的饱和限制。从船舶推进电动机减振降噪的角度考虑，气隙磁密不宜过高，因为电动机径向力与气隙磁密的二次方成正比，而振动的幅值与径向力成正比，声功率近似与振动幅值的二次方成正比，故降低气隙磁密可降低径向力幅值及噪声。一般来说，气隙磁密上限取1T左右。

③ 电磁负载比值。由电动机原理可知，电动机定转子绕组漏电抗与电负载成正比而与磁负载成反比。因此，对于电压型变频器供电的电动机应取较大的电负载和较小的磁负载；而对于电流型变频器供电的电动机则应取较小的电负载和较大的磁负载。然而需要注意的是，电动机的最高效率一般出现在电动机的铜损耗和铁损耗相等或相近时，在选择电磁负载时，应适当控制电磁负载的比值，此值过大或过小都将导致电动机效率或功率因数的降低。

(2) 磁路　交流推进电动机的磁路设计是决定电动机参数的重要环节，其计算的准确性将直接影响对运行性能的预测。在进行磁路计算时，对于普通系列的电动机，由于参数设计要求不高，不同的计算方法所造成的误差是工程上可以允许的，然而，对于参数设计要求高的大型交流推进电动机的磁路计算必须认真考虑，否则将造成设计上的失败。大型交流推进电动机的磁路计算通常需要结合数值计算方法开展电磁场分析与参数计算。

(3) 参数　为了减小电流谐波、提高功率因数和改善换流性能，在设计电压型变频器供电的电动机时，希望有较大的定转子漏电抗；对于电流型变频器供电的电动机而言，情况则相反。为了减小最大换流时间，限制换流时变频器和电动机上出现的过电压，要求换流电路的总电感越小越好，从抑制电压谐波的角度出发，也希望减小电动机绕组的漏电抗。

因此，不同类型变频器对电动机参数的要求是不一样的，而且是互相矛盾的，因而应当区别对待。

(4) 电磁方案　大型交流推进电动机电磁方案的最终确定需要通过运行性能仿真和计算综合考虑变频电源及控制策略的影响，需要通过电磁场分析与参数计算优化磁路设计，需要通过冷却与发热分析计算确定电磁负载的选择，需要通过对结构方案的应力场和动力学分析计算优化电磁激振力，降低噪声和振动。

2. 结构设计

普通交流电动机结构设计在很多著作中已有论述，此处主要讲述船舶直接驱动螺旋桨的变频调速交流推进电动机结构设计要点。

(1) 要求　大型交流推进电动机的结构重量在电动机总重量中占有大部分的比例，因此，结构优化设计对于减轻结构重量、减小电动机体积有着举足轻重的作用。同时，结构优化设计对增强抗冲击性、提高可靠性和减振降噪等方面也具有重要的作用。

传统的经验设计和静态设计方法已不能适应高转矩密度推进电动机结构设计的需要，必须采用能反映电动机实际运行工况的动态分析与设计技术，从总体上把握电动机结构的动态性能，为提高结构关键部件及整体的动强度和动刚度提供数据，从而优化结构设计，减轻结构质量,进一步解决非正弦供电所带来的噪声和振动问题。

(2) 结构设计要点

1)定子:交流推进电动机转速范围广,加上变频电源中高次谐波及低频脉动转矩等问题,使定子受力极为复杂,需要开展定子模态分析和动力学分析以确定合理的结构。对于定子的结构设计,应把控制振动和噪声的问题放在一个很重要的位置上,如提高定子结构件的刚度,控制噪声的进一步放大和外辐射等都是行之有效的措施。

2)转子:转子结构设计时需要根据载荷谱进行有脉动谐波转矩情况下的扭振计算,以保证系统在所有工况下所产生的激振频率均能避开设备的固有频率。

3)轴承:轴承结构设计时需要考虑工作的可靠性及维修性,值得注意的是,大型交流推进电动机通常采用滑动轴承,需要防止轴电流的产生。一般来说,除两端采用绝缘轴承外,还需要接地电刷,接地线最好用编织线。

4)风路:对于通风冷却方式来说,进行总体结构设计时,需要结合通风冷却系统一并考虑风路的设计,风路的设计往往需要开展流体分析计算或模拟风路试验研究。

3.4 船舶永磁推进电动机

3.4.1 基本原理、分类

永磁电动机采用永磁材料励磁,没有励磁绕组和励磁损耗。与一般电励磁电动机相比,永磁电动机具有效率高、体积小等优点,特别适用于船舶推进电动机。

在船舶推进电动机上使用的永磁材料主要为钕铁硼和钐钴两种稀土永磁材料。钕铁硼具有较高的磁能积、价格便宜,但温度系数偏大、居里温度低。钐钴具有较高居里温度、温度系数小,但价格贵、磁能积低。

由于永磁体的结构和布置形式非常灵活,永磁电动机具有多种不同的拓扑结构。适用于船舶的永磁推进电动机有如下分类方式:

1)按气隙磁通方向,可以分为径向磁通永磁电动机、轴向磁通永磁电动机和横向磁通永磁电动机,如图3-24所示。

2)按电枢绕组反电动势波形,主要分为正弦波永磁电动机和方波(矩形波)永磁电动机。

自从德国于20世纪80年代中期开始研制船舶永磁推进电动机以来,电动机的功率等级有了很大的提高,性能也有了明显的改善。在较早期的研制中,均采用径向磁通结构,这与常规的交流同步电动机相似,因此,在减小电动机的重量和体积方面都受到一定的限制。后来,轴向磁通结构电动机的采用,使得电动机体积更小,重量更轻。此外,又进行了横向磁通结构永磁推进电动机的研究工作,这种新型永磁推进电动机的性能比轴向磁通永磁推进电动机又有进一步的改进,使之更适合于大功率低速船舶推进的需要。

3.4.2 多相永磁电动机通用数学模型

与交流推进电动机类似,永磁推进电动机的相数也不局限于三相。本处主要以径向永磁同步电动机为例,建立自然坐标系下的多相永磁同步电动机的通用数学模型,该模型可以方

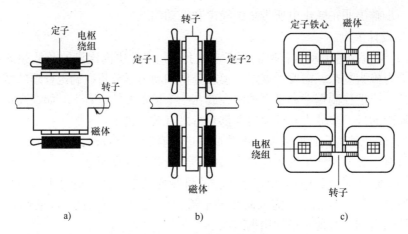

图 3-24 永磁推进电动机三种基本拓扑结构
a) 径向磁通　b) 轴向磁通　c) 横向磁通

便地考虑电动机中谐波磁场的作用,因此,不但能适用于正弦波永磁同步电动机,而且也适用于矩形波永磁同步电动机。

1. 自然坐标系下的多相永磁同步电动机模型

为分析方便,假设:

1) 忽略磁路饱和、磁滞和涡流的影响以及导体的趋肤效应,并且不考虑温度及频率对参数的影响。

2) 转子阻尼绕组等效为直轴和交轴两个独立的阻尼绕组,且转子结构对直、交轴对称。

正方向的选择如下:

电压、电流正方向的选择为:定、转子电路均按电动机惯例;磁链的正方向选择为:正方向的定子电流产生正方向的磁链;转子磁链与定子磁链方向相同,并且正方向的转子电流产生正的磁链;转子旋转方向选为逆时针方向,q 轴正方向领先 d 轴正方向 90°电角度,如图 3-25 所示。

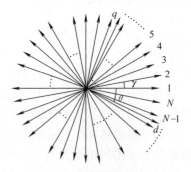

图 3-25 多相永磁电动机各相绕组分布图

电动机的磁链方程和电压方程分别为

$$\begin{bmatrix} \boldsymbol{\Psi}_S \\ \boldsymbol{\Psi}_R \end{bmatrix} = \begin{bmatrix} L_{SS} & M_{SR} \\ M_{RS} & L_{RR} \end{bmatrix} \begin{bmatrix} i_S \\ i_R \end{bmatrix} + \begin{bmatrix} \boldsymbol{\Psi}_{fs} \\ \boldsymbol{\Psi}_{fr} \end{bmatrix} \quad (3\text{-}56)$$

$$\begin{bmatrix} U_S \\ U_R \end{bmatrix} = p \begin{bmatrix} \boldsymbol{\Psi}_S \\ \boldsymbol{\Psi}_R \end{bmatrix} + R \begin{bmatrix} i_S \\ i_R \end{bmatrix} \quad (3\text{-}57)$$

式中

$\boldsymbol{\Psi}_S = [\psi_1 \ \psi_2 \ \psi_3 \ \cdots \ \psi_N]^T$;

$\boldsymbol{\Psi}_R = [\psi_{kd} \ \psi_{kq}]^T$;

$i_S = [i_1 \ i_2 \ i_3 \ \cdots \ i_N]^T$;

$i_R = [i_{kd} \ i_{kq}]^T$;

$U_S = [u_1 \ u_2 \ u_3 \ \cdots\cdots \ u_N]^T$;

$U_R = [0 \ 0]^T$

$R = \mathrm{diag}(r\ r\ r\ \cdots\ r_{\mathrm{kd}}\ r_{\mathrm{kq}})$；

$M_{\mathrm{RS}} = M_{\mathrm{SR}}^{\mathrm{T}} = \begin{bmatrix} M_{\mathrm{kd}1} & M_{\mathrm{kd}2} & M_{\mathrm{kd}3} & \cdots & M_{\mathrm{kd}N} \\ M_{\mathrm{kq}1} & M_{\mathrm{kq}2} & M_{\mathrm{kq}3} & \cdots & M_{\mathrm{kq}N} \end{bmatrix}$ 为定、转子绕组之间的互感矩阵；

$L_{\mathrm{RR}} = \begin{bmatrix} L_{\mathrm{kd}} & 0 \\ 0 & L_{\mathrm{kq}} \end{bmatrix}$ 为转子绕组的电感系数矩阵；

$L_{\mathrm{SS}} = \begin{bmatrix} L_{11} & M_{12} & M_{13} & \cdots & \cdots & M_{1N} \\ M_{21} & L_{22} & L_{23} & \cdots & \cdots & M_{2N} \\ \vdots & \vdots & \vdots & \vdots & & \vdots \\ M_{(N-1)1} & M_{(N-1)2} & M_{(N-1)3} & \cdots & \cdots & M_{(N-1)N} \\ M_{N1} & M_{N2} & M_{N3} & \cdots & & L_{NN} \end{bmatrix}$ 为定子绕组电感系数矩阵；

Ψ_{fs}、Ψ_{fr}分别为永磁体产生的磁通链过定子绕组和转子绕组的磁链。

上标 T 表示矩阵的转置；r、r_{kd} 和 r_{kq} 分别为定子绕组、直轴阻尼绕组和交轴阻尼绕组的电阻；$p = \dfrac{\mathrm{d}}{\mathrm{d}t}$ 为对时间求导的算子；下标 kd 代表直轴阻尼绕组的量，下标 kq 代表交轴阻尼绕组的量。

2. N 相永磁同步电动机绕组电感

永磁同步电动机的绕组电感的计算与电励磁同步电动机类似。

（1）定子绕组电感　定子绕组的自感为

$$L_{ii} = L_{11l} + L_{\mathrm{mm}0} + L_{\mathrm{mm}2}\cos\left[2\theta - (i-1)\dfrac{2\pi}{N}\right] \tag{3-58}$$

若假设定子任意两相绕组的互漏感与两绕组轴线间的夹角的余弦成正比，则定子绕组的互感为

$$L_{ij} = (L_{11l} + L_{\mathrm{mm}0})\cos\left[(j-i)\dfrac{2\pi}{N}\right] + L_{\mathrm{mm}2}\cos\left[2\theta - (i+j-2)\dfrac{2\pi}{N}\right] \tag{3-59}$$

式中，L_{11l} 为定子每相绕组自漏抗；$L_{\mathrm{mm}0}$ 为定子每相绕组自感平均值；$L_{\mathrm{mm}2}$ 定子每相绕组自感的二次谐波分量幅值；$i = 1, 2, \cdots, N$；$j = 1, 2, \cdots, N$。

（2）定、转子绕组互电感　永磁同步电动机转子上无励磁绕组，只有阻尼绕组，若假设 $L_{\mathrm{kd}10}$、$L_{\mathrm{kq}10}$ 分别是定子第一相绕组的互感与 d 轴阻尼绕组和 q 轴阻尼绕组之间最大的互感，即它们轴线重合时的互感，则定子各相绕组与阻尼绕组的互感可表示为

$$L_{\mathrm{kd}i} = L_{i\mathrm{kd}} = L_{\mathrm{kd}10}\cos\left[\theta - (i-1)\dfrac{2\pi}{N}\right] \tag{3-60}$$

$$L_{\mathrm{kq}i} = L_{i\mathrm{kq}} = L_{\mathrm{kq}10}\cos\left[\theta - (i-1)\dfrac{2\pi}{N}\right] \tag{3-61}$$

其中，$i = 1, 2, \cdots, N$。

（3）转子绕组电感　若不考虑饱和的影响，永磁同步电动机转子上阻尼绕组电感 L_{kd}、L_{kq} 为常数。

3. N 相永磁同步电动机电磁转矩及转子运动方程

在 N 相永磁同步电动机运行中，在 t 时刻，第 n 相的瞬时转矩是磁场 $B(\theta,t)$ 和 N_{s} 根导体中流动的电流 $i_n(t)$ 相互作用产生的转矩为

$$T_n(t) = 2p_n N_{\mathrm{s}} \int_{-\frac{\pi p_n}{2n}}^{\frac{\pi p_n}{2n}} RlB(\theta,t)i_n(t)\,\mathrm{d}\theta \tag{3-62}$$

式中，p_n 为电动机极对数。

t 时刻，第 n 相产生的感应电势为

$$e_n(t) = 2p_n N_s \int_{-\frac{\pi p_n}{2n}}^{\frac{\pi p_n}{2n}} RlB(\theta,t) \Omega_m d\theta \tag{3-63}$$

式中，Ω_m 为转子机械角速度。

第 n 相产生的电磁转矩可写为

$$T_n(t) = \frac{e_n(t) \cdot i_n(t)}{\Omega_m} \tag{3-64}$$

N 相永磁电动机总瞬时电磁转矩为

$$\begin{aligned} T(t) &= T_1(t) + T_2(t) + \cdots + T_N(t) \\ &= \frac{1}{\Omega_m}[e_1(t) \cdot i_1(t) + e_2(t) \cdot i_2(t) + \cdots + e_N(t) \cdot i_N(t)] \end{aligned} \tag{3-65}$$

转子的运动方程可写为

$$T - T_1 - T_0 = J\frac{d\omega}{dt} \tag{3-66}$$

式中，T_1 为负载转矩；T_0 为机械摩擦转矩；J 为转动惯量；ω 为电动机的机械角速度。

3.4.3 多相正弦波永磁同步电动机数学模型

分析正弦波的永磁同步电动机最常用的是 $d-q$ 坐标系下的派克-戈列夫模型，尽管该模型忽略磁场的高次谐波分量，但可用于分析正弦波永磁同步电动机的稳态运行性能，同时为分析电动机的瞬态性能提供了极大的便利。

1. 多相正弦波永磁同步电动机的 $d-q$ 坐标系模型

在 3.4.2 的基础上，若再假设气隙磁场按正弦分布，忽略磁场的高次谐波分量。并取变换矩阵

$$C_{dq}^N = \sqrt{\frac{2}{N}} \begin{bmatrix} \cos\theta & \cos\left(\theta - \frac{2\pi}{N}\right) & \cdots & \cos\left[\theta - (n-1)\frac{2\pi}{N}\right] \\ -\sin\theta & -\sin\left(\theta - \frac{2\pi}{N}\right) & \cdots & -\sin\left[\theta - (n-1)\frac{2\pi}{N}\right] \end{bmatrix} \tag{3-67}$$

利用广义逆的概念可以得到其逆变换：

$$C_N^{dq} = (C_{dq}^N)^T = \sqrt{\frac{2}{N}} \begin{bmatrix} \cos\theta & -\sin\theta \\ \cos\left(\theta - \frac{2\pi}{N}\right) & -\sin\left(\theta - \frac{2\pi}{N}\right) \\ \vdots & \vdots \\ \cos\left(\theta - (N-1)\frac{2\pi}{N}\right) & -\sin\left(\theta - (N-1)\frac{2\pi}{N}\right) \end{bmatrix} \tag{3-68}$$

把 $\boldsymbol{\Psi}_S = \boldsymbol{C}_N^{dq} \boldsymbol{\Psi}_{dq}$，$\boldsymbol{i}_S = \boldsymbol{C}_N^{dq} \boldsymbol{i}_{dq}$ 代入式（3-56）的第一个方程，可得

$$\boldsymbol{C}_{dq}^N \boldsymbol{\Psi}_S = \boldsymbol{C}_{dq}^N \boldsymbol{L}_{SS} \boldsymbol{i}_S + \boldsymbol{C}_{dq}^N \boldsymbol{L}_{SR} \boldsymbol{i}_R + \boldsymbol{C}_{dq}^N \boldsymbol{\Psi}_{fs} \tag{3-69}$$

即

$$\begin{aligned} \boldsymbol{\Psi}_{dq} &= \boldsymbol{C}_{dq}^N \boldsymbol{L}_{SS} \boldsymbol{C}_N^{dq} \boldsymbol{i}_{dq} + \boldsymbol{C}_{dq}^N \boldsymbol{L}_{SR} \boldsymbol{i}_R + \boldsymbol{C}_{dq}^N \boldsymbol{\Psi}_{fs} \\ &= \boldsymbol{L}_{SSdq} \boldsymbol{i}_{dq} + \boldsymbol{L}_{SRdq} \boldsymbol{i}_r + \boldsymbol{\Psi}_{fsdq} \end{aligned} \tag{3-70}$$

其中，

$$\boldsymbol{L}_{\mathrm{SS}dq} = \boldsymbol{C}_{dq}^{N} \boldsymbol{L}_{\mathrm{SS}} \boldsymbol{C}_{N}^{dq} = \frac{N}{2}\begin{bmatrix} L_{\mathrm{m}10} + L_{\mathrm{ad}} & 0 \\ 0 & L_{\mathrm{m}10} + L_{\mathrm{aq}} \end{bmatrix} = \begin{bmatrix} L_d & 0 \\ 0 & L_q \end{bmatrix}$$

$$\boldsymbol{L}_{\mathrm{SR}dq} = \boldsymbol{C}_{dq}^{N} \boldsymbol{L}_{\mathrm{SR}} = \sqrt{\frac{N}{2}}\begin{bmatrix} L_{\mathrm{kd}10} & 0 \\ 0 & L_{\mathrm{kq}10} \end{bmatrix} = \begin{bmatrix} L_{\mathrm{skd}} & 0 \\ 0 & L_{\mathrm{skq}} \end{bmatrix}$$

$$\boldsymbol{\varPsi}_{\mathrm{fs}dq} = \boldsymbol{C}_{dq}^{N} \boldsymbol{\varPsi}_{\mathrm{fs}} = \begin{bmatrix} \psi_{\mathrm{fsd}} \\ 0 \end{bmatrix}$$

式中，$L_d = \frac{N}{2}(L_{\mathrm{m}10} + L_{\mathrm{ad}})$；$L_q = \frac{N}{2}(L_{\mathrm{m}10} + L_{\mathrm{aq}})$；$L_{\mathrm{skd}} = \sqrt{\frac{N}{2}}L_{\mathrm{kd}10}$；$L_{\mathrm{skq}} = \sqrt{\frac{N}{2}}L_{\mathrm{kq}10}$；$\psi_{\mathrm{fsd}}$ 为定子相绕组轴线与直轴一致时，永磁体产生的基波磁通链过该相绕组的磁链。

把 $\boldsymbol{i}_{\mathrm{R}} = \boldsymbol{C}_{N}^{dq} \boldsymbol{i}_{dq}$ 代入式（3-56）的第二个方程，可得

$$\boldsymbol{\varPsi}_{\mathrm{R}} = \boldsymbol{L}_{\mathrm{RS}dq} \boldsymbol{i}_{dq} + \boldsymbol{L}_{\mathrm{RR}} \boldsymbol{i}_{\mathrm{R}} + \boldsymbol{\varPsi}_{\mathrm{fr}}$$

$$\boldsymbol{L}_{\mathrm{RS}dq} = \boldsymbol{L}_{\mathrm{RS}} \boldsymbol{C}_{N}^{dq} = \begin{bmatrix} L_{\mathrm{rkd}} & 0 \\ 0 & L_{\mathrm{rkq}} \end{bmatrix}$$

同样地，把 $\boldsymbol{\varPsi}_{\mathrm{S}} = \boldsymbol{C}_{N}^{dq} \boldsymbol{\varPsi}_{dq}$，$\boldsymbol{U}_{\mathrm{S}} = \boldsymbol{C}_{N}^{dq} \boldsymbol{U}_{dq}$，$\boldsymbol{i}_{\mathrm{S}} = \boldsymbol{C}_{N}^{dq} \boldsymbol{i}_{dq}$ 代入式（3-57）的第一个方程，可得

$$\begin{aligned}\boldsymbol{U}_{dq} &= \boldsymbol{C}_{dq}^{N} \boldsymbol{R}_{\mathrm{S}} \boldsymbol{C}_{N}^{dq} \boldsymbol{i}_{dq} + \boldsymbol{C}_{dq}^{N} \frac{\mathrm{d}}{\mathrm{d}t} \boldsymbol{C}_{N}^{dq} \boldsymbol{\varPsi}_{dq} \\ &= \boldsymbol{R} \boldsymbol{i}_{dq} + \omega \boldsymbol{K} \boldsymbol{\varPsi}_{dq} + p \boldsymbol{\varPsi}_{dq} \end{aligned} \quad (3\text{-}71)$$

式中，$\boldsymbol{R} = \begin{bmatrix} r & 0 \\ 0 & r \end{bmatrix}$；$\omega = \frac{\mathrm{d}\theta}{\mathrm{d}t}$，$\boldsymbol{K} = \begin{bmatrix} 0 & -1 \\ 1 & 0 \end{bmatrix}$。

经整理，最终可得

$$\boldsymbol{\varPsi}_{dq} = \begin{bmatrix} \psi_d \\ \psi_q \end{bmatrix} = \begin{bmatrix} L_d & \\ & L_q \end{bmatrix}\begin{bmatrix} i_d \\ i_q \end{bmatrix} + \begin{bmatrix} L_{\mathrm{skd}} & \\ & L_{\mathrm{skq}} \end{bmatrix}\begin{bmatrix} i_{\mathrm{kd}} \\ i_{\mathrm{kq}} \end{bmatrix} + \begin{bmatrix} \psi_{\mathrm{fsd}} \\ 0 \end{bmatrix} \quad (3\text{-}72)$$

$$\boldsymbol{\varPsi}_{\mathrm{R}} = \begin{bmatrix} \psi_{\mathrm{kd}} \\ \psi_{\mathrm{kq}} \end{bmatrix} = \begin{bmatrix} L_{\mathrm{skd}} & \\ & L_{\mathrm{skq}} \end{bmatrix}\begin{bmatrix} i_d \\ i_q \end{bmatrix} + \begin{bmatrix} L_{\mathrm{kd}} & \\ & L_{\mathrm{kq}} \end{bmatrix}\begin{bmatrix} i_{\mathrm{kd}} \\ i_{\mathrm{kq}} \end{bmatrix} + \begin{bmatrix} \psi_{\mathrm{frd}} \\ 0 \end{bmatrix} \quad (3\text{-}73)$$

$$\boldsymbol{U}_{dq} = \begin{bmatrix} u_d \\ u_q \end{bmatrix} = \begin{bmatrix} r & \\ & r \end{bmatrix}\begin{bmatrix} i_d \\ i_q \end{bmatrix} + p\begin{bmatrix} \psi_d \\ \psi_q \end{bmatrix} + \begin{bmatrix} 0 & -1 \\ 1 & 0 \end{bmatrix}\omega\begin{bmatrix} \psi_d \\ \psi_q \end{bmatrix} \quad (3\text{-}74)$$

$$\boldsymbol{U}_{\mathrm{R}} = \begin{bmatrix} 0 \\ 0 \end{bmatrix} = \begin{bmatrix} r_{\mathrm{kd}} & \\ & r_{\mathrm{kq}} \end{bmatrix}\begin{bmatrix} i_{\mathrm{kd}} \\ i_{\mathrm{kq}} \end{bmatrix} + p\begin{bmatrix} \psi_{\mathrm{kd}} \\ \psi_{\mathrm{kq}} \end{bmatrix} \quad (3\text{-}75)$$

若消去转子量，则有

$$\boldsymbol{\varPsi}_{dq} = \begin{bmatrix} \psi_d \\ \psi_q \end{bmatrix} = \begin{bmatrix} L_d - \dfrac{pL_{\mathrm{skd}}^{2}}{r_{\mathrm{kd}} + pL_{\mathrm{kd}}} & \\ & L_q - \dfrac{pL_{\mathrm{skq}}^{2}}{r_{\mathrm{kq}} + pL_{\mathrm{kq}}} \end{bmatrix}\begin{bmatrix} i_d \\ i_q \end{bmatrix} + \begin{bmatrix} \psi_{\mathrm{fsd}} \\ 0 \end{bmatrix} \quad (3\text{-}76)$$

即有：

$$\psi_d = L_d(\mathrm{p})i_d + \psi_{\mathrm{fsd}}$$
$$\psi_q = L_q(\mathrm{p})i_q \tag{3-77}$$

其中，$L_d(\mathrm{p}) = L_d - \dfrac{\mathrm{p}L_{\mathrm{skd}}^2}{r_{\mathrm{kd}} + \mathrm{p}L_{\mathrm{kd}}}$；$L_q(\mathrm{p}) = L_q - \dfrac{\mathrm{p}L_{\mathrm{skq}}^2}{r_{\mathrm{kq}} + \mathrm{p}L_{\mathrm{kq}}}$。

并可得定子交、直绕组的超瞬变电感为

$$L_d'' = L_d - \frac{L_{\mathrm{skd}}^2}{L_{\mathrm{kd}}}$$

$$L_q'' = L_q - \frac{L_{\mathrm{skq}}^2}{L_{\mathrm{kq}}}$$

2. 电磁转矩

永磁同步电动机的电磁转矩可表示为

$$\text{电磁转矩} = \frac{\text{跨过气隙传到定子的功率}}{\text{转子的速度}}$$

$$T = \mathrm{p}(i_q\psi_d - i_d\psi_q) = \mathrm{p}[\psi_{\mathrm{fsd}}i_q + i_{\mathrm{kd}}i_q L_{\mathrm{skd}} - i_{\mathrm{kq}}i_d L_{\mathrm{skq}} + i_d i_q(L_d - L_q)] \tag{3-78}$$

上式等号的右边括号内第一项是永磁体励磁与定子 q 轴电流产生的励磁转矩，它是主要分量；括号内第二、三项是定子 d、q 轴电流与阻尼条电流产生的阻尼转矩，与前一项相比，其数量较小；括号内第四项是由于转子不对称所产生的磁阻转矩。若电动机为常规的表面安装永磁体结构的永磁电动机，且转子上无阻尼绕组，则式（3-78）可写为

$$T = \mathrm{p}\psi_{\mathrm{fsd}}i_q \tag{3-79}$$

由此可见，转子表面安装永磁体结构的无阻尼绕组永磁电动机，其电磁转矩仅与 q 轴电流有关，这类永磁电动机较易实现矢量控制。

3.4.4 船舶永磁推进电动机特点

船舶推进永磁电动机属调速永磁同步电动机，与其配套的传动系统和控制方式也与普通的永磁电动机不同，因而对其技术及经济性能的要求也大不相同。一般来说对推进永磁同步电动机的主要要求是：调速范围宽、转矩和转速平稳（或者说转矩纹波小）、动态响应快速准确、单位电流转矩大等。

推进永磁同步电动机的设计是与相匹配的功率系统的性能不可分的。设计时，应根据传动系统的应用场合和有关技术经济指标的要求，首先确定电动机的控制策略和逆变器的容量，然后根据电动机设计的有关知识来设计电动机。下面以正弦波永磁同步电动机为例分析推进永磁同步电动机的设计特点。

推进永磁同步电动机传动系统的主要特性是它的调速范围和动态响应性能。调速范围又分为恒转矩调速区和恒功率调速区，如图 3-26 所示。而电动机的运行过程可以用工作周期来表示，如图 3-27 所示，推进永磁同步电动机的动态响应性能常常以从静止加速到额定转速所需的加速时间 t_b（kW 级的电动机一般仅几十毫秒）来表示。为了提供足够的加速能力，一般情况下，最大转矩（又称峰值转矩）$T_{\max}$ 为额定转矩 T_N 的 3 倍左右。

1. 主要尺寸的选择

推进永磁同步电动机的主要尺寸可以由所需的最大转矩和动态响应性能指标确定。下面分析表面凸出式转子磁路结构正弦波永磁同步电动机主要尺寸的设计过程。

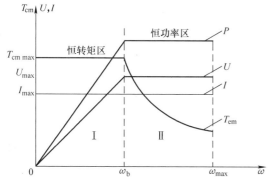

图 3-26 调速永磁电动机的调速范围

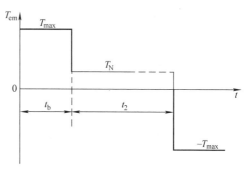

图 3-27 调速永磁电动机的工作周期

当推进永磁同步电动机的最大电磁转矩指标为 T_{max}（N·m）时，则最大转矩与电磁负载和电动机主要尺寸有如下关系：

$$T_{max} = \frac{\sqrt{2}\pi}{4} B_{\delta 1} L_{ef} D_{i1}^2 A \times 10^{-4} \qquad (3-80)$$

式中，$B_{\delta 1}$ 为气隙磁密基波幅值（T）；A 为定子电负载有效值（A/cm）。

A 的表达式为

$$A = \frac{NN_s I_1 K_{dp}}{p_n \tau_1} \qquad (3-81)$$

式中，N 为电动机相数；N_s 为每相绕组匝数。

当选定电动机的电、磁负载后，电动机的主要尺寸为

$$D_{i1}^2 L_{ef} = \frac{4 T_{max} \times 10^4}{\sqrt{2}\pi B_{\delta 1} A} \qquad (3-82)$$

对永磁同步电动机动态响应性能指标的要求体现为在最大电磁转矩作用下，电动机可在时间 t_b 内线性地由静止加速到转折速度（此时的转折速度又称为基本转速）ω_b，即

$$T_{max} = \frac{J \Delta \omega}{p_n \Delta t} = \frac{J \omega_b}{p_n t_b} \qquad (3-83)$$

式中，J 为电动机转子和负载的转动惯量（kg·m²）。

电动机的最大电磁转矩与转动惯量之比为

$$\frac{T_{max}}{J} = \frac{\omega_b}{p_n t_b} \qquad (3-84)$$

而电动机转子的转动惯量可近似表示为

$$J = \frac{\pi}{2}\rho_{Fe}L_{ef}\left(\frac{D_{i1}}{2}\right)^4 \times 10^{-7} \tag{3-85}$$

式中，ρ_{Fe} 为转子材料（钢）的密度（g/cm³）。

将式（3-80）和式（3-85）代入式（3-84），可得电动机的定子内径 D_{i1}（cm）：

$$D_{i1} = \sqrt{\frac{8\sqrt{2}p_n t_b B_{\delta 1} A}{\omega_b \rho_{Fe} \times 10^{-3}}} \tag{3-86}$$

由上式得到的 D_{i1} 即为在保证动态响应性能指标的前提下可选择的定子内径最大值。由式（3-82）和式（3-86）即可确定电动机的定子内径和铁心长度这两个主要尺寸。

内置式永磁同步电动机的主要尺寸可参考上述步骤进行设计。

推进永磁同步电动机的气隙长度一般大于同规格感应电动机的气隙长度，且不同用途和结构的电动机，其气隙长度的取值也不相同：对采用表面式转子磁路结构的永磁同步电动机，由于转子铁心上的瓦片形磁极需加以表面固定，其气隙长度不得不做的较大；对采用内置式转子磁路结构，要求具有一定的恒功率运行速度范围的永磁同步电动机，则电动机的气隙长度不宜太大，否则，将导致电动机的直轴电感过小，弱磁能力不足，电动机的最高转速将无法达到。

确定电动机定子外径时，一般是在保证电动机足够散热能力的前提下，为提高电动机效率可加大定子外径；为减小电动机制造成本而缩小定子外径。

2. 转子磁路结构的选择

转子磁路结构选择的原则：当电动机最高转速不是很高时，可选用表面凸出式转子磁路结构；反之则应选取内置式转子磁路结构。

内置式转子磁路结构的永磁电动机的漏磁系数比表面式转子磁路结构的永磁同步电动机的漏磁系数大，且转子上铁磁极靴的存在使得电动机的直轴电感较大，从而易于弱磁扩速。

3. 永磁体设计

永磁体的尺寸连同电动机的转子磁路结构，决定了电动机的磁负载。而磁负载则决定着电动机的功率密度和损耗。对表面式转子磁路结构调速永磁同步电动机，其永磁体尺寸可近似地由下式确定：

$$\begin{cases} h_M = \dfrac{\mu_r}{\dfrac{B_r}{B_\delta} - 1}\delta_i \\ b_M = \alpha_p \tau_2 \end{cases} \tag{3-87}$$

式中，δ_i 为电动机的计算气隙长度；B_r/B_δ 为通常取为 1.1~1.35；h_M 为永磁体磁化方向长度（cm）；b_M 为磁体宽度（cm）；μ_r 为相对磁导率；α_p 为极弧系数；B_r 为剩余磁感应强度；B_δ 为气隙磁密；τ_2 为电动机转子极距。

对内置径向式转子磁路结构的电动机，永磁体尺寸的确定比较复杂，因为它与许多因素有关，如确定永磁体的磁化方向长度时，应考虑它对磁体工作点的影响，对电动机抗不可逆退磁能力和电动机的弱磁扩速能力（因为永磁体的磁化方向长度直接决定了电动机直轴电感的大小和磁链的大小）的影响等。

值得注意的是永磁体的磁化方向长度与电动机的气隙长度有着很大的关系，气隙越长，永磁体的磁化方向长度也越长。

需要指出的是在正弦波永磁同步电动机中，由永磁体产生的气隙磁密并不是严格的正弦波，因而设计时必须合理设计绕组以减少转矩纹波。当永磁体产生的气隙磁密接近正弦波，且通过先进的 PWM 技术使定子绕组产生的磁动势也接近正弦波时，便可得到低纹波的转矩输出。

第4章 船舶直流电力推进

直流推进系统的主要特点是主回路电流为直流，推进电动机一般采用直流电动机。按系统调节原理可分为恒压电力推进系统、简单G-M电力推进系统、带蓄电池组G-M电力推进系统、恒功率电力推进系统以及恒电流电力推进系统等。本章将分析直流电力推进系统的一些共同问题——主电路连接方式，并对各种方式的推进系统进行分析。

4.1 主电路连接方式

主电路连接方式是指电力推进系统在采用多台主发电机和主电动机时它们电枢回路之间的连接方式。本节讨论的内容不但适合一般的发电机-电动机系统，对于恒功率系统也是适合的。对于恒电流系统，有它自己较为特殊的主电路连接方式，留待恒电流系统一节加以单独讨论。

在电力推进系统中，为了提高装置的工作可靠性、线路转换的灵活性及运行的经济性，主发电机数通常不少于两台。主电动机台数或电枢数通常也不止一个，因此就必须对主电路的连接方式加以研究。这里，主电动机指推进电动机，主发电机指推进电动机的供电发电机。

主电路可分主电动机并联接法和主电动机串联接法，在串联接法中又可分为一般串联与交互串联两种。主电动机有采用单电枢电动机，也有采用双电枢电动机的。

4.1.1 主发电机并联接法与主发电机串联接法的比较

主发电机并联接法和串联接法分别见图4-1a和4-1b。两种接法的优缺点比较如下：

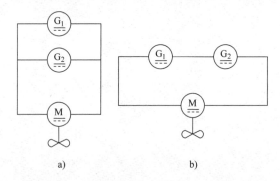

图4-1 主发电机并联接法和串联接法
a）并联 b）串联

（1）主发电机并联的优点是可以采用电压级别较高的发电机，使电动机、电路转换设备和电缆的尺寸、重量较小。

（2）但主发电机并联接法有一些重大的缺点，如：在并联时发电机间的负载分配不均匀；并联操作复杂，对柴油机调速系统要求高；而且主电路检测、保护都比串联接法复杂——主发电机串联时只要检测、保护一条主电路即可，而在主发电机并联时，每台发电机支路都要设置检测、保护装置。

（3）主发电机并联接法的另一个大缺点是装置功率在中间状态得不到充分利用。就以图4-1的系统为例，如果只有一台主发电机工作，则当并联接法时，工作的发电机不可能以全功率运行，而只能采取主电动机半转矩运行方式。在串联接法时，处于运行状态的主发电机则可全功率工作，使装置功率得到充分利用。当多台主发电机向多台主电动机供电时，串联接法在中间工作状态时的主发电机功率利用率也比并联接法时高。

4.1.2 一般串联接法与交互串联接法的比较

一般串联是将各台主发电机连接在一起，向连接在一起的多台主电动机供电，如图4-2a所示。交互串联是主发电机与主电动机一个间隔一个地连接，如图4-2b所示。

主电动机交互串联（或称相间串联）电路与同样数目、电压级别的主电动机一般串联电路相比较，前者在主电路任两点间的最高电压比后者主电路任两点间的最高电压低。如图4-2的线路，设每台主发电机的电压为500V，则显而易见，主电动机一般串联时主电路两点间的最高电压为1000V，而主电动机交互串联时主电路两点间的最高电压仅为500V。

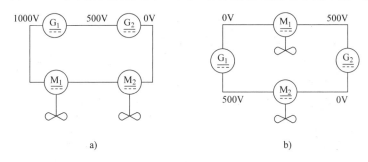

图 4-2 主电动机的串联
a）一般串联 b）交互串联

4.1.3 主电动机采用单电枢或双电枢的比较

主电动机可以采用单电枢，也可采用双电枢。双电枢电动机是在一根轴上连着两个电枢，这两个电枢可以串联，可以并联，也可以独立供电；它有一个公共的定子外壳，每个电枢都有自己独立的定子励磁绕组，两个励磁绕组可以并联，可以串联，也可以独立供电。可以把双电枢电动机看作通过各自的轴硬性连接在一起的两个电动机。

在相同功率下，单电枢电动机与双电枢电动机相比有许多优点，比如重量和尺寸较小，效率较高等，因此一般应采用单电枢电动机作为主电动机。

双电枢电动机也有它的优点，因此在下述场合可以考虑采用：

1）船舶尾部较窄，轴系高度不够，或有多个推进器，必须要求减小主电动机的直径时；

2）推进功率较大，需要提高主发电机电压级别时。

比如两台主发电机供电给一台单电枢主电动机时，每台主发电机的额定电压不能超过

500V，因此功率受到限制。但若采用双电枢电动机作主电动机，由于每个电枢额定电压均可允许采用1000V，同时主发电机与主电动机各电枢采用交互串联，每台主发电机额定电压就可采用1000V，使总推进功率有可能大幅度提高。这种情况如图4-3所示。

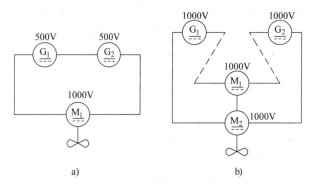

图4-3　单、双电枢电动机电压比较
a) 单电枢　b) 双电枢

4.1.4　主电路连接法举例

下面介绍一些船舶上实际采用的主电路连接方法。在图中，我们把主电路转换开关也画出。根据其通断情况，可以得到主电路的各个不同工作状态。

1) 两台主发电机供电给一台主电动机（单电枢和双电枢）的主电路，如图4-4所示。由图可见，根据转换开关的开断情况，可以得到下述工作状态（也称工况）：两台主发电机同时向主电动机供电；左主发电机单独向主电动机供电；右主发电机单独向主电动机供电。

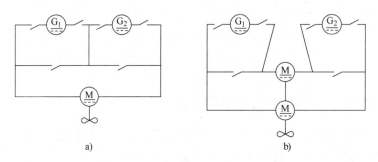

图4-4　两台主发电机向一台主电动机供电
a) 单电枢电动机　b) 双电枢电动机

在采用双电枢主电动机时，为了简化主电路的转换，可以不必设置转换开关来切除其电枢，仅当需要把其中某个电枢切出主电路时（比如该电枢损坏），可临时用导线加以换接。

2) 两台主发电机供电给两个主电动机的主电路，见图4-5。图4-5a是两舷的两个主电动机在正常状态时由两台主发电机分别供电，而在中间状态时由G_1或G_2统一供电。图4-5b是两个主电动机分别由各自一舷的主发电机供电。前者的优点是只有一台主发电机运行时，两台主电动机仍能同时运行；后者在此时则只有一台对应的主电动机能够运行，这就大大加重了舵机的负担,但其最大的优点是线路简单、转换开关少。

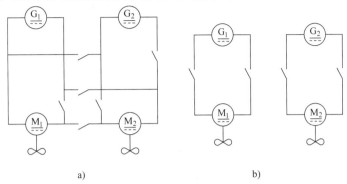

图 4-5 两台主发电机供电给两台主电动机
a) 统一供电 b) 单独供电

3) 采用四台主发电机的主电路。这种主电路如图 4-6 所示,可以由四台主发电机中的任意几台向主电动机供电,能获得较多的工况。

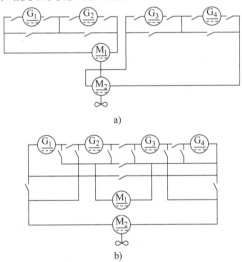

图 4-6 四台主发电机电路
a) 双电枢单独供电 b) 双电枢统一供电

4.2 简单的 G – M 系统

简单的 G – M 系统是指不加反馈的 G – M 电力推进系统,它的机械特性是一族硬特性曲线,系统原理图见图 4-7。

4.2.1 工作原理和机械特性

图 4-7 所示简单的 G – M 系统中发电机和电

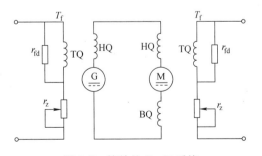

图 4-7 简单的 G – M 系统

动机（以后如不特别注明，均指主发电机和主电动机）均由船舶电网直接励磁。发电机的他励绕组 TQ 和整定电阻 r_z 串联后接至船舶电网。电动机他励绕组 TQ 和整定电阻 r_z 相串联，也接至船舶电网。发电机磁场绕组整定电阻 r_z 用来改变发电机电压，电动机磁场绕组整定电阻 r_z 用来整定磁场电流。

这个系统中，正常工作时电动机磁通保持不变。通过改变发电机电压来调节电动机的转速。电动机的机械特性是一族平行的硬特性曲线，如图 4-8 所示。图中特性曲线 1、2、3 分别对应于发电机电动势 E_{g1}、E_{g2}、E_{g3}。G – M 系统的机械特性与电动机由容量无限大电网直接供电的机械特性有所不同。当电动机由容量无限大电网直接供电时，其端电压不变，机械特性（图 4-8 中特性曲线 4）表达式为

$$n = \frac{U}{C_e\phi} - \frac{R_m}{C_e C_m \phi^2} T \tag{4-1}$$

而 G – M 系统中，机械特性的表达式则为

$$n = \frac{U}{C_e\phi} - \frac{(R_g + R_m)}{C_e C_m \phi^2} T \tag{4-2}$$

式中，R_m 为电动机电枢回路总电阻；$R_g + R_m$ 为 G – M 系统电枢回路总电阻；U 为他励电动机供电电压；ϕ 为他励电动机磁通；C_e 为他励电动机电势常数；C_m 为他励电动机转矩系数；T 为他励电动机电磁转矩。

可以借改变发电机励磁电流的方法来调节电动机转速，发电机励磁电流 i_g 与电势间的关系由图 4-9 所示空载特性给出，也可分段用公式表示：

$$E_g = k_1 i_g \qquad (i_g \leqslant i_{gz}) \tag{4-3}$$

$$E_g = k_1 i_{gz} + k_2 (i_g - i_{gz}) \qquad (i_g > i_{gz}) \tag{4-4}$$

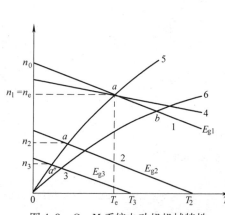

图 4-8 G – M 系统电动机机械特性

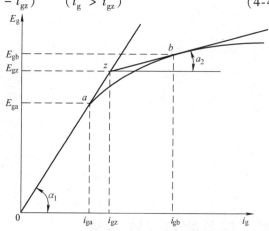

图 4-9 发电机空载特性

式中，i_{gz} 为空载特性转折点对应的励磁电流；$k_1 = \tan\alpha_1$，为空载特性起始部分切线斜率；i_{ga}、i_{gb} 分别为 a、b 点对应的励磁电流；$k_2 = \tan\alpha_2$，为空载特性 b 点切线斜率。

代入式（4-2）则有

$$n = \frac{k_1 i_g}{C_e\phi} - \frac{(R_g + R_m)}{C_e C_m \phi^2} T \qquad (i_g \leqslant i_{gz}) \tag{4-5}$$

$$n = \frac{k_1 i_{gz} + k_2 (i_g - i_{gz})}{C_e\phi} - \frac{(R_g + R_m)}{C_e C_m \phi^2} T \qquad (i_g > i_{gz}) \tag{4-6}$$

由此可作出不同 i_g 时的 G – M 系统机械特性。

4.2.2 G – M 系统的工作状态

下面分析一下图 4-7 所示的 G – M 系统用于电力推进系统的工作状态,如图 4-10 所示。

1. 稳定工作状态

这时发电机以某一不变电流励磁,电动机以转速 n_a 工作在自由航行特性 7 的 a 点上,船舶以一定航速前进。如果船舶阻力发生变化,比如船舶阻力增大,螺旋桨特性变为系泊特性 8(当然,这是一种少见的极限情况),则推进电动机将变到 b 点工作。在 b 点时,转速降低而阻转矩增大,$n_b < n_a$,而 $T_b \gg T_a = T_e$ 阻转矩 T_b 远大于电动机的额定转矩 T_e,致使电动机大大过载。同时在 b 点的功率比 a 点大,使发电机和原动机功率均过载,这是不允许的。因此必须减小发电机励磁,使电动机减速运行于 b_1 点。以 T_{b1} 运行的时间长短由发电机和电动机的过载能力决定。b_1 点一般取为 a 点的恒功率点。此时 $P_{b1} = P_a$,原动机不会产生过载。当船舶阻力变动十分剧烈时,螺旋桨特性在 7、8 之间迅速变化,电动机工作点只能沿机械特性 1′ 在 a_1 和 b_1 之间频繁变动。当工作于 a_1 点时,电动机、发电机和原动机的功率均得不到充分利用。

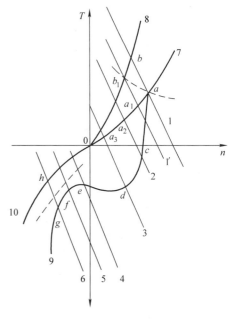

图 4-10 简单 G – M 电力推进系统的工作状态

2. 电动机的调速

改变发电机的励磁电流可调节电动机转速。励磁电流不同时,电动机机械特性不同。这些特性与螺旋桨特性的交点 a_2、a_3 等就是电动机新的稳定工作点,电动机以转速 n_{a_2}、n_{a_3} 等工作,船舶于是获得较低的航速。

电动机高速运行时,一旦堵转,其堵转转矩很大,数值由机械特性 1、2 等与纵坐标的交点决定。低速运行时,堵转转矩很小,其值由特性 3 与纵坐标的交点决定。

3. 电动机的反转

欲使电动机反转,可操纵发电机磁场,以减小发电机励磁电流,然后改变励磁电压极性使励磁电流反向,并在反方向逐渐增大其值。这个过程中,电动机的机械特性依次由 1 变为 2、3、4、5、6。电动机的工作点则依次变为 c、d、e、f、g,它们都是电动机特性与螺旋桨反转特性的交点。

在螺旋桨反转过程中,船速被认为是不变的,因此上述那些工作点均在螺旋桨反转特性 9 上,这条特性是船速为 100% 时的特性。螺旋桨反转到 g 点工作以后,船速慢慢降低,螺旋桨逐渐过渡到图中 g、h 间的虚线特性上工作。船舶反向后,螺旋桨特性变为反向自由航行特性 10。电动机特性 6 与它的交点为 h,并以这一点稳定运行,其情况与工作于正向 a 点时相似。

4. 船舶螺旋桨调速和反转过程中主回路电流的变化情况

在螺旋桨调速和反转过程中，主电流将会有很大的冲击。特别是在反转过程中，往往产生极大的冲击电流，如不注意，将会引起电动机绕组过热、轴系和机械应力过大等不良后果，缩短机器寿命，因此必须引起足够重视。

在 G–M 系统主回路中，有下列电动势平衡方程式：

$$E_g = E_m + I(R_g + R_m) = E_m + I\sum R \tag{4-7}$$

式中，E_g 为发电机电动势；E_m 为电动机反电动势；$\sum R = R_g + R_m$，为主回路电压降。

当系统工作于图 4-10 中 a 点时，其电动势平衡如图 4-11a 所示。此时 $E_{ga} > E_{ma}$，电流 I_a 如箭头所指，$n_a = n_e$。电动机需减速时，可减小发电机励磁电流，于是发电机电动势下降。由于电动机磁通 ϕ_m 不变，电动机转速在发电机励磁电流减小的瞬间也还没有变，因此电动机电动势的值仍为 E_{ma}。这就导致主电路电动势间失去平衡，$E_{ma} > E_g$。为了恢复平衡，主电流 I 很快减小，变零，反向，并在反方向增大。这个瞬间各电动势之间的关系及电流方向如图 4-11b 所示。

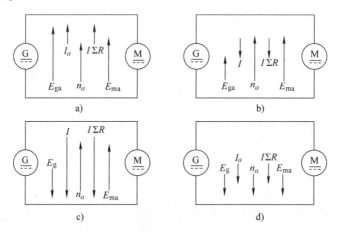

图 4-11 主电路电动势及电流变化图

电动机电磁转矩 $T = C_m\phi_m I$，主电流 I 变负使 T 也变负。此时负 T 对螺旋桨是制动转矩，因此电动机和螺旋桨转速很快下降，如图 4-10 中的 a_2、a_3 等点所示，其大小视 E_g 值而定。如果过快地减小励磁电流并且反向增大，则在 E_g 和 E_{ma} 的共同作用下，主电流将出现极大的冲击，如图 4-11c 所示，这是绝对不允许的。

图 4-11d 是图 4-10 中 e 点时的稳定工作状态。此时发电机励磁电流反向，其电动势方向和电动机电流方向均反相。

4.2.3 G–M 系统的优点

1) 系统十分简单，设计、制造、安装调试方便；
2) 与直接推进相比较，操纵灵活、方便、快速，可得到稳定低速，同时便于遥控。

4.2.4 G–M 系统的缺点

1) 因为直接调节发电机励磁，所以磁场变阻器上功率消耗很大。若发电机为 100kW，其励磁功率以3%计,则需3kW。当船舶螺旋桨低速运转时,励磁绕组所需功率减小,大部分功率消耗在磁场变阻器上,因此变阻器体积和重量均很大,发热严重,既不经济也不便于操作。这种系统只适用于发电机功率为几十千瓦或发电机励磁电流小于几安培的小功率系统中;

2)船舶阻力发生变化时,不能充分利用设备的装置功率;

3)电动机高速运行时,堵转转矩很大,因此必须另外设置保护装置,用来断开发电机励磁;而当电动机低速运行时,堵转转矩很小,螺旋桨即使遇到很小的障碍,电动机也会停止转动。这对经常低速运行而又可能经常遇到障碍物的船舶(如港口作业船、破冰船、流冰区航行船等)来说,特别不利;

4)电动机调速时可能因操作不当而出现冲击电流。

4.3 带蓄电池组的 G–M 系统

常规动力潜艇的电力推进系统,也是一种简单的 G–M 系统。常规动力潜艇在水下航行时,只能由蓄电池组供电,由于蓄电池的供电电压是不可调的,因此其调速方法就与一般的 G–M 系统不同。这种系统中的发电机是为了给蓄电池组充电而设置的,当然在水面航行或通气管状态航行时,发电机也可以给推进电动机供电。但是,潜艇在水面航行时是暴露状态,随时有可能被发现。为了能够迅速下潜,无论是否充电,蓄电池组都要接在系统中,因此就不能用调节发电机电压的方法来实现推进电动机的转速调节。为了扩大调速范围和减小推进电动机的直径,潜艇推进电动机一般多采用双电枢结构。这种系统的原理线路如图4-12所示。图中,G_1、G_2 为发电机;GB_1、GB_2 为蓄电池组;K_1、K_2 为发电机自动开关;K_3、K_4 为蓄电池组自动开关;K_5、K_6 为推进电动机电枢自动开关;1、2、3 为蓄电池组串并联转换开关;4~10 为电枢串并联转换开关;

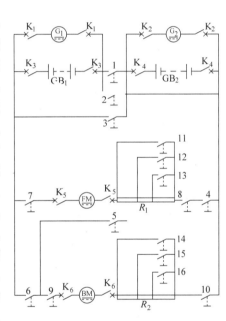

图 4-12 常规动力潜艇电力推进系统主电路原理图

11~16为起动电阻短接开关;FM 为推进电动机前电枢;BM 为推进电动机后电枢。

4.3.1 调速方式及工作特性

由于作战和机动航行的需要,常规动力潜艇要求推进电动机有较宽的连续调速范围,但蓄电池组的供电电压无法连续调节。因此潜艇推进电机的调速是通过改变蓄电池组与推进电动机两电枢的连接方式,分级改变推进电动机电枢两端的电压,以形成若干个调速区。在各调速区内调节推进电动机的励磁,从而获得所需要的连续调速范围。这种系统也有与 G–M 系统相似的机械特性。即

$$n = \frac{U_{gb}}{C_e\phi} - \frac{R_m}{C_e C_m \phi^2}T \qquad (4\text{-}8)$$

式中，U_{gb} 为蓄电池组供电电压。

图 4-12 所示的系统，通过蓄电池组的串并联开关和电枢串并联开关的通断组合，在推进电动机的一个电枢上可以获得三种电压。

1) 两电池组串联、两电枢并联：

$$U_m = 2U_{gb}$$

式中，U_m 为推进电动机电枢的端电压；U_{gb} 为一组蓄电池的供电电压。

2) 两电池组并联、两电枢并联：

$$U_m = U_{gb}$$

3) 两电池组并联、两电枢串联：

$$U_m = 1/2\, U_{gb}$$

因此，该系统就有三个调速区。按推进电动机电枢供电电压高低的顺序，三个调速区分别称为第一调速区、第二调速区和第三调速区。由改变主电路连接方式而使调速区改变的过渡点称为转换点。由第一调速区过渡到第二调速区的过渡点称为第一转换点，由第二调速区过渡到第三调速区的过渡点称为第二转换点。

通常潜艇推进电动机以对应蓄电池组一小时放电的工况为基本工况（额定工况）。如果忽略各种损耗，可以近似认为：

$$P = E_m I_m \qquad P_e = E_{me} I_{me} \qquad (4\text{-}9)$$

式中，P 为推进功率；E_m 为推进电动机电势；I_m 为推进电动机电枢电流。

如果取第一转换点后的功率（相应符号下脚注为 1）与基本工况的比值，则有：

$$P_1/P_e = E_{m1} I_{m1}/E_{me} I_{me} \qquad (4\text{-}10)$$

由于在第二调速区，推进电动机电枢的供电电压为第一调速区的一半，即 $E_{m1} = 1/2 E_{me}$。如果保持第一转换点后的电枢电流仍为基本工况的电流值（$I_{d1} = I_{de}$），则有 $P_1 = 1/2 P_e$，同理可有 $P_2 = 1/2 P_1$。所以通常称这种转换为半功率转换。

由式 (4-8) 可知，在每一调速区内，可以采用调节推进电动机励磁的方法进行调速。如果忽略回路电阻损耗，则有：

$$n = U_{gb}/C_e\Phi$$

即

$$\Phi = U_{gb}/C_e n$$

可见在调速区内，推进电动机的磁通与转速近似成反比关系。

根据螺旋桨的自由航行特性，推进功率与转速近似成三次方关系。据式 (4-9) 有：

$$P = E_m I_m = k'_y n^3 \qquad (4\text{-}11)$$

即

$$I_m = k'_{yEm} n^3 \qquad (4\text{-}12)$$

在调速区内，推进电动机的电枢电流与转速近似成三次方关系。图 4-13 为该系统的工作特性。

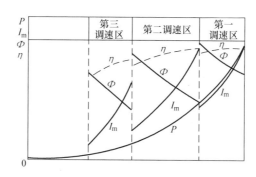

图 4-13 推进电动机的工作特性
P—推进功率　Φ—电动机磁通　I_m—电枢电流　η—电动机效率

4.3.2 系统的优缺点

该系统结构简单,在蓄电池组供电工作时,由于原动机不工作,工作噪声很低。因此,除了常规动力潜艇广泛采用这种系统外,还适用于其他水下工作船,以及豪华安静型游艇。本系统的主要缺点如下:

1) 由于蓄电池组的电压不能连续调节,使系统的调速范围比较小,具有三个调速区的系统,其调速范围一般在1:4以下。为了获取低速航行性能,必须增加调速区,使主电路复杂化,为此,需要增加较多的大电流开关元件及相应的操纵机构;

2) 特性硬。除用自动开关保护外,很难采取其他保护措施;

3) 出现误操作会引起很大的电流冲击,因此对操纵控制设备必须采取完善的机械联锁和电气联锁;

4) 必须等待螺旋桨的转速降到指定转速时才能实施反转操作,因而反转过程较长。

4.4 恒功率系统

G–M系统是具有硬特性的电力推进系统,这种系统在负载变化时,或者产生严重的过载,或者使设备功率无法充分利用。这一节将以三绕组发电机系统为例研究恒功率系统。

4.4.1 理想恒功率特性和发电机电动机特性的自动调节方法

1. 理想恒功率特性

简单的G–M系统的机械特性是一条直线,因此当负载发生变化时,工作点在 ab 的直线段上变化,如图4-8所示,电动机的功率不可能有恒定的数值。为了使机组能恒功率运行,当螺旋桨特性在自由航行特性和系缆特性之间变动时,电动机的工作点应在双曲线 abc 上变动,如图4-14b所示。

当电动机磁通 $\phi_m = \phi_{em}$ 并保持不变时,电动机转速和转矩分别与发电机电压和主电流成正比,即

$$n \propto U_g$$
$$T \propto I$$

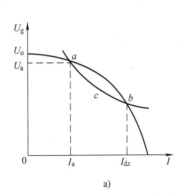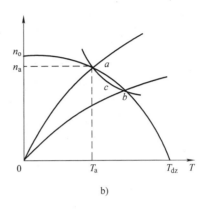

图4-14 发电机和电动机理想特性

这时发电机的外特性 $U_g = f(I)$ 和电动机的机械特性 $n = f(T)$ 将有相同的形状,如图4-14a所示。这条特性的 U_o 和 I_{dz} 分别为发电机的空载电压和堵转电流,它们在数值上有所限制,这使电动机的空载转速 n_o 和堵转转矩 T_{dz} 也受到限制,使系统免受机械的和电气的损伤,一般可取 $T_{dz} = 1.5 \sim 2.5 T_a$,$n_o = 1.2 \sim 1.4 n_a$。当电动机负载在 a、b 点之间变化时,电压与电流的乘积则总是保持不变,发电机保持恒功率运行。

2. 发电机和电动机特性的自动调节方法

在船舶运行过程中,船舶阻力的变化经常是频繁而且剧烈的,因此不可能靠人为改变电动机特性使机组运行在恒功率上。为了适应航行的需要,形成理想恒功率特性,必须设计自动调节系统。

可以通过调节电动机磁通 ϕ_m 或发电机磁通 ϕ_g 来获得理想机械特性。我们称 ϕ_g 和 ϕ_m 为被调量,并相应地把系统称为调发电机磁通的系统和调电动机磁通的系统。

船舶阻力的变化,首先反映在电动机电流和转速的变化上。在图4-8所示的简单 G–M 系统特性上,当船舶阻力增大时,电动机工作点由 a 变为 b。在 b 点时,电动机转矩 T 增大,转速 n_m 降低。当电动机磁通 ϕ_m 不变时,电动机电流 I 便与 T 成比例地上升,电动机电压 U 与 n 成比例地下降,其结果是:

$$T_b n_b \gg T_a n_a$$
$$U_b I_b \gg U_a I_a$$

即在 b 点时电动机功率将过载。此时可利用 I 或 n_m 的变化来调节系统的 ϕ_g 或 ϕ_m,使系统维持恒功率。I 或 n_m 的偏差称为调节量。

当电动机功率过载时,发电机也过载,使原动机-发电机组的转速 n_g 降低。因此,可以把发电机的转速 n_g 也作为一个调节量。

下面分别讨论被调量为 ϕ_g 和 ϕ_m 时的系统的情况。

(1) 调节发电机磁通的系统 这时被调量为 ϕ_g,调节量为 I 或 n_g 的偏差。当 I 上升时 (因船舶阻力增大),如利用 I 的偏差使 ϕ_g 减小,使得

$$T_g = C_m \phi_g I = 常数$$

即保持发电机转矩不变,则原系统就有可能保持恒功率。因发电机转矩是原动机的阻转矩,发电机转矩不变,则原动机转速不变,因此其功率也不变。如 n_g 的数值在调节前后完全相同,则这个调节系统为无差系统。

当 n_g 下降时（因船舶阻力增大，主电流上升，$T_g = C_m\phi_g I$ 增大），如利用其偏差削弱 ϕ_g，使得

$$T_g = C_m\phi_g I = 常数$$

则原动机转速 n_g 将会恢复到接近于调节前的数值，系统也就可能保持恒功率。

因此，在调 ϕ_g 的系统中，系统应具有下述特征：

$$\frac{d\phi_g}{dI} < 0 \tag{4-13}$$

$$\frac{d\phi_g}{dn} > 0 \tag{4-14}$$

即当 I 上升时（dI 为正），必须使 ϕ_g 下降（$d\phi_g$ 为负）；当 n_g 增大时（dn_g 为正）必须使 ϕ_g 增大（$d\phi_g$ 为正）。只有这样，才能尽快地恢复因负载电流变化被改变了的原动机的负载力矩，使原动机转速不再降低。

（2）调节电动机磁通的系统 当船舶阻力增大时，若电动机磁通 ϕ_m 不变，主电流 I 会升高。在调节电动机磁通的系统中，利用自动调节环节改变电动机磁通以维持主电流不变。因此不必调节 ϕ_g，转矩 T_g 就能保持不变，即

$$T_g = C_m\phi_g I = 常数$$

在调节 ϕ_m 的系统中，调节量可以为 I 和 n_m 的偏差，并且应具有下述特征，即

$$\frac{d\phi_m}{dI} > 0 \tag{4-15}$$

$$\frac{d\phi_m}{dn_m} < 0 \tag{4-16}$$

这是不难理解的。因为船舶阻力增大时，负载电流升高。这时必须适当增大 ϕ_m 才能既恢复电流为原来的数值，又能获得增大的电动机转矩，使它与增大的负载转矩相适应；另一方面，船舶阻力增大，电动机转速 n_m 要降低。如以 n_m 的偏差为调节量时，它在这时的作用应是增大 ϕ_m，使电流得以恢复原来的数值。

当一个系统机构具备了上述不等式所表达的特征后，还必须计算系统的参数，才能获得恒功率特性。

可以用 K 来表征恒功率自动调节系统的调节准确度。

对调 ϕ_g 系统：

$$K = \frac{\Delta n_g}{\Delta I}$$

对调 ϕ_m 系统：

$$K = \frac{\Delta I}{\Delta n_m}$$

如果 $K = 0$，则系统调节准确度最好。这对调 ϕ_g 系统而言，意味着负载电流发生任何变化时，原动机-发电机组转速 n_g 不变；对调 ϕ_m 系统而言，意味着当电动机转速 n_m 发生任何变化时，主电流保持不变。

根据调节准确度不同，恒功率系统可分为凸形特性系统和双曲线特性系统。下面要讨论的三绕组发电机系统、三绕组励磁机系统都是凸形特性系统。

4.4.2 三绕组发电机系统

三绕组发电机系统是主发电机具有三个励磁绕组的系统,它属于调发电机磁通的系统,发电机的外特性和电动机机械特性均为凸形。

1. 系统原理图和作用原理

三绕组系统中,发电机具有三个励磁绕组:他励绕组 TQ、自励绕组 ZQ 和差励绕组 CQ。它们产生的磁势方向如图 4-15 所示。TQ 和 ZQ 的磁势方向相同,CQ 的磁势方向与它们相反。发电机的总合成磁势为

$$AW_g = AW_t + AW_z - AW_c \tag{4-17}$$

在这个系统中,被调量是发电机磁通 ϕ_g,调节量是主电流 I 和发电机转速 n_g 的偏差。

若船舶阻力较小,比如螺旋桨特性如图 4-16 曲线 1 所示时,发电机(或电动机)以特性 4 工作,工作点为特性 1 和 4 的交点 a。特性 4 是 G-M 系统的发电机外特性(或电动机机械特性)。如果船舶阻力增大,螺旋桨特性变为曲线 2 时,对于简单的 G-M 系统,因 ϕ_g 和 ϕ_m 均不会自动改变,因此系统变到 f' 点工作,电动机转矩和主电流增大,发电机转速和发电机电压降低。

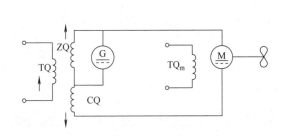

图 4-15 三绕组发电机系统原理图

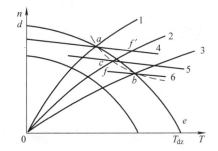

图 4-16 三绕组发电机系统特性自动调节过程

而在三绕组发电机系统中,当 I 增大而 n_g 降低时,绕组 CQ 的去磁磁势 AW_c 增加,绕组 ZQ 的加磁磁势 AW_z 减小,使合成磁势 AW_g 减小,于是使 ϕ_g 和 E_g 也减小。因电动机磁通 ϕ_g = 常数,故电动机机械特性变为 5,系统将过渡到螺旋桨特性 2 与电动机机械特性 5 的交点 f 工作。

如船舶阻力更大,则系统将转移到特性 6 上去工作,工作点为 b 点。

如电动机负载消失,比如螺旋桨出水或脱落时,主电流 I 大大降低,发电机合成磁势 AW_g 大大增加,系统将工作于 d 点。

如螺旋桨堵转时,电动机转速将为零,主电流 I 将剧增,发电机合成磁势 AW_g 减小到接近于零,系统将工作在 e 点,这时 $n_m = 0$,$I = I_{dz}$。

我们将 d、a、f、b、e 诸点连接起来,就得到系统的凸形特性 $dafbe$。它表示发电机的外特性,也表示电动机的机械特性。

船舶阻力一般是在自由航行特性 1 和系缆特性 3 之间变动,因此电力推进系统的工作状态一般就在特性的 afb 段变动。最理想的当然应该是双曲线 acb,但三绕组发电机系统不可能获得双曲线特性。一般是设计得使 a 点和 b 点落在恒功率双曲线上,而 a、b 之间的其他点不可能落在恒功率双曲线上。因此除 a、b 点之外,三绕组发电机系统不可能以恒功率运

行。虽然如此，这种系统的特性已经比简单的 G－M 系统大为改善了。

三绕组发电机系统的空载转速和堵转转矩均受到限制，可使系统免受电气和机械损伤。

系统的调速是通过改变加到他励绕组 TQ 上的电压来实现的。

2. 三绕组发电机系统的优缺点

三绕组发电机系统因有自励绕组和差复励绕组，因此既引入了主电流的偏差作为调节量，又引入了发电机转速的偏差作为调节量，系统满足两个自动调节的条件：$d\phi_g/dI < 0$；$d\phi_g/dn_g > 0$。由于两个调节量在起作用，因此恒功率调节准确度比只有差复励绕组的两绕组发电机系统要高。

空载转速和堵转电流有一定限制是本系统的另一优点。

系统比较简单，过渡过程时间较短。

系统的缺点是发电机具有三绕组，体积和重量较一般他励发电机大，他励绕组的控制功率也较大，因此只适于小容量系统使用。

4.5 恒电流系统

4.5.1 基本原理

恒电流系统是主回路电流保持恒定的一种发电机－电动机系统。在这种系统中，所有的发电机和电动机都串联在一个回路中，发电机供给恒定的电流，而发电机的电压则根据需要的功率可进行自动调节。图 4-17 为恒电流系统原理图。

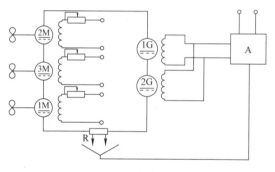

图 4-17 恒电流系统原理图

图中，1M、2M 为主推进电动机；3M 为横向推进电动机；1G、2G 为主发电机；A 为调节器；R 为电流检测元件。

电动机的转矩与它的磁通和电流成正比，即

$$T_m = C_m \phi_m I \tag{4-18}$$

式中，T_m 为电动机转矩；ϕ_m 为电动机励磁磁通；I 为电枢电流；C_m 为电动机结构常数。

当电枢电流 I 不变时，改变电动机磁通 ϕ_m 的大小，就可改变电动机转矩的大小。

在恒电流系统中，当磁通为某一给定值时，推进电动机转矩就确定了，而推进电动机转速则由螺旋桨的机械特性来确定，只有增加（或减小）电动机的磁通到达某一较大（或较小）值，发出较大（或较小）的转矩，螺旋桨才能以较高（或较低）的转速运行。

例如，就图 4-17 中的推进电动机 1M 来说，它所拖动的螺旋桨机械特性如图 4-18 所示。由于电流 I 不变，当给定磁通为 ϕ_1 时，推进电动机转矩为 $T_1 = C_m\phi_1 I$。由图 4-18 可得电动机转速为 n_1，要使螺旋桨在较高转速运转，只有增加电动机磁通到 ϕ_2，使电动机发出的转矩为 T_2，相应地才能得到较高的转速 n_2。反过来，只有减小电动机磁通到 ϕ_3，使电动机发出较小的转矩，螺旋桨才能以较低转速 n_3 运转。

而在一般的发电机—电动机系统中，电动机转速是由发电机电动势确定的，即

$$n_\mathrm{m} = \frac{E_\mathrm{g} - IR}{C_\mathrm{s}\phi_\mathrm{m}} \tag{4-19}$$

式中，E_g 为发电机电动势；R 为主回路电阻；C_s 为电动机结构常数。

然后，电动机以某一转矩工作，该转矩由螺旋桨的机械特性确定，见图 4-18b，同时在电枢回路中引起相应的电流。要增加（或减小）转速，只需增加（或减小）发电机电动势就可以了。

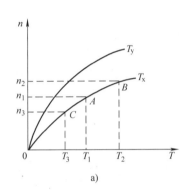 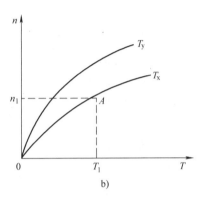

图 4-18　螺旋桨机械特性

在一般发电机—电动机系统中，增加电动机励磁，转速降低，减小电动机励磁，转速升高。这是因为发电机电动势不变的缘故。而在恒电流系统中，增加电动机励磁，转速升高；减小电动机励磁，转速降低。这是因为发电机的电动势由于自动调节而升高或降低所致。

在恒电流系统中，电动机的供电电源是恒电流。恒流源中，负载（电动机）的输出功率随发电机电压增加而增大，恒电压源的输出功率则随发电机输出电流增加而增大。电流源中负载的串联相当于电压源中负载的并联，这样，就可以在一条主回路内串联几台发电机和不同工作状态的电动机（只要这些电动机的额定电流基本一致），而每台电动机都可以独立调节，不受其他电动机的影响，也不会影响其他电动机的调节，这就是采用恒电流系统的优点。

由图 4-17 可以看出，恒电流推进系统具有下列特点：

1) 一个公共电站可以串联接入工作状态不同的几台电动机。例如，发电机 1G 和 2G 可以同时向电动机 1M、2M 和 3M 供电，这些电动机的工作状态可以互不相同，相互不发生影响。而在一般发电机—电动机系统中，一个公共电站只能向几台工作相同的电动机供电，对于同一时间内，工作状态不同的电动机，则应由另外的电站供电，也就是说，一种工作状态的电动机需要一个电站。

2) 恒电流系统推进电站的总功率可以由一台或几台发电机串联来承担，如图 4-17 所示，由两台发电机串联承担。虽然这一点与一般发电机—电动机系统相似，但恒电流系统中灵活性更大，也就是说发电机数量选择的自由度较大。

3) 恒电流系统中各台电动机装置功率的总和可以大于主发电机总的装置功率，只要电动机同时使用的功率小于主发电机总的装置功率即可。这是恒电流系统一个突出优点，它可以减少主发电机的数量和装置功率，使主发电机得到充分利用。

4）由于恒电流系统的电流总维持恒定不变，电动机在各种工作状态下，电流所引起的发热损耗都一样大，因此，在电动机轻载运行时效率较低。但考虑到恒电流系统常处于满载运行，所以恒电流系统的经济性仍很好。

4.5.2 恒电流系统的静特性

在恒电流系统中，电流 I 恒定不变，如果电动机磁通也不改变（即电动机激磁调节的操纵档不变），那么，电动机发出的转矩就不变：

$$T_\mathrm{m} = C_\mathrm{m}\phi_\mathrm{m}I = 恒值$$

所以，恒电流系统实质上是一种恒转矩调速系统。

恒电流系统的伏安特性和机械特性分别如图 4-19a、b 所示。由图可见：

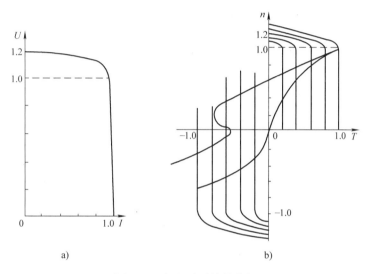

图 4-19 恒电流系统静特性
a) 伏安特性　b) 机械特性

1）恒电流系统具有极好的下垂特性，因此不会出现过大的转矩，也不会出现过大的电流；

2）由于系统经常工作在特性的下垂部分，当负载力矩变化时，转速变化非常灵敏，即系统具有极软的调节特性；

3）轻载或失载时，有飞车危险，与串激电动机调节特性类似。因此恒电流推进装置应设置转速负反馈和飞车保护装置。

4.5.3 恒电流系统的应用范围

由以上分析，可知恒电流系统的应用范围条件如下：

因为恒电流系统是改变电动机磁通调速的恒转矩系统，所以它必须应用在负载是恒力矩特性或转矩随速度上升而增大的场合，如螺旋桨负载（$T = kn^2$）、泵负载等。这类特性没有轻载或失载的危险，否则就要飞车，系统不能稳定运行。这是恒电流系统应用的必要条件。

恒电流系统特别适于具备下列条件的场合：

1）有两台以上的电动机负载，由一公共主电站供电，当一台主电动机调速时，要求不影响另外几台电动机的工作和调节。同时这些电动机的功率在同一数量级上；

2）发电机的总功率小于由它供电的电动机的总功率，而这些电动机不同时工作或不同时满载工作；

3）在需要转速随阻力矩增加而自动降低之处，如S形航道中航行的双桨船，采用恒电流系统时，左右桨转速可自动调节，使回转性能改善。

恒电流系统主要应用于下述船舶：

1）挖泥船。泥泵电动机功率与推进电动机功率相比，占相当大的比例，挖泥时，泥泵电动机全功率运行，而推进电动机只需小功率运行，使船舶低速航行，当驶向卸泥和挖泥地点时，泥泵电动机不工作，推进电动机则全功率工作，使船舶高速航行。

2）拖网渔船。当向捕鱼海域航行或返航时，要求渔船全速航行，这时主发电机全部功率供推进电动机运行，而拖网绞盘电动机则不工作。当捕鱼时，主发电机功率一部分用于拖网机，一部分供船舶推进，使渔船低速航行。

3）渡轮。对具有首尾螺旋桨的轮渡，当正向航行时，尾桨电动机全功率运行，首桨电动机仅以有限功率（约10%）运行；反向航行时，功率分配正好相反。对具有侧向推进器的渡轮，在航行时，尾部左右两个螺旋桨电动机以全功率运行，侧向推进电动机不工作；当船舶调头时，尾桨电动机减小功率运行，侧向推进电动机全功率工作。我国自行设计建造的两艘火车渡轮就是采用恒电流电力推进系统。

4）消防船。在这种船上，消防泵电动机功率相当大，当船舶驶向火灾现场时，全速航行，推进电动机全功率运行，消防泵电动机不工作；到达现场时，消防泵电动机以全功率运行，推进电动机以很小的功率运行，使船舶绕火区缓行。

5）消磁船。消磁时，主发电机用于消磁，推进电动机不工作；当开向消磁地点及返航时，主发电机功率全用于推进。

4.6 带整流输出的交流发电机—直流电动机推进系统

在船舶推进及交通车辆电气牵引的直流拖动系统中，原动机的转速不断提高，要求电源功率越来越大。作为独立直流电源的传统形式的换向器式直流发电机，由于受到换向问题的限制已经不能满足需要。从20世纪60和70年代开始采用带桥式整流输出的三相60°相带绕组交流发电机作直流电源，为了进一步提高整流质量和电动机的有效材料利用率，之后又相继采用了六相30°相带和十二相15°相带绕组交流发电机。

本节即以普通的十二相15°相带绕组桥式整流输出的交流发电机系统为例，阐述发电机的设计特点、整流桥连接方式及整流特性等。

4.6.1 交流发电机的设计特点

十二相15°相带绕组是电动机在每对极距内电枢绕组所占的圆周等分为二十四个相带，每个相带宽为15°电角度。一相占据两个相带，一个正相带，另一个为负相带，它们可以接成串联，也可以接成并联，视设计需要而定。在空间互相差120°相带的三个绕组，通常接成Y联结结构，形成四个独立的三相对称系统，它们在空间上彼此互移15°电角度，构成一个不对称十二相系统。在对称负载下，二十四个相带中的电流矢量则构成对称系统，与对称的二十四相绕组完全相同，因此从电动机内部看，此种绕组是对称的二十四相系统，而从电动机外部看则是四 Y 移 15°的不对称十二相系统。

交流同步发电机在整流负载下单台运行和多台并联运行的稳定性问题应予以特别注意。交流整流发电机运行稳定性机理与普通交流发电机有很大区别，实践表明，作为柴油机—交流整流发电机的运行稳定性，不仅与柴油机调整系统、自动励磁调节装置性能有关，而且还与发电机本身的参数选择密切相关。

在发电机设计中必须对其功率因数、电磁兼容、降噪、减振等问题给予足够的重视，并采取适当的措施予以解决。

发电机多采用无刷励磁型交流同步发电机，为自励方式。发电机转子除发电机励磁转子外，还带有交流励磁机电枢和旋转整流器，从而构成典型的无刷同步发电机。其原理图如图4-20 所示。

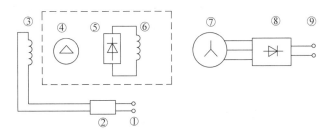

图 4-20 无刷同步发电机原理图

上图中各符号为：①来自发电机本身电源；②自动励磁调节器；③励磁机励磁绕组；④交流励磁机电枢；⑤旋转整流器；⑥发电机励磁绕组；⑦发电机电枢；⑧桥式整流器；⑨直流输出端。

发电机采用封闭式自通风结构：由于电动机转速高，且为恒速，采用轴带风扇即可解决发电机内各部件的通风和冷却，发电机的机座以及顶部的箱形罩体组成了电动机内部与外部环境（舱室）相隔绝的封闭壳体，同时顶部的海水冷却器将电动机各部件损耗所形成的热空气重新降温到 45°左右。由于封闭式壳体的隔离作用，舱室内的油雾与灰尘等也不易进入电动机，使发电动机内所有部件均处于相对好的环境之中，尤其是电动机绝缘所处环境条件得到改善，提高了绝缘电阻与发电机寿命。

发电机多采用整体式的双层结构。

发电机下层主要包括：发电机定子、转子、风扇、交流励磁机定子及转子、旋转整流器轴承等部件。发电机上层主要包括：空气冷却器、整流装置、励磁装置、励磁调节装置等部件，上下层之间在风路和电路上都是相通的。采用整体式结构的优点是：

1) 结构紧凑，各部件统一布置，空间利用率高；

2) 可以采用闭式自通风方式解决电动机内部各部分的冷却问题，在应急情况下亦可采用开式风冷；

3) 发电机交流电缆均封闭在壳体内直接连接到整流装置，引线距离短，对外界无线电干扰小。

4.6.2 十二相发电机整流桥连接方式及整流特性

十二相15°相带绕组交流发电机有四个互相位移15°的Y联结绕组，每个Y联结绕组各自接成三相桥式整流，根据设计需要，四个桥可以接成串联，也可以接成并联，还可以接两个桥并联后再串联以及两桥先串联后并联。其联接方式列于表4-1，无论哪一种连接方式，四个Y的中性点不连接在一起。其不同联接线路电流和电压波形的分析结果见表4-2。

表4-1 十二相15°相带绕组交流发电机整流线路图

	并 联	混 合 连 接		串 联
		并串连接	串并连接	
接线图				
特点	管压降小，功率因数低，需加均衡电抗器或换向电抗器提高功率因数，用于低压大电流用户	加均衡电抗器时，数量少于并联方式，但多于串联方式，接线亦较串并联麻烦	加均衡电抗器时，其数量及容量均少于并串联方式，连接较简单	管压降大，用于高压电流用户，不需增设均衡电抗器或换向电抗器，功率因数高
		优缺点介于并联与串联方式之间		

表 4-2 不同连接线路电流和电压波形的分析结果

整流方式 \ 项目	电压脉动系数	功率因数（即电流失真系数）
三相桥	5.7143%	$\frac{3}{\pi} = 0.9549$
六相30°桥并	1.3986%	$\frac{3}{\pi} \cdot 2\sqrt{2} \cdot \sin\frac{\pi}{12} = 0.6991$
六相30°桥串	1.3986%	$\frac{3}{\pi} = 0.9549$
十二相15°桥并	0.3478%	$\frac{3}{\pi} \cdot 4\sin\frac{\pi}{24} = 0.4986$
十二相15°桥并串	0.3478%	$\frac{3}{\pi} \cdot 2\sqrt{2} \cdot \sin\frac{\pi}{12} = 0.6991$
十二相15°桥串并	0.3478%	0.6811
十二相15°桥串	0.3478%	$\frac{3}{\pi} = 0.9549$

表内结果是在如下假定下得出的：整流桥在理想条件下运行，不考虑换相的延迟角，电压波形为正弦，负载为大电感，即认为负载电流为平直的直流电流。

从表中可以看到十二相15°相带电动机的整流电压脉动系数很小，只有0.35%，尚不到六相30°相带电动机的四分之一，高出三相桥式一个数量级，对于要求直流电压脉动系数小的场合极为适合。十二相15°相带电动机在非串联工况下相电流失真系数（即整流电动机的功率因数）较低，可通过每组整流桥在直流侧接入均衡电抗器加以解决，此时的波形失真系数可接近普通三相桥式整流的波形失真系数。

从表中可以看出，十二相桥串联方式中，不仅电压脉动系数小而且功率因数也最高，与三相桥式相同，故这种线路是比较理想的接线方式，但因其线路电压降较大，适合于高压小电流场合使用。混合连接方式中采用"串并联"方式较为合理，因此这种方式中的并联不均衡电压比"并串联"方式小。若采取接入电抗器来提高功率因数的措施，其电抗器不仅设计容量小且数量也少，适合于中、低电压场合。四桥并联接线方式简单、内阻小，适合于低压大电流场合。适当设计换向电抗值也可以不用均衡电抗器。

4.6.3 采用交—直系统的优点

船舶推进功率的增大要求直流电源功率越来越大，大功率电子器件的迅速发展及其可靠性的提高，使采用交流发电机带桥式整流输出的直流电源代替换向器式直流发电机成为可能，此种交—直系统尤其是采用十二相桥式整流的系统具有一系列优点：

1）可以采用高经济性、高转速原动机与交流发电机直接耦合，省去了减速传动装置，这样发电机的频率可以提高，缩小了发电机乃至整个机组的尺寸；同时螺旋桨推进器的转速及其调节可以做到与原动机的转速无关；

2）采用十二相15°相带绕组交流发电机整流系统的突出优点是大大减少了由于非正弦电流产生的空间谐波磁势，从而减少了发电机的转子表面损耗、电动机的电磁振动以及噪声干扰等；

3）在相同的发电机转速与极数下，十二相系统有较高的整流品质，如在电压波形为正弦的条件下，整流电压的纹波系数，三相系统为4.1967%，六相系统为1.0282%、十二相系统为0.2559%；

4）在相同几何尺寸与有效材料消耗情况下，六相发电机比三相发电机出力可提高6.2631%，十二相发电机比三相发电机出力可提高7.8731%，如果考虑到十二相发电机谐波磁势的大量减少，对其进行合理设计，出力还可进一步提高；

5）采用十二相系统可以提高整流电压脉动分量的频率，有利于消除低频干扰，如十二相12极1500r/min发电机的整流电压脉动分量的基频为3600Hz；

6）与三相系统相比，采用十二相系统或六相系统，在发电机与整流器之间不需要变压器，可减少设备占地空间与投资成本；

7）由于采用交流发电机，电动机运行的可靠性提高，便于操作和维修；

8）作蓄电池充电用的发电机时，十二相整流发电机充电电流脉动功率小，由此而引起的电磁干扰也大大减少；

9）十二相电动机的不均衡电动势较低，均衡电抗器的设计容量可大大降低；

10）利用十二相电机的四组整流桥的串并联连接，可做成幅压直流发电机，作为推进电动机电源时，可提高拖动电动机的调速范围。

4.7 船舶直流电力推进控制案例

某型电力推进消磁船在消磁作业时发电机为消磁系统提供电能，航行时则为推进电动机提供能量。该船有两台直流发电机和两台直流推进电动机，采用了典型 G – M 系统调节控制方式。

直流发电机功率为1380kW，额定电压为600V，额定电流为2300A，转速为750r/min，直流推进电动机的功率为1330kW，额定电压为580V，额定电流为2300A，转速为500r/min。

消磁、电力推进控制系统的成套设备用在消磁船上，进行消磁作业或航行作业时用于控制两台发电机和两台推进电动机的各种操作和运行。进行消磁作业时发电机控制系统对用作消磁的两台直流发电机实施控制，完成要求的各种消磁脉冲电流输出。通常情况下，电力推进航行作业时，发电机控制系统和电动机控制系统同时投入运行，分别管理两台发电机和两台电动机完成要求的航行。

本系统主要由励磁调节部分、主回路控制设备及继电控制组成。其关键设备采用了西门子（SIEMENS）公司的 S7 - 400、可编程控制器（PLC）、配备 OP37 和 SIMOREG K

6RA24 系列全数字直流传动装置。PLC 完成对消磁或电力推进工况所要求的主回路构建和全系统的控制管理。6RA24 以直接数字控制的方式满足四台电动机的励磁调节方式。组成框图如图 4-21 所示。

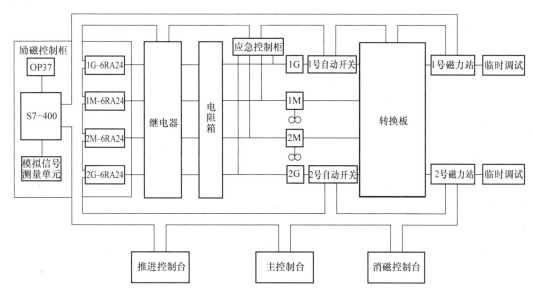

图 4-21　某型号电力推进消磁船组成框图

第 5 章
船舶交流电力推进系统及其变频器

交流电力推进系统的主要特点是主回路电流为交流,推进电动机一般采用交流电动机,它由变频器直接驱动。本章将介绍交流电力推进系统基本概况,重点分析推进变频器及其所用的功率器件。

5.1 交流电力推进系统概述

交流电力推进系统由原动机、交流发电机、推进变频器、交流推进电动机及其控制装置和推进器等组成。如图 5-1 所示。

交流电力推进系统与直流电力推进系统相比,具有一系列优点:

1) 交流电动机的极限容量大。交流电动机的极限容量通常为

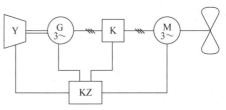

图 5-1 交流电力推进系统方框图
K—变频器 KZ—控制装置 Y—原动机
G—交流发电机 M—交流电动机

$$P \cdot n \leq 450 \times 10^8 \, \text{kW} \cdot \text{r/min}$$

式中,P 为电动机功率(kW);n 为电动机转速(r/min)。

而直流电动机的极限容量只有交流电动机的百分之一。

2) 降低了电动机的总损耗,提高了效率。交流电动机的效率比直流电动机高 2%~3%。

3) 可以采用较高的电压。目前,直流电力推进系统采用的最高电压为 1000V。而交流电力推进系统的电压可达 10kV,从而减轻了电动机、电器和电缆的重量。

4) 交流电动机的结构比直流电动机简单,维护方便。

总之,交流电力推进系统具有容量大、重量轻、尺寸小、成本低、维修简单等优点。这些优点在大功率推进系统中更为显著。20 世纪 70 年代以前,由于电力电子器件的局限性,交流电力推进的调速主要通过改变原动机的转速来进行变频调节;为了使推进电动机反转,必须换接主电路的相序;当交流发电机并联运行时,为了在调速、反转过程中使各台发电机负载分配均匀,还必须保证所有的发电机同步运行。这些都增加了交流配电设备和控制装置的复杂性,使交流电力推进的应用受到很大限制。

进入 20 世纪 80 年代以来,伴随着电力电子技术、微电子技术和现代电动机控制理论的迅速发展,交流调速技术逐渐成熟起来,使得交流电动机具备了宽调速范围、高稳态精度、快速动态反应以及四象限运行等良好性能,已经达到甚至超过了直流电动机,使得交流电力推进逐步取代直流电力推进而成为主流。

交流电力推进系统主要设备的参数如下:

1. 推进电动机功率

船舶航速或推力的需求决定着推进电动机的功率。一般船舶有经济航速和航海裕度要

求,特种船舶还有动力定位推力功率、拖带作业航速及低速航行等要求,相应有不同的功率,推进电动机额定功率必然由其中最大值来确定。

舰艇相对民用船舶具有更高的机动性要求,其推进电动机的功率主要取决于其设计的最高航速。

2. 电站机组数量及负载率

交流电力推进系统一般采用中心电站供电方式,该电站还同时向电网其他用电负载供电,而且在船舶不同工况状态具有不同的供电要求。因此,电站机组数量应使其在各个工况状态均具有最佳效率的负载率,便于电站功率管理系统能灵活地按负载要求增减运行机组。

一般非电力推进船舶电站的负载率在85%~90%是合理的。以电站容量400kW为例,则有40~60kW的裕量储备。而在电力推进船舶中,由于船舶电站的主要容量是供给电力推进负载的,其绝对值又较常规电站大得多,因此其负载率要高于常规电站的才更合理,否则会使电站裕量储备过大而浪费。目前对大容量船舶电站的负载率没有任何规定和探讨,民用船舶在95%左右是合理可行的。以电站容量6000kW为例,95%负载率则有300kW的裕量储备,接近于一个常规电站的总容量,足够应对电站负载变化的需要。

由于舰艇必须优先考虑推进系统的可靠性和战斗受损后的机动性要求,因此电站机组的冗余较大,负载率较低。

3. 电压等级

交流电力推进系统所采用的电压主要与推进系统的功率有关,目前尚未标准化。常见的船舶电力推进的电压等级有:690V、1100V、3.3kV、6.6kV等几档。根据已建造和使用的交流电力推进船舶来看,随功率的不同,所使用的电压等级上限大致如下:

1000kW 以下	690V
1000~2500kW	1100V
2500~15000kW	3300V
15000kW 以上	6600V

推进电动机每相电流通常在下列范围内:

小功率装置	1000~1200A
中功率装置	1200~1500A
大功率装置	1500~2000A

特殊情况下,电流可超出上述范围。若采用多相电动机,相电流会相应减小。

4. 变频器型式

交流变频器分为间接变频(交-直-交变频)及直接变频(交-交)两大类,间接变频器拓扑结构灵活多样,如单相单臂型、多电平结构、H桥型结构等。

船舶从正车突然倒车或从高速降到低速过程中,有再生电能反馈。其有两种吸收方式,一种是通过制动控制单元接通制动电阻,消耗在电阻发热上面;另一种是通过可逆整流器向电网反馈,减少发电机输出。前者变频器简单,适用于机动操纵不频繁的船舶,使制动电阻容量不致很庞大;后者的变频器复杂价格昂贵,适用于机动操纵频繁的船舶,但尚需核算电网负载能吸收的反馈能量限额,不致使柴油机停车。

5. 螺旋桨型式

柴油机直接推进系统中,为了改善调速性能常采用变螺距螺旋桨,它将定螺距调速变推力改成定速螺旋桨调螺距变推力,可以弥补柴油机调速范围有限的缺点。

交流电力推进系统中,由于电动机可无级调速且在低速时可产生大转矩,即小功率大转矩性能,更优于变螺距螺旋桨的性能,其性能比较见表5-1。

表5-1 定螺距螺旋桨与变螺距螺旋桨性能比较(电力推进系统)

推进器型式		定螺距螺旋桨	变螺距螺旋桨
机械特性	高速	大功率大转矩	大功率大转矩
	低速	小功率大转矩	小功率小转矩
运行效率		在所有船舶速度上相同	只在设计点是最好的
反转响应		转矩大、快	转矩小、慢
制动距离		短	长
制造		简单	复杂
可靠性		高	低
价格		便宜	贵
一般结论		大于1000kW的主推进首选配置	可作为小于1000kW的侧推装置

5.2 推进变频器用大功率电力电子器件

5.2.1 电力二极管

电力二极管自20世纪50年代初期就获得应用,当时也被称为半导体整流器。虽然是不可控器件,但其结构和原理简单,工作可靠,所以,直到现在电力二极管仍然大量应用于许多电气设备当中,特别是快恢复二极管和肖特基二极管,仍分别在中、高频整流和逆变以及低压高频整流的场合具有不可替代的地位。

1. 电力二极管的工作原理

电力二极管的基本结构和工作原理与信息电子电路中的二极管是一样的,都是以半导体PN结为基础的。电力二极管实际上是由一个面积较大的PN结和两端引线以及封装组成的,如图5-2所示为电力二极管的外形、结构和电气图形符号。从外形上看,电力二极管主要有螺栓型和平板型两种封装。

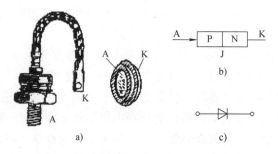

图5-2 电力二极管的外形、结构和电气图形符号
a) 外形 b) 结构 c) 电气图形符号

当PN结外加正向电压(正向偏置)时,即外加电压的正端接P区、负端接N区时,在外

电路上则形成自 P 区流入而从 N 区流出的电流,称为正向电流 I_F。当外加电压升高时,电流进一步增加,这就是 PN 结的正向导通状态。当 PN 结上流过的正向电流较小时,二极管的电阻阻值较高且为常量,因而管压降随正向电流的上升而增加;当 PN 结上流过的正向电流较大时,电阻率明显下降,电导率大大增加,这就是电导调制效应。电导调制效应使得 PN 结在正向电流较大时压降仍然很低,维持在 1V 左右,所以正向偏置的 PN 结表现为低阻态。

当 PN 结外加反向电压(反向偏置)时,在外电路上则形成自 N 区流入而从 P 区流出的电流,称之为反向电流 I_R,I_R 一般很小,仅为微安数量级,因此反向偏置的 PN 结表现为高阻态,几乎没有电流流过,被称为反向截止状态。这就是 PN 结的单向导电性,二极管的基本原理就在于 PN 结的单向导电性这个主要特征。

PN 结具有一定的反向耐压能力,但当施加的反向电压过大,反向电流将会急剧增大,破坏 PN 结反向偏置为截止的工作状态,这就叫反向击穿。反向击穿发生时,只要外电路中采取了措施,将反向电流限制在一定范围内,则当反向电压降低后 PN 结仍可恢复原来的状态。但如果反向电流未被限制住,使得反向电流和反向电压的乘积超过了 PN 结容许的耗散功率,就会因热量散发不出去而导致 PN 结温度上升,直至过热而烧毁,这就是热击穿。

2. 电力二极管的基本特性

电力二极管的特性主要是指其伏安特性,如图 5-3 所示。当电力二极管承受的正向电压大到一定值(门槛电压 U_{TO}),正向电流才开始明显增加,处于稳定导通状态,与正向电流 I_F 对应的电力二极管两端的电压 U_F 即为其正向电压降。当电力二极管承受反向电压时,只有少子引起的微小而数值恒定的反向漏电流。

3. 电力二极管的主要参数

(1) 正向平均电流 $I_{F(AV)}$ 指电力二极管长期运行时,在指定的管壳温度(简称壳温,用 T_C 表示)和散热条件

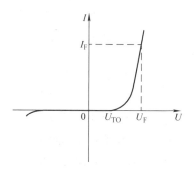

图 5-3 电力二极管的伏安特性

下,其允许流过的最大工频正弦半波电流的平均值。在此电流下,管子的正向压降引起的损耗造成的结温升高不会超过所允许的最高工作结温,这也是标称其额定电流的参数。可以看出,正向平均电流是按照电流的发热效应来定义的,因此在使用时应按照工作中实际波形的电流与正向平均电流所造成的发热效应相等,即有效值相等的原则来选取电力二极管的电流定额,并应留有一定的裕量。通过对正弦半波电流的换算可知,正向平均电流 $I_{F(AV)}$ 对应的有效值为 $1.57 I_{F(AV)}$。不过,应该注意的是,当用在频率较高的场合时,电力二极管的发热原因除了正向电流造成的通态损耗外,其开关损耗也往往不能忽略。当采用反向漏电流较大的电力二极管时,其断态损耗造成的发热效应也不小。在选择电力二极管正向电流定额时,这些都应加以考虑。

(2) 正向压降 U_F 指电力二极管在指定温度下,流过某一指定的稳态正向电流时对应的正向压降。有时候,其参数表中也给出在指定温度下流过某一瞬态正向大电流时电力二极管的最大瞬时正向压降。

(3) 反向重复峰值电压 U_{RRM} 指对电力二极管所能重复施加的反向最高峰值电压,通常是其雪崩击穿电压 U_B 的 2/3。使用时,往往按照电路中电力二极管可能承受的反向最高峰值电压的两倍来选定此项参数。

(4) 最高工作结温 T_{JM}　结温是指管芯 PN 结的平均温度，用 T_J 表示。最高工作结温是指在 PN 结不致损坏的前提下所能承受的最高平均温度，用 T_{JM} 表示。T_{JM} 通常在 127～175℃ 范围之内。

(5) 浪涌电流 I_{FSM}　指电力二极管所能承受的最大的连续一个或几个工频周期的过电流。

4. 电力二极管的主要类型

电力二极管在许多电力电子电路中都有着广泛的应用。可以在交流－直流变换电路中作为整流器件，也可以在电能需要适当释放的电路中作为续流器件，还可以在各种逆变电路中作为电压隔离、钳位或保护器件。在实际应用中，应根据不同场合的不同要求，选择相应类型的电力二极管。

(1) 普通二极管　普通二极管又称整流二极管，多用于开关频率不高（1kHz 以下）的整流电路中。其反向恢复时间较长，一般在 5μs 以上，这在开关频率不高时并不重要，在参数表中甚至不列出这一参数。但其正向电流定额和反向电压定额却可以达到很高，分别可达数千安和数千伏以上。

(2) 快恢复二极管　恢复过程很短，特别是反向恢复过程很短（一般在 5μs 以下）的二极管被称为快恢复二极管，简称快速二极管。快恢复二极管从性能上可分为快速恢复和超快速恢复两个等级，前者反向恢复时间为数百纳秒或更长，后者则在 100ns 以下，甚至达到 20～30ns。

(3) 肖特基二极管　以金属和半导体接触形成的势垒为基础的二极管称为肖特基势垒二极管，简称为肖特基二极管。与以 PN 结为基础的电力二极管相比，肖特基二极管的优点在于：反向恢复时间很短（10～40ns），正向恢复过程中也不会有明显的电压过冲，在反向耐压较低的情况下其正向压降也很小，明显低于快恢复二极管，因此其开关损耗和正向导通损耗都比快速二极管还要小。肖特基二极管的弱点在于：当所能承受的反向耐压提高时其正向压降也会高得不能满足要求，因此多用于 200V 以下的低压场合；反向漏电流较大且对温度敏感，因此反向稳态损耗不能忽略，而且必须更严格地限制其工作温度。

5.2.2　晶闸管

晶闸管是晶体闸流管的简称，旧称可控硅整流器（SCR），简称为可控硅。在电力二极管开始得到应用后不久，1956 年美国贝尔实验室发明了晶闸管，到 1957 年美国通用电气公司开发出了世界上第一只晶闸管产品，并于 1958 年使其商业化。自 20 世纪 80 年代以来，晶闸管的地位逐渐被各种性能更好的全控型器件所取代，但是由于其能承受的电压和电流容量仍然是目前电力电子器件中最高的，而且工作可靠，因此在大容量的应用场合仍然具有比较重要的地位。

1. 晶闸管的结构与工作原理

如图 5-4 所示为晶闸管的外形、结构和电气图形符号。从外形上来看，晶闸管也主要有螺栓型和平板型两种封装结构，均引出阳极 A、阴极 K 和门极（控制端）G 三个连接端。对于螺栓型封装，通常螺栓是其阳极，做成螺栓状是为了能与散热器紧密连接且安装方便。另一侧较粗的端子为阴极，细的为门极。平板型封装的晶闸管可由两个散热器将其夹在中间，其两个平面分别是阳极和阴极，引出的细长端子为门极。

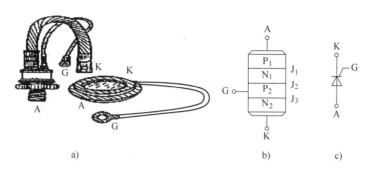

图 5-4 晶闸管的外形
a）外形　b）结构和电气图形符号　c）电气图形符号

晶闸管内部是 PNPN 四层半导体结构，分别命名为 P_1、N_1、P_2、N_2 四个区。P_1 区引出阳极 A，N_2 区引出阴极 K，P_2 区引出门极 G。四个区形成 J_1、J_2、J_3 三个 PN 结。如果正向电压（阳极高于阴极）加到器件上，则 J_2 处于反向偏置状态，器件 A、K 两端之间处于阻断状态，只能流过很小的漏电流。如果反向电压加到器件上，则 J_1 和 J_3 反偏，该器件也处于阻断状态，仅有极小的反向漏电流通过。

晶闸管导通的工作原理可以用双晶体管模型来解释，如图 5-5 所示。如在器件上取一倾斜的截面，则晶闸管可以看作由 $P_1N_1P_2$ 和 $N_1P_2N_2$ 构成的两个晶体管 V_1、V_2 组合而成。如果外电路向门极注入电流 I_G，也就是注入驱动电流，则 I_G 流入晶体管 V_2 的基极，即产生集电极电流 I_{c2}，它构成晶体管 V_1 的基极电流，放大成集电极电流 I_{c1}，又进一步增大 V_2 的基极电流，如此形成强烈的正反馈，最后 V_1 和 V_2 进入完全饱和状态，即晶闸管导通，此时如果撤掉外电路注入门极的电流 I_G，晶闸管由于内部已形成了强烈的

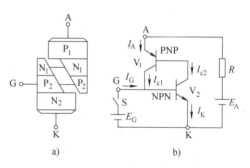

图 5-5 晶闸管的双晶体管模型及其工作原理
a）双晶体管模型　b）工作原理

正反馈，会仍然维持导通状态。而若要使晶闸管关断，必须去掉阳极所加的正向电压，或者给阳极施加反压，或者设法使流过晶闸管的电流降低到接近于零的某一数值以下，晶闸管才能关断。所以，对晶闸管的驱动过程更多的是称为触发，产生注入门极的触发电流 I_G 的电路称为门极触发电路。也正是由于通过其门极只能控制其开通，不能控制其关断，晶闸管才被称为半控型器件。

2. 晶闸管的基本特性

晶闸管正常工作时的特性可以归纳如下：

1）当晶闸管承受反向电压时，不论门极是否有触发电流，晶闸管都不会导通；

2）当晶闸管承受正向电压时，仅在门极有触发电流的情况下晶闸管才能导通；

3）晶闸管一旦导通，门极就失去控制作用，不论门极触发电流是否还存在，晶闸管都保持导通；

4）若要使已导通的晶闸管关断，只能利用外加电压和外电路的作用使流过晶闸管的电

流降到接近于零的某一数值以下。

以上特点反映到晶闸管的伏安特性上则如图 5-6 所示。位于第一象限的是正向特性，位于第三象限的是反向特性。当 $I_G = 0$ 时，如果在器件两端施加正向电压，则晶闸管处于正向阻断状态，只有很小的正向漏电流流过。如果正向电压超过临界极限即正向转折电压 U_{bo}，则漏电流急剧增大，器件导通（由高阻区经虚线负阻区到低阻区）。随着门极电流幅值的增大，正向转折电压降低。导通后的晶闸管特性和二极管的正向特性相仿，即使通过较大的阳极电流，晶闸管本身的压降也很小，在 1V 左右。导通期间，如果门极电流为零，并且阳极电流降至接近于零的某一数值 I_H 以下，则晶闸管又回到正向阻断状态，I_H 称为维持电流。当在晶闸管上施加反向电压时，其伏安特性类似二极管的反向特性。晶闸管

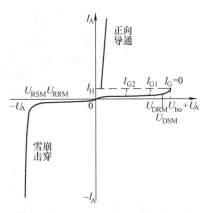

图 5-6　晶闸管的伏安特性 $I_{G2} > I_{G1} > I_G$

处于反向阻断状态时，只有极小的反向漏电流通过。当反向电压超过一定限度，到反向击穿电压后，外电路如无限制措施，则反向漏电流急剧增大，导致晶闸管发热损坏。

晶闸管的门极触发电流是从门极流入晶闸管，从阴极流出的，阴极是晶闸管主电路与控制电路的公共端。门极触发电流也往往是通过触发电路在门极和阴极之间施加触发电压而产生的。从晶闸管的结构图可以看出，门极和阴极之间是一个 PN 结 J_3，其伏安特性称为门极伏安特性。为了保证可靠、安全地触发，门极触发电路所提供的触发电压、触发电流和功率都应限制在晶闸管门极伏安特性曲线中的可靠触发区内。

3. 晶闸管的主要参数

普通晶闸管在反向稳态下，一定是处于阻断状态。而与电力二极管不同的是，晶闸管在正向工作时不但可能处于导通状态，也可能处于阻断状态。因此，在提到晶闸管的参数时，断态和通态都是为了区分正向的不同状态，因此"正向"二字可省去。此外，各项主要参数的给出往往是与晶闸管的结温相联系的，在实际应用时都应注意参考器件参数和特性曲线的具体规定。

（1）电压定额

1）**断态重复峰值电压 U_{DRM}**：断态重复峰值电压是在门极断路而结温为额定值时，允许重复加在器件上的正向峰值电压，国标规定重复频率为 50Hz，每次持续时间不超过 10ms。规定断态重复峰值电压 U_{DRM} 为断态不重复峰值电压（即断态最大瞬时电压）U_{DSM} 的 90%。断态不重复峰值电压应低于正向转折电压 U_{b0}，所留裕量大小由生产厂家自行规定。

2）**反向重复峰值电压 U_{RRM}**：反向重复峰值电压是在门极断路而结温为额定值时，允许重复加在器件上的反向峰值电压。规定反向重复峰值电压 U_{RRM} 为反向不重复峰值电压（即反向最大瞬态电压）U_{RSM} 的 90%。反向不重复峰值电压应低于反向击穿电压，所留裕量大小由生产厂家自行规定。

3）**通态（峰值）电压 U_{TM}**：这是晶闸管通以某一规定倍数的额定通态平均电流时的瞬态峰值电压。

通常取晶闸管的 U_{DRM} 和 U_{RRM} 中较小的标值作为该器件的额定电压。选用时，额定电压

要留有一定裕量，一般取额定电压为正常工作时晶闸管所承受峰值电压的 2~3 倍。

（2）电流定额

1）通态平均电流 $I_{T(AV)}$：国标规定通态平均电流为晶闸管在环境温度为 40℃ 和规定的冷却状态下，稳定结温不超过额定结温时所允许流过的最大工频正弦半波电流的平均值。这也是标称其额定电流的参数。同电力二极管一样，这个参数是按照正向电流造成的器件本身的通态损耗的发热效应来定义的。因此在使用时同样应按照实际波形的电流与通态平均电流所造成的发热效应相等，即有效值相等的原则来选取晶闸管的此项电流定额，并应留有一定的裕量。一般取其通态平均电流为按此原则所得计算结果的 1.5~2 倍。

2）维持电流 I_H：维持电流是指使晶闸管维持导通所必需的最小电流，一般为几十到几百毫安。I_H 与结温有关，结温越高，则 I_H 越小。

3）擎住电流 I_L：擎住电流是晶闸管刚从断态转入通态并移除触发信号后，能维持导通所需的最小电流。对同一晶闸管来说，通常 I_L 约为 I_H 的 2~4 倍。

4）浪涌电流 I_{TSM}：浪涌电流是指由于电路异常情况引起的使结温超过额定结温的不重复性最大正向过载电流。浪涌电流有上下两个级，这个参数可用来作为设计保护电路的依据。

5.2.3 门极关断晶闸管（GTO）

门极关断晶闸管（Gate-Turn-Off Thyristor，GTO）是晶闸管的一种派生器件，但可以通过在门极施加负的脉冲电流使其关断，因而属于全控型器件。GTO 的许多性能虽然与绝缘栅双极型晶体管、电力场效应晶体管相比要差，但其电压、电流容量较大，与普通晶闸管接近，因而在兆瓦级以上的大功率场合仍有较多的应用。

1. GTO 的结构和工作原理

GTO 和普通晶闸管一样，是 PNPN 四层半导体结构，外部也是引出阳极、阴极和门极。但和普通晶闸管不同的是，GTO 是一种多元的功率集成器件，虽然外部同样引出三个极，但内部则包含数十个甚至数百个共阳极的小 GTO 元，这些 GTO 元的阴极和门极则在器件内部并联在一起。这种特殊结构是为了便于实现门极控制关断而设计的。图 5-7a 和 b 分别给出了典型的 GTO 各单元阴极、门极间隔排列的图形和其并联单元结构的断面示意图，图 5-7c 是 GTO 的电气图形符号。

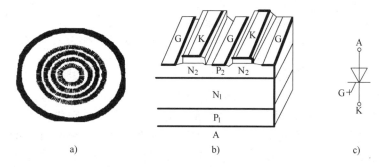

图 5-7 GTO 的内部结构和电气图形符号

a）各单元的阴极、门极间隔排列的图形　b）并联单元结构断面示意图　c）电气图形符号

GTO 的导通与普通晶闸管一样，是通过给 GK 间施加正向电压，向门极（G 极）注入电流

来实现的。而关断时,给门极加负脉冲电流,即从门极抽出电流,让器件撤出饱和而关断。

2. GTO 的主要参数

GTO 的许多参数都和普通晶闸管相应的参数意义相同。这里只简单介绍一些意义不同的参数。

1) 最大关断阳极电流 I_{ATO}。这也是用来标称 GTO 额定电流的参数。这一点与普通晶闸管用通态平均电流作为额定电流是不同的。

2) 电流关断增益 β_{off}。最大可关断阳极电流与门极负脉冲电流最大值 I_{GM} 之比称为电流关断增益,即 β_{off} 一般很小,只有 5 左右,这是 GTO 的一个主要缺点。一个 1000A 的 GTO,关断时门极负脉冲电流的峰值达 200A,这是一个相当大的数值。

5.2.4 绝缘栅双极型晶体管(IGBT)

GTR 和 GTO 是双极型电流驱动器件,由于具有电导调制效应,所以其通流能力很强,但开关速度较低,所需驱动功率大,驱动电路复杂。而电力 MOSFET 是单极型电压驱动器件,开关速度快,输入阻抗高,热稳定性好,所需驱动功率小而且驱动电路简单。将这两类器件相互取长补短适当结合而成的复合器件,通常称为 Bi-MOS 器件。绝缘栅双极型晶体管(IGBT)综合了 GTR 和 MOSFET 的优点,因而具有良好的特性。因此,自其 1986 年开始投入市场,就迅速扩展了其应用领域,成为中小功率电力电子设备的主导器件,并在继续努力提高电压和电流容量,以期再取代 GTO 的地位。

1. IGBT 的结构和工作原理

IGBT 也是三端器件,具有栅极 G、集电极 C 和发射极 E。图 5-8a 给出了 IGBT 的基本结构。

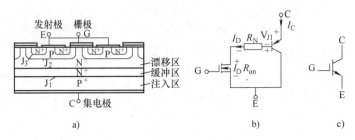

图 5-8 IGBT 的结构、等效电路及电气符号
a) 内部结构断面示意图 b) 简化等效电路 c) 电气图形符号

图 5-8 中 R_N 为晶体管基区内的调制电阻。因此,IGBT 的驱动原理与电力 MOSFET 基本相同,它是一种场控器件。其开通和关断是由栅极和发射极间的电压 U_{GE} 决定的,当 U_{GE} 为正且大于开启电压 $U_{GE(th)}$ 时,MOSFET 内形成沟道,并为晶体管提供基极电流进而使 IGBT 导通。由于前面提到的电导调制效应,使得电阻 R_N 减小,这样高耐压的 IGBT 也具有很小的通态压降。当栅极与发射极间施加反向电压或不加信号时,MOSFET 内的沟道消失,晶体管的基极电流被切断,使得 IGBT 关断。

2. IGBT 的基本特性

图 5-9a 所示为 IGBT 的转移特性,它描述的是集电极电流 I_C 与栅射电压 U_{GE} 之间的关系,与电力 MOSFET 的转移特性类似。开启电压 $U_{GE(th)}$ 是 IGBT 能实现电导调制而导通的最

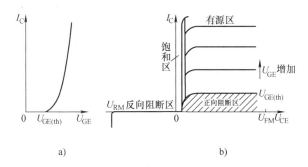

图 5-9 IGBT 的转移特性和输出特性
a）转移特性 b）输出特性

低栅射电压。$U_{GE(th)}$ 随温度升高而略有下降，温度每升高上 1℃，其值下降 5mV 左右。在 +25℃时，$U_{GE(th)}$ 的值一般为 2~6V。

图 5-9b 所示为 IGBT 的输出特性，也称伏安特性，它描述的是以栅-射电压为参考变量时，集电极电流 I_C 与集-射极间电压 U_{CE} 之间的关系。此特性与 GTR 的输出特性相似，IGBT 的输出特性也分为三个区域：正向阻断区、有源区和饱和区。这分别与 GTR 的截止区、放大区和饱和区相对应。此外，当 $U_{GE}<0$ 时，IGBT 为反向阻断工作状态。在电力电子电路中，IGBT 工作在开关状态，因而是在正向阻断区和饱和区之间来回转换。

IGBT 的特性和参数特点可以总结如下：

1）IGBT 开关速度高，开关损耗小。有关资料表明，在电压 1000V 以上时，IGBT 的开关损耗只有 GTR 的 1/10，与电力 MOSFET 相当；

2）在相同电压和电流定额的情况下，IGBT 的安全工作区比 GTR 大，而且具有耐脉冲电流冲击的能力；

3）IGBT 的通态压降比 MOSFET 低，特别是在电流较大的区域；

4）IGBT 的输入阻抗高，其输入特性与电力 MOSFET 类似；

5）与电力 MOSFET 和 GTR 相比，IGBT 的耐压和通流能力还可以进一步提高，同时可保持开关频率高的特点。

5.2.5 集成门极换流晶闸管（IGCT）

集成门极换流晶闸管（Integrated Gate Commutated Thyristor，IGCT）是从 GTO 发展出来的新型器件。从近些年的工业应用可以看出，GTO 正逐渐被 IGCT 取代。由于 IGCT 具有无须吸收电路和低开关损耗的特点，使它已成为中压传动的首选器件之一。

图 5-10 IGCT 及其电气符号

IGCT 的核心技术包括：硅片的重大改进、门极驱动电路和器件的封装形式。IGCT 的硅片比 GTO 的硅片要薄很多，使得通态功率有了很大的降低。IGCT 的门极驱动采用特殊的环形封装，使得门极电感非常小（通常低于 5nH），因此无须吸收电路。IGCT 关断时，其门极电流的变化率通常可以高于 3000A/μs，而 GTO 的只有 40A/μs。由于 IGCT 内部集成了驱动电路，用户只需为其提供 20～30V 的直流电源供电即可，驱动电路与系统控制器的连接采用两条光纤，以传输通断控制信号和器件故障反馈信号。

一些制造厂商可以提供 6kV/6kA 等级的 IGCT。此外，10kV 的 IGCT 在技术上也是可行的，其发展应用主要取决于市场的需求。

IGCT 可分为非对称型、反向导通型和对称型三种。非对称型 IGCT 一般用于电压源型变频器，这种应用不需要开关器件具有反向电压阻断能力。反向导通型 IGCT 内部集成了续流二极管，降低了封装成本及体积，而对称型 IGCT 则用于电流源型变频器中。

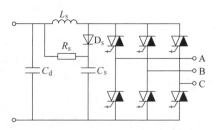

由于 IGCT 所允许的最大导通电流变化率 di/dt 约为 1000A/μs，因此通常需要一个导通吸收电路，其典型应用如图 5-11 所示。在这个电路中，当 6 个 IGCT 中的某一个被触发导通时，缓冲电感 L_S 限制了阳极电流的上升率，电感中存储的能量则部分被消耗在电阻 R_S 上。变频器中的 6 个 IGCT 可以共用一个吸收电路。

图 5-11 IGCT 导通时的 di/dt 吸收电路图

5.2.6 电子注入增强栅晶体管（IEGT）

电子注入增强栅晶体管（Injection Enhanced Gate Transistor，IEGT），它是电压驱动型带 MOS 栅极，能控制大电流的电力电子器件。日本东芝公司开发的 IEGT 利用了电子注入增强效应，通过采取增强注入的结构实现了低通态电压，使之兼有 IGBT 和 GTO 两者的优点：低饱和压降，宽安全工作区（吸收回路容量仅为 GTO 的 1/10 左右），低栅极驱动功率（比 GTO 低两个数量级）和较高的工作频率。IEGT 具有作为 MOS 系列电力电子器件的潜在发展前景，具有低损耗、高速动作、高耐压、有栅源驱动智能化等特点，以及采用沟槽结构和多芯片并联而自均流的特性，使其在进一步扩大电流容量方面颇具潜力。目前，器件可靠性高，容量已达到 6kV/2500A 的水平。

1. IEGT 的基本结构与工作原理

IEGT 是一个三端器件，对外引出三个端子，分别为集电极 C、发射极 E 和栅极 G，其电气符号如图 5-12 所示。IEGT 和 IGBT 的结构非常相似，不同之处在于 IEGT 栅极宽度较大，这对于其性能有很大影响。IEGT 的封装形式有平面型和刻槽型两种。通常刻槽工艺的 IEGT 其饱和压降要比平面工艺的 IEGT 低很多。

IEGT 的开通过程如图 5-13 所示，使器件呈正向偏置（即集电极、栅极加正电压，发射极接地）。当栅极电压高于临界值时，靠近 SiO_2 附近的 P 型层表面形成反向势垒，它使发射极和集电极之间有了一条电子通

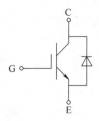

图 5-12 IEGT 的电气符号

道,即 N 沟道。这样,电子经发射极 E、N^+ 层、N 沟道,进入 N^- 基区,同时空穴也从集电极发射到 P 基区中,由于 N^- 层电子浓度不大,部分空穴经过此处的 PN 结,也进入 N^- 基区。由于 IEGT 的栅极宽度较大,其中只有一小部分直接到达 P^+ 层,并最终进入发射极,多数空穴则到达对面靠近栅极的地方,并在这里堆积起来,形成图中的积累层。这些空穴可以吸引从 N^- 隧道中出来的电子,使电子发射显著增强,N^- 基区中的电子浓度随之增高。以后重复上述过程,最终达到动态平衡,N^- 基区中充满了电子,导通过程完成。

关断过程中,首先给栅极加上负电压,这样,P^+ 区中的 N 沟道就消失了,电子流的通道被切断,发射极的电子停止发射,N^- 区中的电子浓度随之迅速下降,在 N^- 区中的电子和此处的空穴复合消失,因此空穴浓度也大幅度下降,这样,P^+ 和 N^- 间的 PN 结就得到了恢复的机会,空穴流通途径也被阻断,N^- 区中的载流子一部分进入发射极或者集电极,另外一部分则在 N^- 区中复合。当组件中

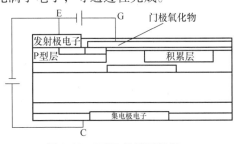

图 5-13 IEGT 的导通机理

的载流子浓度低到一定程度时,关断过程就完成了。IEGT 的关断过程和 IGBT 非常相似,所以,和 IGBT 一样,IEGT 也具有关断速度快、损耗低和安全工作区域较宽的优点。

2. IEGT 的基本特性

(1) 导通特性 IEGT 的开通特性如图 5-14a 所示,当栅极外加控制信号由 0V 跃变为 +15V 时,对栅-射极之间的分布电容 C_{GE} 充电,栅-射极的驱动电压 U_{GE} 经过一段时间延迟 $t_{d(on)}$ 后,由 -15V 上升到栅-射极开通电压 $U_{GE(on)}$,I_C 缓慢上升。在此阶段,由于位移电流的影响,U_{GE} 和 U_{CE} 基本不变;随着 I_C 的增加,C_{GE} 的影响迅速减小,U_{GE} 由 $U_{GE(on)}$ 快速上升到 +15V,I_C 快速上升到最大值,此后 U_{CE} 电压迅速下降到通态饱和电压 $U_{CE(sat)}$,I_C 达到稳态值,IEGT 完成导通过程。

(2) 关断特性 IEGT 的关断特性如图 5-14b 所示,当栅极外加控制信号由 +15V 跃变为 0V 时,对栅-射极之间的分布电容 C_{GE} 放电,栅-射极的驱动电压 U_{GE} 经过一段时间延迟 $t_{d(off)}$ 后,由 +15V 下降到栅-射极间关断电压 $U_{GE(off)}$,此后 U_{CE} 缓慢上升,由于位移电流的影响,I_C 和 U_{CE} 基本不变;随着 U_{CE} 的增加,C_{GE} 的影响迅速减小,U_{GE} 由 $U_{GE(off)}$ 快速下降到

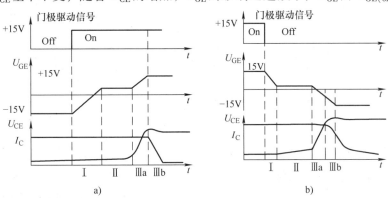

图 5-14 IEGT 的导通机理的开关特性
a) IEGT 的导通特性 b) IEGT 的关断特性

-15V，U_{CE}快速上升到最大值，I_C迅速下降，此后U_{CE}进入稳态，余下的载流子被中和，IEGT完成关断过程。

3. IEGT的最大额定值与主要技术参数

表5-2和表5-3给出了日本东芝公司生产的ST1500GXH21型IEGT的最大额定值与电特性参数。

表5-2　ST1500GXH21型的最大额定值参数

参数		符号	最大值	单位
集-射极电压		U_{CES}	4500	V
栅-射极电压		U_{GES}	±20	V
集电极电流	DC	I_C	1500	A
	1ms	I_{CP}	3000	
正向电流	DC	I_F	1500	
	1ms	I_{FM}	3000	
集电极功率耗散		P_C	14300	W
结温		T_j	$-40 \sim +125$	℃
贮存温度范围		T_{sjt}	$-40 \sim +125$	℃
安装压力		—	$50 \sim 70$	kN

表5-3　ST1500GXH21型的电参数特性（$T_C = 125$℃）

特性参数	符号	最小值	典型值	最大值	单位	测试条件
栅极漏电流	I_{GES}	—	—	±300	nA	$U_{GE} = \pm 20\text{V}$，$U_{CE} = 0\text{V}$
集电极截止电流	I_{CES}	—	—	150	mA	$U_{GE} = 0\text{V}$，$U_{CE} = 4500\text{V}$
栅-射极截止电压	$U_{GE(off)}$	3.0	—	5.0	V	$U_{CE} = 5\text{V}$　$I_{CE} = 1.5\text{A}$
栅-射极饱和电压	$U_{CE(sat)}$	—	5.0	—	V	$U_{CE} = 15\text{V}$　$I_C = 1500\text{A}$
输入电容	C_{ies}	—	400	—	nF	$U_{GE} = 0\text{V}$，$U_{CE} = 10\text{V}$，$f = 100\text{kHz}$
上升时间	t_r	—	—	—	μs	$U_{CC} = 2700\text{V}$，$I_C = 1500\text{A}$，$U_{GE} = \pm 15\text{V}$，$R_G = 10\Omega$，$L_S = 1330\text{mH}$
开通时间	t_{on}	—	—	—	μs	
下降时间	t_f	—	—	—	μs	
关断时间	t_{off}	—	—	—	μs	
正向压降	U_F	—	4.6	—	V	
开关损耗	E_{on}	—	6.0	—	J	$U_{CC} = 2700\text{V}$，$I_C = 1500\text{A}$，$U_{GE} = -15\text{V}$，$di/dt = 3\text{kA}/\mu\text{s}$
	E_{off}	—	0.8	—		
	E_{dsw}	—	2.0	—		

IEGT由于采用电子注入增强效应及多片压接等新技术和制造工艺，使其具有通态压降低、工作频率高、电压型栅极驱动、安全工作区域宽、易于串联使用等优点，这决定了IEGT非常适合在各种高性能的大功率变频器中使用。目前，日本东芝公司应用IEGT制造的20MVA电压型多电平逆变器已经运行很长时间了。

5.3 交-直-交变频器分类

交-直-交变频器主要包括交-直-交电流型变频器和交-直-交电压型变频器。

交-直-交电流型变频器的特征是由晶闸管整流，并由电感滤波形成直流电流环节，也称为负载换向逆变器或同步器，如图5-15所示。这种变流器通常用在同步电动机中，但做某些修改后可用于异步电动机。

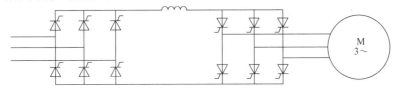

图5-15 交-直-交电流型变频器

直流环节电流流过电动机的各相绕组是通过控制逆变器的晶闸管来实现的。电流源逆变器需要来自电动机的感应电压以执行换向操作。因此，它主要用于同步电动机的驱动。在较低速率下，如低于5%~10%的额定速率时感应电压太低，不能执行自然的换向操作。在这种速度范围，变频器运行在脉冲方式，在这个工作区域电动机上的扭矩脉动较大。目前，交-直-交电流型变频器的应用范围越来越小，本章不深入分析。

交-直-交电压型变频器是目前工业上应用最广泛的一种。它与交-直-交电流型变频器区别在直流母线的滤波器，前者用电容器，后者用电抗器。它具有可选择性、高精度、高性能驱动的特点，可用于驱动异步电动机，也可用于驱动同步电动机和永磁同步电动机。

交-直-交电压型变频器主要有整流器和逆变器两大部分，其中整流器结构较为固定，一般采用不可控二极管，依据电网要求，整流器可设计成6脉波、12脉波或24脉波等，如图5-16所示为12脉波整流器，图中两个三相整流器的容量相同，整流输出通过平衡电抗器 L_{z1}、L_{z2} 抑制冲击电流，R_{z1}、R_{z2} 和 C_{z1}、C_{z2} 分别为整流电路的吸收电阻和电容。系统上电

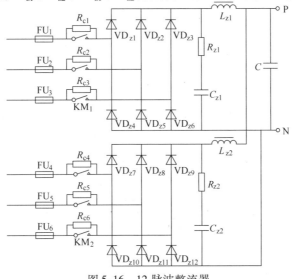

图5-16 12脉波整流器

时，先通过充电电阻给直流支撑电容 C 充电，当电容电压上升到额定电压的 80% 时，闭合接触器 KM_1 和 KM_2 将充电电阻短路，系统正常工作。

逆变器的结构灵活多样，主要有 H 桥型、两电平型、多电平型等，随着技术的发展，其拓扑还会有新的变化，本章后续主要分析交-直-交电压型变频器的逆变电路。

5.4 H 桥型逆变器

H 桥型逆变器通常由两个或多个半桥逆变器构成，因此本节首先分析半桥逆变器的结构及工作原理，然后再介绍由半桥逆变器构成的 H 桥型逆变器。

5.4.1 单相半桥电压型逆变电路

单相半桥电压型逆变电路原理图如图 5-17a 所示，它有两个桥臂，每个桥臂由一个可控器件和一个反并联二极管组成。在直流侧接有两个相互串联的足够大的电容，两个电容的连接点便成为直流电源的中点。负载连接在直流电源中点和两个桥臂连接点之间。

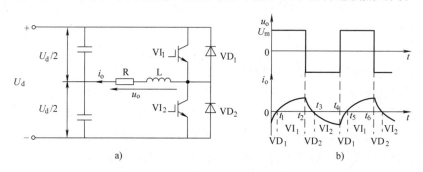

图 5-17 单相半桥电压型逆变电路及其工作波形
a) 单相半桥电压型逆变电路原理图 b) 工作波形

设开关器件 V_1 和 V_2 的控制信号在一个周期内各有半周正偏，半周反偏，且二者互补。当负载为感性时，其工作波形如图 5-17b 所示。输出电压 u_o 为矩形波，其幅值为 $U_m = U_d/2$。输出电流 i_o 波形随负载情况而异。设 t_2 时刻以前 VI_1 为通态，VI_2 为断态。t_2 时刻给 VI_1 关断信号，给 VI_2 开通信号。则 VI_1 关断，但感性负载中的电流 i_o 不能立即改变方向，于是 VD_2 导通续流。当 t_3 时刻 i_o 降为零时，VD_2 截止，VI_2 开通，i_o 开始反向。同样，在 t_4 时刻给 VI_2 关断信号，给 VI_1 开通信号后，VI_2 关断，VD_1 先导通续流，t_5 时刻 VI_1 才开通。

当 VI_1 或 VI_2 为通态时，负载电流和电压同方向，直流侧向负载提供能量；而当 VD_1 或 VD_2 为通态时，负载电流和电压反向，负载电感中储存的能量向直流侧反馈，即负载电感将其吸收的无功能量反馈回直流侧。反馈回的能量暂时储存在直流侧电容中，直流侧电容起着缓冲这种无功能量的作用。因为二极管 VD_1、VD_2 是负载向直流侧反馈能量的通道，故称为反馈二极管；又因为 VD_1、VD_2 起着使负载电流连续的作用，因此又称为续流二极管。

5.4.2 单相 H 桥逆变器

单相 H 桥逆变器的原理图如图 5-18 所示，它共有 4 个桥臂，可以看成由两个半桥电路组合而成。把桥臂 1 和 4 作为一对,桥臂 2 和 3 作为另一对,成对的两个桥臂同时导通,两对交替各导通 180°。其输出电压 u_o 的波形和半桥电路的波形 u_o 形状相同,也是矩形波,但其幅值高出一倍,$U_m = U_d$。在直流电压和负载都相同的情况下,其输出电流 i_o 的波形当然也和图 5-17b 中的 i_o 形状相同,仅幅值增加一倍。图 5-17 中的 VD_1、VI_1、VD_2、VI_2 相继导通的区间,分别对应于图 5-18 中的 VD_1 和 VD_4、VI_1 和 VI_4、VD_2 和 VD_3、VI_2 和 VI_3 相继导通的区间。关于无功能量的交换,对于半桥逆变电路的分析也完全适用于单相 H 桥逆变器。

输出电压的定量分析:

把矩形波 u_o 展开成傅里叶级数得

$$u_o = \frac{4U_d}{\pi}\left(\sin\omega t + \frac{1}{3}\sin3\omega t + \frac{1}{5}\sin5\omega t + \cdots\right) \tag{5-1}$$

其中基波的幅值 U_{o1m} 和基波有效值 U_{o1} 分别为

$$U_{o1m} = \frac{4U_d}{\pi} = 1.27U_d$$

$$U_{o1} = \frac{2\sqrt{2}U_d}{\pi} = 0.9U_d$$

上述公式对于半桥逆变电路也是适用的,只是式中的 U_d 换成 $U_d/2$。

上面分析的都是 u_o 为正负电压各为 180° 的脉冲时的情况。在这种情况下,要改变输出交流电压的有效值只能通过改变直流电压 U_d 来实现。

除此之外,还可以采用移相的方式来调节逆变电路的输出电压,这种方式称为移相调压。移相调压实际上就是调节输出电压脉冲的宽度。

在如图 5-18 所示的单相全桥逆变电路中,两个半桥电路都工作在 180°方波模式,但右边半桥输出电压波形相对于左边滞后于一个相角 θ,实际全桥逆变器的输出电压等于两个半桥逆变器输出电压之差,即:$u_{ab} = u_{a0} - u_{b0}$,这样输出电压就是一个脉宽为 θ 的准方波(见图 5-19),通过控制 θ 就可以控制输出电压的基波成分,也就是控制了输出电压的大小。

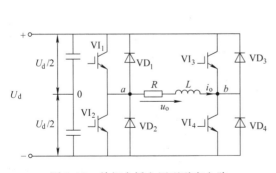

图 5-18 单相全桥电压型逆变电路

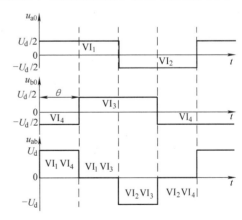

图 5-19 单相全桥逆变电路的移相调压方式

5.4.3 多相 H 桥逆变器

由多个单相 H 桥逆变器可以构成多相 H 桥逆变器,例如,图 5-20 为一个三相 H 桥逆变器。当这种逆变器驱动电动机时,需要电动机的各个绕组相互独立,分别进行控制,其优点是:①控制简单,易于实现多相化控制,各相控制相对独立;②每个桥控制一相绕组,使得功率器件承受的电压较Y形联结低$\sqrt{3}$倍;③当电动机的一相绕组或单个逆变器单元出现故障时,故障部分对其他单元不产生影响,功率损失小。

如果需要负载电动机绕组仍然采用Y联结或者△联结,则可通过一个变压器来实现转换,如图5-20所示。

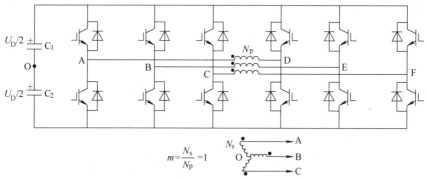

图5-20 三相H桥逆变器

H桥逆变器的独立性与多相推进电动机结构相结合可以有效提高系统的冗余性和容错性,俄罗斯和法国的一些电力推进方案采用这种多相H桥逆变器结构,图5-21是阿尔斯通公司推荐的一种用于军舰电力推进的多相H桥逆变器。该逆变器共有十五个H桥,用于控制十五相先进感应电动机,每5个桥构成一组,在控制和电路上相对独立,因此即使一组出现问题,系统仍然可以降功率正常运行。

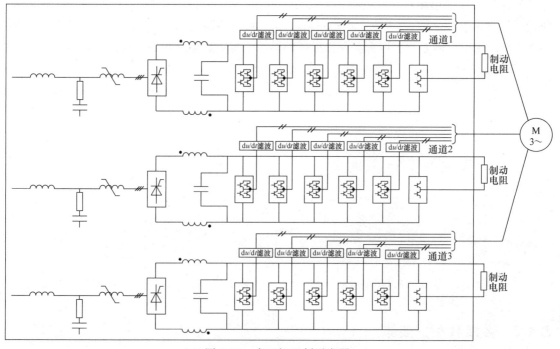

图5-21 十五相H桥逆变器

如果要进一步提高逆变器输出的电压等级，还可以采用多电平 H 桥结构，如图 5-22 所示是一种采用 IGCT 作为主开关器件的三电平 H 桥逆变器，以它为基本单元可以构成多相多电平 H 桥逆变器，可以满足不同推进电动机功率及电压等级需要。

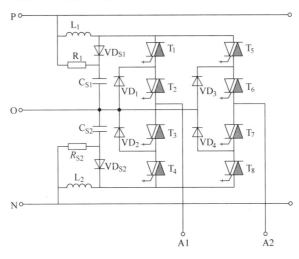

图 5-22 三电平 H 桥逆变单元

5.5 两电平逆变器

5.5.1 三相两电平逆变电路

两电平逆变器在中小功率的电力推进船舶中具有较广泛的应用，其中最常见的是电压型三相桥式逆变电路，如图 5-23 所示。

图 5-23 中电路的直流侧通常只有一个电容就可以了，但为了分析方便，画作串联的两个电容并标出假想中点 N′。电压型三相桥式逆变电路的基本工作方式是 180°导电方式，即每个桥臂的导电角度为 180°，

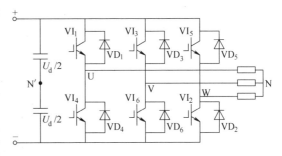

图 5-23 三相桥式逆变电路

同一相（即同一半桥）上下两个臂交替导电，各相开始导电的角度依次相差 120°。这样，在任一瞬间，将有三个桥臂同时导通。可能是上面一个臂下面两个臂同时导通，也可能是上面两个臂下面一个臂同时导通。因为每次换流都是在同一相上下两个桥臂之间进行的，因此也被称为纵向换流。

根据图 5-23 的器件编号，在 180°导电方式下，三相桥式逆变电路的六个主开关器件按照 $VI_1 \rightarrow VI_2 \rightarrow VI_3 \rightarrow VI_4 \rightarrow VI_5 \rightarrow VI_6$ 的顺序依次触发，每隔 60°换相一次，在一个周期内共有 6 个工作状态，每一个状态有 3 个器件同时导通，每个器件持续导通 180°，这 6 个工作状态依次是 $VI_1 VI_2 VI_3 \rightarrow VI_2 VI_3 VI_4 \rightarrow VI_3 VI_4 VI_5 \rightarrow VI_4 VI_5 VI_6 \rightarrow VI_5 VI_6 VI_1 \rightarrow VI_6 VI_1 VI_2$。

下面来分析电压型三相桥式逆变电路的工作波形。对于 U 相输出来说，当桥臂 1 导通时，$u_{UN'} = U_d/2$，当桥臂 4 导通时，$u_{UN'} = -U_d/2$。$u_{UN'}$ 的波形是幅值为 $U_d/2$ 的矩形波。V、W 两相的情况和 U 相类似，$u_{VN'}$、$u_{WN'}$ 的波形形状和 $u_{UN'}$ 相同，只是相位依次差 120°，$u_{UN'}$、$u_{VN'}$、$u_{WN'}$ 的波形如图 5-24 的 a、b、c 所示。

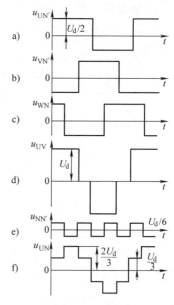

负载线电压可由下式求出

$$\left. \begin{array}{l} u_{UV} = u_{UN'} - u_{VN'} \\ u_{VW} = u_{VN'} - u_{WN'} \\ u_{WU} = u_{WN'} - u_{UN'} \end{array} \right\} \quad (5\text{-}2)$$

其中，u_{UV} 的波形如图 5-24d 所示。

设负载中点 N 与直流电源假想中点 N' 之间的电压为 $u_{NN'}$，则负载各相的相电压分别为

$$\left. \begin{array}{l} u_{UN} = u_{UN'} - u_{NN'} \\ u_{VN} = u_{VN'} - u_{NN'} \\ u_{WN} = u_{WN'} - u_{NN'} \end{array} \right\} \quad (5\text{-}3)$$

图 5-24 电压型三相桥式逆变电路的工作波形

把上面各式相加并整理可求得

$$u_{NN'} = \frac{1}{3}(u_{UN'} + u_{VN'} + u_{WN'}) - \frac{1}{3}(u_{UN} + u_{VN} + u_{WN}) \quad (5\text{-}4)$$

设负载为三相对称负载，则有 $u_{UN} + u_{VN} + u_{WN} = 0$
故可得

$$u_{NN'} = \frac{1}{3}(u_{UN'} + u_{VN'} + u_{WN'}) \quad (5\text{-}5)$$

$u_{NN'}$ 的波形如图 5-24e 所示，它也是矩形波，但频率为 $u_{UN'}$ 频率的 3 倍，幅值为其 1/3，即 $U_d/6$。

u_{UN} 的波形如图 5-24f 所示，其他两相相电压的波形和 u_{UN} 相同，只是相位上依次相差 120°。

三相桥式逆变电路输出线电压的傅里叶级数为

$$u_{UV} = \frac{2\sqrt{3}U_d}{\pi}\left(\sin\omega t - \frac{1}{5}\sin5\omega t - \frac{1}{7}\sin7\omega t + \frac{1}{11}\sin11\omega t + \frac{1}{13}\sin13\omega t - \cdots\right) \quad (5\text{-}6)$$

其中基波幅值为

$$u_{UV1m} = \frac{2\sqrt{3}U_d}{\pi} = 1.1U_d$$

基波有效值为

$$u_{UV1} = \frac{2\sqrt{3}U_d}{\pi\sqrt{2}} = 0.78U_d$$

输出相电压的傅里叶级数为

$$u_{UN} = \frac{2U_d}{\pi}\left(\sin\omega t + \frac{1}{5}\sin5\omega t + \frac{1}{7}\sin7\omega t + \frac{1}{11}\sin11\omega t + \frac{1}{13}\sin13\omega t + \cdots\right) \quad (5\text{-}7)$$

其中基波幅值为

$$u_{\text{UN1m}} = \frac{2U_\text{d}}{\pi} = 0.637U_\text{d}$$

基波有效值为

$$u_{\text{UN1}} = \frac{\sqrt{2}U_\text{d}}{\pi} = 0.45U_\text{d}$$

在上述180°导电方式逆变器中，为了防止同一相上下两桥臂的开关器件同时导通而引起的直流侧电源的短路，要采取"先断后通"的方法。即先给应关断的器件关断信号，待其关断后留一定的时间裕量，然后再给应导通的器件发出导通信号，即在两者之间留一个短暂的死区时间。死区时间的长短要视器件的开关速度而定，器件的开关速度越快，所留的死区时间就可以越短。

5.5.2 多相两电平逆变电路

受器件容量的限制，三相两电平电路的输出功率一般不大，适用于小功率的电力推进船舶。要增大逆变器的输出功率，最直接的方法就是采用多逆变器并联或者是多相逆变器。前者采用多个三相逆变器直接并联的方式来增加系统的功率，这样可以直接驱动功率更大的三相推进电动机，但是多个三相逆变器本身存在均流和环流抑制问题，需要增加平衡电抗器（见图5-25），逆变器结构和控制都比较复杂；后者采用多个三相逆变器直接驱动多相推进电动机，即推进电动机具有多个Y型绕组，如6相双Y移30°电动机、9相三Y移20°电动机、12相四Y移15°电动机等，每个Y型绕组对应一组三相逆变器，这样不存在逆变器之间的均流和环流问题，同时形成的电动机合成磁势也随电动机相数的增多而减小，可以有效降低电动机转矩脉动，容错性能也好，因此是船舶电力推进的一个重要发展方向。

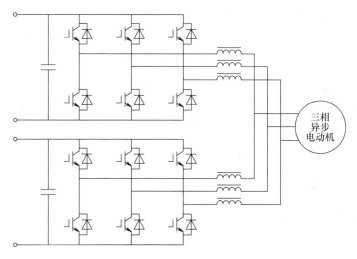

图5-25 逆变器并联结构

采用多Y型多相两电平逆变器结构的一个实际例子如图5-26所示。该推进逆变器采用了九相异步推进电动机，与之配合的是三组两电平逆变器，图中同时也给出了作为一个完整推进逆变器所需的整流环节和制动环节。整流环节采用的是12脉波二极管整流器，其两路三相输入电源由三/六相推进变压器而来，整流变压器的一次侧接成△联结，二次侧的两个绕组分别接成 Y 联结和△联结，其线电压相同，容量相等，但相位相差 30°。整流输出电源通过平衡电抗器并联。R_{z1}、R_{z2} 和 C_{z1}、C_{z2} 分别为整流电路的吸收电阻和电容，L_{z1}、L_{z2} 为平衡电抗器。

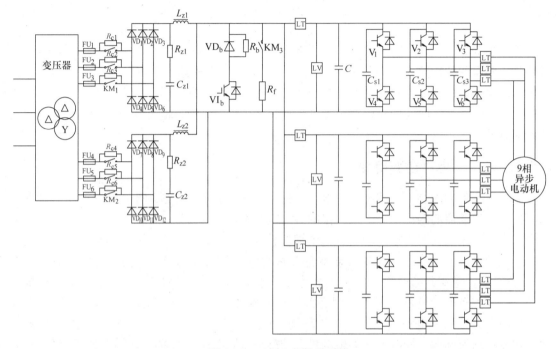

图 5-26 三 Y 9 相推进系统

制动环节包括制动电路和放电电路。推进电动机制动时会引起逆变器直流母线电压的泵升，当电压传感器检测到直流母线电压高于设定值时，VI_b 导通，支撑电容通过制动电阻 R_b 放电，当直流母线电压降到正常值时，VI_b 关断。当设备不工作时，由于支撑电容上的电压在短时间内不能放完，很难保证设备操作人员的人身安全。在电路停止工作且断开电网后，闭合接触器 KM_3，支撑电容通过放电电阻 R_f 放电。

逆变环节共有三个单元，每个逆变单元输出三相交流电，逆变器三个单元的电路结构相同，输出电压依次错开 20°电角度。

5.6 多电平逆变器

多电平逆变器是 20 世纪 80 年代初提出的一种逆变器结构，采用这种结构可以在提高逆变器输出电压的同时降低输出电压的谐波，因此在高压、大功率传动领域得到了广泛应用。多电平逆变器有多种结构形式，如二极管中点钳位式（见图 5-27）、飞跨电容式（见图 5-28）和级联式（见图 5-29）多电平逆变器。其中以二极管中点钳位式应用最广泛，例如 ABB 公司开发的 ACS 1000 系列、ACS 6000 系列等船用中压变频器以及阿尔斯通公司开发的 MV7000 系列船用中压变频器等都采用了二极管钳位式三电平结构。因此本节主要以二极管钳位式三电平逆变器为例来介绍多电平逆变器的结构及原理。

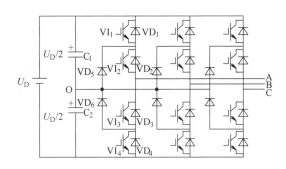

图 5-27 三相二极管中点钳位式三电平逆变器

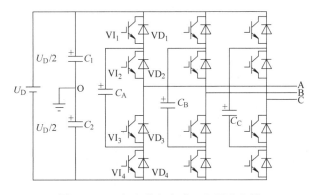

图 5-28 三相飞跨电容式三电平逆变器

三相二极管中点钳位式三电平逆变器的电路结构如图 5-27 所示。逆变器每相桥臂有 4 个半导体功率开关器件 $VI_1 \sim VI_4$，4 个续流二极管 $VD_1 \sim VD_4$ 和 2 个钳位二极管 VD_5、VD_6。三相桥两电平逆变器每个桥臂只有两个开关器件，每个桥臂只有两种状态。例如，A 相桥臂，上管导通、下管截止时称为 1 态，这时 A 桥臂的开关变量 $S_a = 1$；下管导通、上管截止称为 0 态，$S_a = 0$。图 5-27 的三电平逆变器每桥臂有 4 个开关器件，每个桥臂可以安排三种开关状态，若用 S_a、S_b、S_c 表示 A、B、C 各桥臂的开关状态，则 S_a、S_b、S_c 应是三态开关变量，每个桥臂的三种组合开关状态分别称为 0 态、1 态和 2 态。

用变量 S_a 表示 A 相桥臂开关状态：

若 VI_1、VI_2 关断，VI_3、VI_4 导通，图 5-27 电路变为图 5-30a，定义这种状态为 0 态，$S_a = 0$；

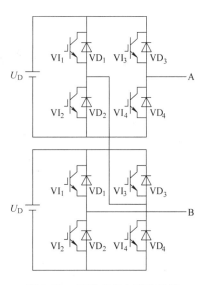

图 5-29 级联式多电平逆变器

若 VI_1、VI_4 关断，VI_2、VI_3 导通，图 5-27 电路变为图 5-30b，定义这种状态为 1 态，$S_a = 1$；

若 VI_3、VI_4 关断，VI_1、VI_2 导通，图 5-27 电路变为图 5-30c，定义这种状态为 2 态，$S_a = 2$。

1）0 态，$S_a = 0$ 说明：图 5-30a 中，当 i_A 为正值时，电流 i_A 从电源负端 Q 经 VD_4、VD_3 流入负载 A 点；当电流 i_A 为负值时，电流 i_A 从 A 端经 VI_3、VI_4 流至 Q 端，因此，无论 i_A 为

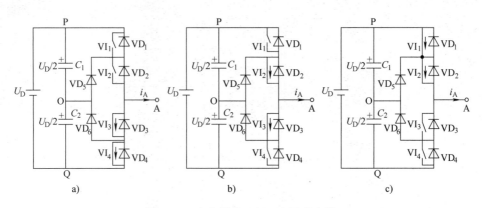

图 5-30 中点钳位三相三电平逆变器

何值，A 端都接到 Q 点，故 $u_{AO} = u_{QO} = -U_D/2$，这时 $VI_4(VD_4)$ 虽导通，但 VD_6 防止了（阻断）电容 C_2 被开关器件 $VI_4(VD_4)$ 短接。

2）1 态，$S_a = 1$ 说明：图 5-30b 中，当 i_A 为正值时，电流 i_A 从 O 点经 VD_5、VI_2 流至负载 A 点；当 i_A 为负值时，电流 i_A 从 A 端经 VI_3、VD_6 流至 O 点，因此，无论 i_A 为何值，A 点都接至 O 点，故 $u_{AO} = 0$。

3）2 态，$S_a = 2$ 说明：图 5-30c 中，当 i_A 为正值时，电流 i_A 从电源 P 点经 VI_1、VI_2 流入负载 A 点；当电流 i_A 为负值时，电流 i_A 从 A 端经 VD_2、VD_1 流至 P 端，因此，无论 i_A 为何值，A 端都接到 P 点，故 $u_{AO} = u_{PO} = +U_D/2$，这时 $VI_1(VD_1)$ 虽导通，但 VD_5 防止了（阻断）电容 C_1 被开关器件 $VI_1(VD_1)$ 短接。

由图 5-30a、b、c 的说明可知，A 相输出端 A 对电源中点 O 的电压 u_{AO} 可以用 A 相开关变量 S_a 结合输入直流电压 U_D 来表示：

$$u_{AO} = \frac{S_a - 1}{2} U_D \tag{5-8}$$

$S_a = 0$，1，2 态时：$u_{AO} = -U_D/2$，0，$+U_D/2$

同理，逆变器输出 B 相对电源中点 O 的电压为

$$u_{BO} = \frac{S_b - 1}{2} U_D \tag{5-9}$$

逆变器输出 C 相对电源中点 O 的电压为

$$u_{CO} = \frac{S_c - 1}{2} U_D \tag{5-10}$$

输出线电压可表示为

$$u_{AB} = u_{AO} - u_{BO} = \frac{1}{2}(S_a - S_b) U_D$$

$$u_{BC} = u_{BO} - u_{CO} = \frac{1}{2}(S_b - S_c) U_D$$

$$u_{CA} = u_{CO} - u_{AO} = \frac{1}{2}(S_c - S_a) U_D \tag{5-11}$$

即

$$\begin{bmatrix} u_{AB} \\ u_{BC} \\ u_{CA} \end{bmatrix} = \begin{bmatrix} 1 & -1 & 0 \\ 0 & 1 & -1 \\ -1 & 0 & 1 \end{bmatrix} \begin{bmatrix} u_{AO} \\ u_{BO} \\ u_{CO} \end{bmatrix} = \frac{U_D}{2} \begin{bmatrix} 1 & -1 & 0 \\ 0 & 1 & -1 \\ -1 & 0 & 1 \end{bmatrix} \begin{bmatrix} S_a \\ S_b \\ S_c \end{bmatrix} \quad (5\text{-}12)$$

根据线电压与相电压的关系：

$$u_{AB} = u_{AN} - u_{BN}$$
$$u_{BC} = u_{BN} - u_{CN}$$
$$u_{CA} = u_{CN} - u_{AN}$$
$$0 = u_{AN} + u_{BN} + u_{CN} \quad (5\text{-}13)$$

可以得到：

$$\begin{bmatrix} u_{AN} \\ u_{BN} \\ u_{CN} \end{bmatrix} = \frac{1}{3} \begin{bmatrix} 1 & 0 & -1 \\ -1 & 1 & 0 \\ 0 & -1 & 1 \end{bmatrix} \begin{bmatrix} u_{AB} \\ u_{BC} \\ u_{CA} \end{bmatrix} = \frac{1}{6} U_D \begin{bmatrix} 2 & -1 & -1 \\ -1 & 2 & -1 \\ -1 & -1 & 2 \end{bmatrix} \begin{bmatrix} S_a \\ S_b \\ S_c \end{bmatrix} \quad (5\text{-}14)$$

每个桥臂有三种开关状态，三个桥臂共有 $3^3 = 27$ 种开关状态。定义三相三电平逆变器的开关状态为 $(S_a S_b S_c)$。逆变器的每一种开关状态 $(S_a S_b S_c)$ 都对应一组确定的 u_{AO}、u_{BO}、u_{CO}，从而对应于一个确定的电压空间矢量 V，因此三相三电平逆变器共有 27 个空间电压矢量 $V_0 \sim V_{26}$。其中 V_0 对应的开关状态为（000），V_1 对应的开关状态为（001），依次类推，得到的开关状态表如表 5-4 所示：

表 5-4　三电平逆变器的电压矢量及其开关状态

V_0	V_1	V_2	V_3	V_4	V_5	V_6	V_7	V_8
(000)	(001)	(002)	(010)	(011)	(012)	(020)	(021)	(022)
V_9	V_{10}	V_{11}	V_{12}	V_{13}	V_{14}	V_{15}	V_{16}	V_{17}
(100)	(101)	(102)	(110)	(111)	(112)	(120)	(121)	(122)
V_{18}	V_{19}	V_{20}	V_{21}	V_{22}	V_{23}	V_{24}	V_{25}	V_{26}
(200)	(201)	(202)	(210)	(211)	(212)	(220)	(221)	(222)

矢量 V_0（000）对应的逆变器三相输出端 A、B、C 对电源中点 O 的电压为 $u_{AO} = u_{BO} = u_{CO} = -U_D/2$。

同理，V_{13}（111）矢量的开关状态对应的电压 $u_{AO} = u_{BO} = u_{CO} = 0$。

同理，V_{26}（222）矢量的开关状态对应的电压 $u_{AO} = u_{BO} = u_{CO} = U_D/2$。

因此在 V_0（000）、V_{13}（111）、V_{26}（222）这三种开关状态时，逆变器输出电压均为 0，故 V_0、V_{13}、V_{26} 为 3 个零矢量，其他 24 个矢量为非零矢量。以 V_{20}（202）为例，这时 $S_a = 2$，表示 A 相桥 VI_1、VI_2 导通，使 A 点接到正端 P 点，$u_{AO} = +U_D/2$；$S_b = 0$，表示 B 相桥 VI_3、VI_4 导通，使 B 点接到负端 Q 点，$u_{BO} = -U_D/2$；$S_c = 2$，表示 C 相桥 VI_1、VI_2 导通，使 C 点接到正端 P 点，$u_{CO} = +U_D/2$。由此得到 V_{20}（202）开关状态时的三相电路图 5-31b，这时由图 5-31b 或由式（5-12）都可得到：$u_{AB} = +U_D$；$u_{BC} = -U_D$；$u_{CA} = 0$。此时：

$$u_{AN} = \frac{U_D}{3} = \frac{2}{3} U_D \cos(-60°) = U\cos\omega t \bigg|_{\omega t = -60°}$$

$$u_{BN} = -\frac{2}{3}U_D = \frac{2}{3}U_D\cos(-180°) = U\cos(\omega t - 120°)\bigg|_{\omega t = -60°}$$

$$u_{CN} = \frac{1}{3}U_D = \frac{2}{3}U_D\cos(-300°) = U\cos(\omega t - 240°)\bigg|_{\omega t = -60°}$$

这时负载的相电压瞬时值可以看作是幅值为 $2U_D/3$，相角为 $\omega t = -60°$ 的矢量在 A、B、C 轴上的投影，如图 5-31a 所示。

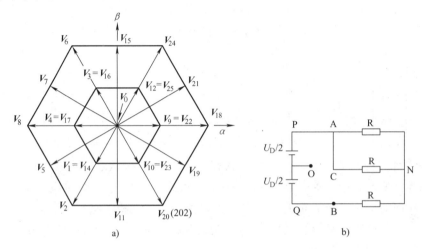

图 5-31 中点钳位三电平逆变器电压空间矢量
a）矢量图 b）$V_{20}(202)$ 开关状态对应的等效电路

类似地，由不同的 $(S_aS_bS_c)$ 组合值可以求出其他开关状态所对应的电压空间矢量 $V_1 \sim V_{25}$，以及相对应的相电压、线电压。图 5-32 给出了三相三电平逆变器按状态 $V_{11}(102) \to V_{20}(202) \to V_{19}(201) \to V_{18}(200) \to V_{21}(210) \to V_{24}(220) \to V_{15}(120) \to V_6(020) \to V_7(021) \to V_8(022) \to V_5(012) \to V_2(002) \to V_{11}(102)$ 顺序周期运行，且每一状态持续时间为 1/12 周期（30°）时的开关变量及输出电压波形。这里只选用了 12 个开关状态，对其他的开关状态以及每个开关状态持续时间不是 30° 时可类似地分析得到相应的电压波形。

对图 5-32 中线电压阶梯波进行傅里叶分析得知：三电平逆变器线电压最大的基波幅值与直流电压 U_D 之比值为 $U_{lm\,max}/U_D = 1.065$，稍低于二电平逆变器的比值 $2\sqrt{3}/\pi = 1.1$，但是三电平逆变器输出电压的波形质量明显要好些。对三电平逆变器采用 PWM 技术还可以进一步提高波形质量。此外在三电平逆变器中直流电压 U_D 由两个开关器件分担，分压电容 C_1、C_2 的电压各为 $U_D/2$，钳位二极管 VD_5、VD_6 把开关器件的端电压限制到不超过 $U_D/2$，所以相对于二电平逆变器而言，三电平逆变器开关器件的额定电压值可以低一倍，或者同样额定电压值的开关器件用于三电平逆变器时直流电压可以高一倍，因而输出功率也可大一倍。所以多电平逆变器尤其适合大功率、高电压场合。当然三电平逆变器所用半导体开关器件较多是一个缺点，例如三相三电平逆变器要用到 30 个开关器件（包括 18 个二极管）而三相两电平逆变器只需 12 个开关器件（包括 6 个二极管）。此外三电平逆变器的控制也比较困难。

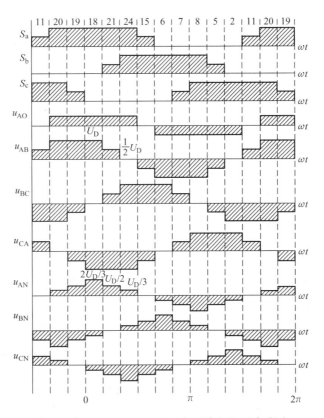

图 5-32 中点钳位三电平逆变器输出电压波形图

5.7 交-交变频器

交-交变频器也称为周波变频器（Cycloconvertor），它是把电网频率的交流电直接变换成可调频率交流电的逆变电路。因为没有中间直流环节，因此属于直接变频电路。

交-交变频器的主开关器件一般采用晶闸管，广泛用于大功率交流电动机调速传动系统，实际使用的主要是三相输出交-交变频器。但单相交-交变频器是三相交-交变频器的基础，因此本节先介绍单相交-交变频器的构成、工作原理、控制方法及输入输出特性，然后再介绍三相交-交变频器。

5.7.1 单相交-交变频电路

1. 电路构成和基本工作原理

如图 5-33 和图 5-34 所示是单相交-交变频电路的基本原理图和输出电压波形。电路由 P 组和 N 组反并联的晶闸管变频电路构成。变频器 P 和 N 都是相控整流电路，P 组工作时，负载电流 i_o 为正，N 组工作时，i_o 为负。让两组变频器按一定的频率交替工作，负载就得到该频率的交流电。改变两组变频器的切换频率，就可以改变输出频率 ω_o。改变变频电路工作时的控制角 α，就可以改变交流输出电压的幅值。

为了使输出电压 u_o 的波形接近正弦波，可以按正弦规律对 α 角进行调制。如图 5-34 波

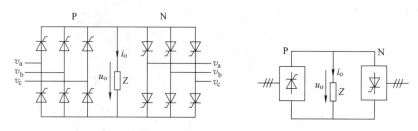

图 5-33　单相交 - 交变频器的电路结构及其简图

形所示,可在半个周期内让正组变频器 P 的 α 角按正弦规律从 90° 逐渐减小到 0° 或某个值,然后再逐渐增大到 90°。这样,每个控制间隔内的平均输出电压就按正弦规律从零逐渐增至最高,再逐渐减低到零,如图中虚线所示。另外半个周期可对变频器 N 进行同样的控制。

如图 5-34 所示的波形是变频器 P 和 N 的三相半波相控电路的波形。可以看出,输出电压 u_o 并不是平滑的正弦波,而是由若干段电源电压拼接而成的。在输出电压的一个周期内,所包含的电源电压段数越多,其波形就越接近正弦波。

2. 整流与逆变工作状态

交 - 交变频电路的负载可以是阻感负载、电阻负载、阻容负载或交流电动机负载。这里以阻感负载为例来说明电路的整流工作状态与逆变工作状态,这种分析也适用于交流电动机负载。

如果把交 - 交变频电路理想化,忽略变频电路换相时输出电压的脉动分量,就可把电路等效成如图 5-35 所示的正弦波交流电源和二极管的串联。其中交流电源表示变频电路可输出交流正弦电压,二极管体现了变频电路电流的单方向性。

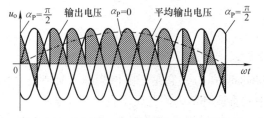

图 5-34　单相交 - 交变频电路输出电压波形

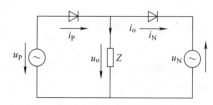

图 5-35　交 - 交变频器的理想等效电路

假设负载阻抗角为 φ,即输出电流滞后输出电压 φ 角。另外,两组变频电路在工作时采取直流可逆调速系统中的无环流工作方式,即一组变频电路工作时,封锁另一组变频电路的触发脉冲。

图 5-36 给出了一个周期内负载电压、电流波形及正反两组变频电路的电压、电流波形。由于变频电路的单向导电性,在 $t_1 \sim t_3$ 阶段,负载电流正半周,只能是正组变频电路工作,反组电路被封锁。其中在 $t_1 \sim t_2$ 阶段,输出电压和电流均为正,故正组变频电路工作在整流状态,输出功率为正。在 $t_2 \sim t_3$ 阶段,输出电压已反向,但输出电流仍为正,正组变频电路工作在逆变状态,输出功率为负。

在 $t_3 \sim t_5$ 阶段,负载电流负半周,反组变频电路工作,正组电路被封锁。其中在 $t_3 \sim t_4$ 阶段,输出电压和电流均为负,反组变频电路工作在整流状态。在 $t_4 \sim t_5$ 阶段,输出电流为负而电压为正,反组变频电路工作在逆变状态。

可以看出，在阻感负载的情况下，在一个输出电压周期内交-交变频电路有4种工作状态。哪组变频电路工作是由输出电流的方向决定的，与输出电压极性无关。变频电路工作在整流状态还是逆变状态，则是根据输出电压方向与输出电流方向是否相同来确定的。

图5-37是单相交-交变频电路输出电压和电流的波形图。如果考虑到无环流工作方式下负载电流过零的死区时间，一周期的波形可分为6段：

第1段：$i_o<0$，$u_o>0$，为反组逆变；
第2段：电流过零，为无环流死区；
第3段：$i_o>0$，$u_o>0$，为正组整流；
第4段：$i_o>0$，$u_o<0$，为正组逆变；
第5段：无环流死区；
第6段：$i_o<0$，$u_o<0$，为反组整流。

当输出电压和电流的相位差小于90°时，一周期内电网向负载提供能量的平均值为正，电动机工作在电动状态；当二者相位差大于90°时，一周期内电网向负载提供能量的平均值为负，即电网吸收能量，电动机工作在发电状态。

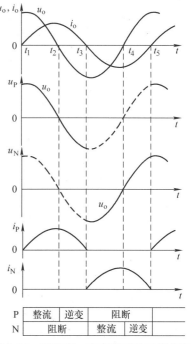

图5-36 理想交-交变频器的工作状态

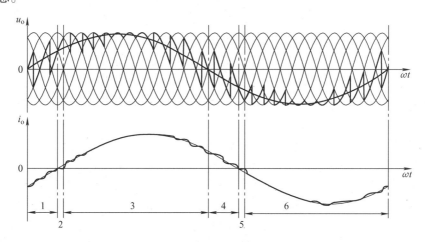

图5-37 单相交-交变频电路输出的电压和电流波形

3. 输出正弦波电压的调制方法——余弦交点法

（1）理论基础 设U_{d0}为$\alpha=0$时整流电路的理想空载电压，则控制角为α时的变频电路输出电压为

$$\overline{u_o} = U_{d0}\cos\alpha \tag{5-15}$$

对交-交变频电路来说，每次控制时α角都是不同的，上式中的$\overline{u_o}$表示每次控制间隔内输出电压u_o的平均值。

设期望得到的正弦波输出电压为

$$u_o = U_{om}\sin\omega_o t \tag{5-16}$$

比较式 (5-15) 和式 (5-16)，应使

$$\cos\alpha = \frac{U_{om}}{U_{d0}}\sin\omega_o t = \gamma\sin\omega_o t$$

式中，γ 为输出电压比，$\gamma = \frac{U_{om}}{U_{d0}}$ （$0 \leq \gamma \leq 1$）。

由此可以得到采用余弦交点法求交 - 交变频电路控制角 α 的基本公式为

$$\alpha = \arccos(\gamma\sin\omega_o t) \tag{5-17}$$

图 5-38 采用图解法对余弦交点法进行了进一步说明，图 5-38 中电网线电压 u_{ab}、u_{ac}、u_{bc}、u_{ba}、u_{ca} 和 u_{cb} 依次用 $u_1 \sim u_6$ 表示。相邻两个线电压的交点对应于 $\alpha = 0$，$u_1 \sim u_6$ 所对应的同步信号分别用 $u_{s1} \sim u_{s6}$ 表示，$u_{s1} \sim u_{s6}$ 比相应的 $u_1 \sim u_6$ 超前 30°，$u_{s1} \sim u_{s6}$ 的最大值和相应线电压 $\alpha = 0$ 的时刻对应。若以 $\alpha = 0$ 为零时刻，则 $u_{s1} \sim u_{s6}$ 为余弦信号。

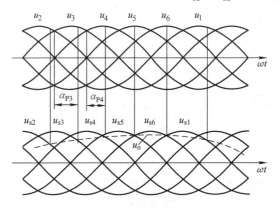

图 5-38 余弦交点法原理

设希望输出电压为 u_o，则各晶闸管触发时刻由相应的同步电压 $u_{s1} \sim u_{s6}$ 的下降段和 u_o 的交点来决定。

图 5-39 是在不同输出电压比 γ 的情况下，在输出电压的一个周期内，控制角 α 随 $\omega_o t$ 变化的情况。图中 $\alpha = \arccos(\gamma\sin\omega_o t) = \frac{\pi}{2} - \arcsin(\gamma\sin\omega_o t)$。可以看出，当 γ 较小，即输出电压较低时，α 只在离 90°很近的范围内变化，电路的输入功率因数非常低。

（2）输入输出特性

1）输出上限频率：交 - 交变频电路的输出电压是由许多段电网电压拼接而成的。输出电压一周期内拼接的电网电压段数越多，输出电压波形越接近正弦波。每段电网电压的平均持续时间是由变频电路的脉波数决定的。因此，当输出频率增高时，输出电压一周期所含电网电压的段数就减少，波形畸变就严重。电压波形畸变以及由此产生的电

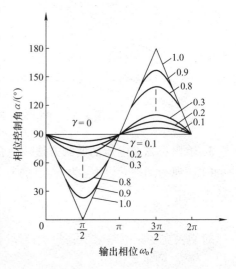

图 5-39 不同 γ 时 α 和 $\omega_o t$ 的关系曲线

流波形畸变和转矩脉动是限制输出频率提高的主要因素。就输出波形畸变和输出上限频率的关系而言，很难确定一个明确的界限。当然，构成交－交变频电路的两组变频电路的脉波数越多，输出上限频率就越高。就常用的 6 脉波三相桥式电路而言，一般认为，输出上限频率不高于电网频率的 1/3 ~ 1/2。电网频率为 50Hz 时，交－交变频电路的输出上限频率约为 20Hz。

2）输出电压谐波：交－交变频电路输出电压的谐波频谱非常复杂，既和电网频率 f_i 以及变频电路的脉波数 m 有关，也和输出频率 f_o 有关，对于采用三相桥式电路的交－交变频电路来说，输出电压中所含主要谐波的频率为

$$6f_i \pm f_o, 6f_i \pm 3f_o, 6f_i \pm 5f_o, \cdots$$
$$12f_i \pm f_o, 12f_i \pm 3f_o, 12f_i \pm 5f_o, \cdots$$

如果采用无环流控制，由于电流方向改变时死区的影响，输出电压中会增加 $5f_o$、$7f_o$ 等次谐波。

3）输入电流谐波：输入电流波形和可控整流电路的输入波形类似，只是幅值和相位均按正弦规律被调制。采用三相桥式电路的交－交变频电路输入电流谐波频率为

$$f_{in} = |(6k \pm 1)f_i \pm 2lf_o| \tag{5-18}$$

和

$$f_{in} = |f_i \pm 2lf_o| \tag{5-19}$$

式中，$k = 1, 2, 3, \cdots$；$l = 0, 1, 2, \cdots$。

和可控整流相比，输入电流谐波中增加了 $\pm 2lf_o$ 的旁频，原因是变频电路正组提供正向输出电流，反组提供反向输出电流，输出电流以 f_o 的频率变化，而输入电流波形只与输出电流大小有关，而与输出电流方向无关。

4）输入功率因数：交－交变频电路采用的是相位控制方式，因此其输入电流的相位总是滞后于输入电压，需要电网提供无功功率。从图 5-39 可以看出，在输出电压的一个周期内，α 角是以 90°为中心而前后变化的。输出电压比 γ 越小，半周期内 α 的平均值越靠近 90°，位移因数越低。另外，负载的功率因数越低，输入功率因数也越低。而且不论负载功率因数是滞后的还是超前的，输入的无功电流总是滞后的。

图 5-40 给出了以输出电压比 γ 为参变量时，输入位移因数和负载功率因数的关系。输入位移因数也就是输入的基波功率因数，其值通常略大于输入功率因数，因此，图 5-40 也大体反映了输入功率因数和负载功率因数的关系。可以看出，即使负载功率因数为 1 且输出电压比 γ 也为 1 时，输入功率因数仍小于 1，随着负载功率因数的降低和 γ 的减小，输入功率因数也随之降低。

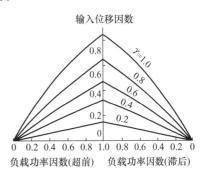

图 5-40 交－交变频器的输入位移因数

前面的分析都是基于无环流方式进行的。在无环流方式下，由于负载电流反向时为保证无环流而必须留一定的死区时间，就使得输出电压的波形畸变增大。另外，在负载电流断续时，输出电压被负载电动机的反电动势抬高，这也造成输出波形畸变，电流死区和电流断续的影响也限制了输出频率的提高。和直流可逆调速系统一样，交－交变

频电路也可采用有环流控制方式,这时正反两组变频器之间需设置环流电抗器。采用有环流方式可以避免电流断续并消除电流死区,改善输出波形,还可提高交-交变频电路的输出上限频率,同时控制也比无环流方式简单。但是设置环流电抗器使设备成本增加,运行效率也因环流而有所降低。因此,目前应用较多的还是无环流方式。

5.7.2 三相交-交变频电路

交-交变频电路主要应用于大功率交流电动机调速系统,这种系统使用的是三相交-交变频电路。三相交-交变频电路是由三组输出电压相位各差120°的单相交-交变频电路组成的,因此针对单相交-交变频电路的许多分析和结论对三相交-交变频电路都是适用的。

1. 电路接线方式

三相交-交变频电路主要有两种接线方式,即公共交流母线进线方式和输出星形联结方式。

(1) 公共交流母线进线方式 图5-41是公共交流母线进线方式的三相交-交变频电路简图。它由三组彼此独立的、输出电压相位相互错开120°的单相交-交变频电路构成,它们的电源进线通过进线电抗器接在公共的交流母线上。因为电源进线端公用,所以三组单相交-交变频电路的输出端必须隔离。为此,交流电动机的三个绕组必须拆开,共引出六根线。这种电路主要用于中等容量的交流调速系统。

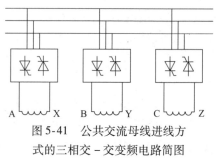

图5-41 公共交流母线进线方式的三相交-交变频电路简图

(2) 输出星形联结方式 图5-42是输出星形联结方式的三相交-交变频电路原理图,图5-42a是简图,图5-42b是详图。三组单相交-交变频电路的输出端是星形联结,电动机的三个绕组也是星形联结,电动机中性点不和变频器中性点接在一起,电动机只引出三根线即可。因为三组单相交-交变频电路的输出连接在一起,其电源进线就必须隔离,因此三组单相交-交变频器分别用三个变压器供电。

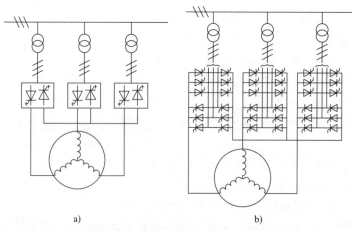

a) b)

图5-42 输出星形联结方式的三相交-交变频电路图
a) 简图 b) 详图

由于变频器输出端中点不和负载中点相连接，所以在构成三相变频电路的六组桥式电路中，至少要有不同输出相的两组桥中的四个晶闸管同时导通才能构成回路，形成电流。和整流电路一样，同一组桥内的两个晶闸管靠双触发脉冲保证同时导通，而两组桥之间则是靠各自的触发脉冲有足够的宽度，以保证同时导通。

2. 输入输出特性

从电路结构和工作原理可以看出，三相交–交变频电路和单相交–交变频电路的输出上限频率和输出电压谐波是一致的，但输入电流和输入功率因数则有一些差别。

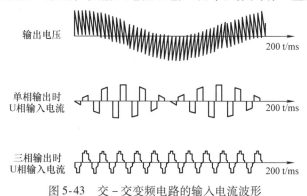

图 5-43 交–交变频电路的输入电流波形

先来分析三相交–交变频电路的输入电流。图 5-43 是在输出电压比 $\gamma = 0.5$，负载功率因数 $\cos\varphi = 0.5$ 的情况下，交–交变频电路输出电压、单相输出时的输入电流和三相输出时的输入电流的波形举例。对于单相输出时的情况，因为输出电流是正弦波，其正负半波电流极性相反，但反映到输入电流却是相同的。因此，输入电流只反映输出电流半个周期的脉动，而不反映其极性。所以如式（5-18）和式（5-19）所示，输入电流中含有与 2 倍输出频率有关的谐波分量。对于三相输出时的情况，总的输入电流是由三个单相交–交变频电路的同一相（图中为 U 相）输入电流合成而得到的，有些谐波相互抵消，谐波种类有所减少，总的谐波幅值也有所降低。其谐波频率为

$$f_{in} = |(6k \pm 1)f_i \pm 6lf_o| \tag{5-20}$$

式中，$k = 1, 2, 3\cdots$；$l = 0, 1, 2, 3\cdots$。

当变频电路采用三相桥式电路时，三相交–交变频电路输入谐波电流的主要频率为 $f_i \pm 6f_o$，$5f_i$，$5f_i \pm 6f_o$，$7f_i$，$7f_i \pm 6f_o$，$11f_i$，$11f_i \pm 6f_o$，$13f_i$，$13f_i \pm 6f_o$ 等，其中 $5f_i$ 次谐波的幅值最大。

下面再来分析三相交–交变频电路的输入功率因数。三相交–交变频电路由三组单相交–交变频电路组成；每组单相变频电路都有自己的有功功率、无功功率和视在功率。总输入功率因数应为

$$\lambda = \frac{P}{S} = \frac{P_a + P_b + P_c}{S} \tag{5-21}$$

从式（5-21）可以看出，三相电路总的有功功率为各相有功功率之和，但视在功率却不能简单相加，而应该由总输入电流有效值和输入电压有效值来计算，比三相各自的视在功率之和要小。因此，三相交–交变频电路总输入功率因数要高于单相交–交变频电路。当然，这只是相对于单相电路而言，功率因数低仍是三相交–交变频电路的一个主要缺点。

第 6 章
船舶交流电力推进系统PWM控制技术

脉宽调制（Pulse Width Modulation，PWM）是用脉冲宽度不等的一系列矩形脉冲去逼近一个所需的电压或电流信号。当采用 PWM 方法控制逆变器功率开关的通断时，即可获得一组等幅而不等宽的矩形脉冲，改变矩形脉冲的宽度可以改变输出电压幅值，改变调制周期可以改变输出频率。这样，调压和调频同在逆变器内部完成，二者始终配合一致，而且与中间直流环节无关，因而加快了调节速度，改善了动态性能；由于输出等幅脉冲只需恒定直流电源供电，可用不控整流取代相控整流，这使电网侧的功率因数大为改善；采用 PWM 逆变器，能够抑制或消除低次谐波，加上使用自关断器件，使得开关频率大幅度提高，输出波形可以非常逼近所需的波形。本章将介绍船舶电力推进变频器常用的几种脉宽调制技术：正弦 PWM（SPWM）控制技术、空间矢量 PWM（SVPWM）控制技术、特定谐波消除 SHEPWM 控制技术和滞环 PWM 控制技术。

6.1 正弦 PWM（SPWM）控制技术

6.1.1 基本原理

正弦 PWM 技术在实际工业变频器中的应用非常普遍，其基本工作原理如图 6-1 所示。采用频率为 f_c 的等腰三角载波与频率为 f 的正弦调制波相比较，两者的交点确定电力电子器件的开关时刻，这样得到的极电压脉冲波形及凹口宽度按正弦变化，从而使基波成分的频率等于 f，且幅值正比于给定的调制电压。三相可以共用一个载波信号。图 6-2 是 PWM 逆变器的典型线电压和相电压波形。

逆变器输出极电压（逆变器输出点对电源中点电压）u_{a0} 可以表示为

$$u_{a0} = 0.5mU_d\sin(\omega t+\varphi) + 高频成分(M\omega_c \pm N\omega) \quad (6-1)$$

式中，$(M\omega_c \pm N\omega)$ 为高频成分；m 为调制系数；ω 为基波频率；φ 为输出相位移，取决于调制波的实际位置。

调制系数 m 定义为

$$m = \frac{U_p}{U_T}$$

式中，U_p 是调制波的峰值；U_T 是载波的峰

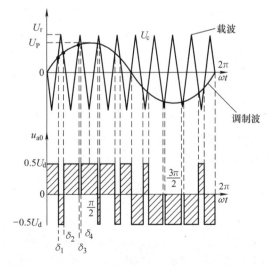

图 6-1 正弦 PWM 的基本工作原理

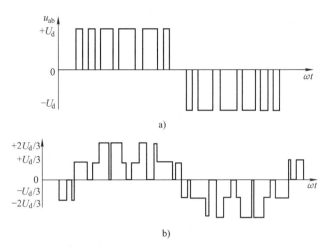

图 6-2 PWM 逆变器的线电压和相电压波形
a）线电压 b）相电压

值。理想情况下，m 的变化范围为 $0\sim 1$，并且调制波与输出波之间保持线性关系，逆变器可以看作一个线性放大器，其增益 G 为

$$G = \frac{0.5mU_d}{U_p} = \frac{0.5U_d}{U_T} \tag{6-2}$$

当 $m=1$ 时，输出基波电压峰值为 $0.5U_d$，占方波输出时基波电压峰值（$4U_d/2\pi$）的 78.54%。实际上，通过将某些三次谐波成分加到调制波中，线性工作范围的最大输出基波电压峰值可以增加到方波输出时的 90.7%。当 $m=0$ 时，u_{a0} 是一个频率与载波频率相同、脉冲的凹口宽度上下对称的方波。PWM 输出波形中，含有与载波频率相关且边（频）带与调制波频率相关的谐波成分。这些频率可以表示成（$M\omega_c + N\omega$），其中 M 和 N 均为整数，$M+N$ 是一个奇整数。表 6-1 为载波频率与调制波频率的比值 $P=\omega_c/\omega=15$ 时的谐波情况。

表 6-1 SPWM 控制的逆变器输出线电压谐波

M	谐波成分
1	15ω $15\omega \pm 2\omega$ $15\omega \pm 4\omega$ …
2	30ω $30\omega \pm 3\omega$ $30\omega \pm 5\omega$ …
3	45ω $45\omega \pm 2\omega$ $45\omega \pm 4\omega$ …
…	…

可见，输出谐波的幅值与载波比 P 无关，但随着 M 和 N 的增大而减小。随着载波比 P 的增大，逆变器输出线电流谐波将通过电动机漏感得到很好的滤波，并接近于正弦波。选择载波频率需要折中考虑逆变器损耗和电动机损耗，高的载波频率（与开关频率相同）将使逆变器的开关损耗增加，但会减少电动机的谐波损耗，最优的载波频率选择应使系统的总损耗最小。PWM 开关频率的一个重要的影响是当逆变器向电动机提供功率时由于磁滞效应而产生的噪声（也称为磁噪声），这种噪声可以通过随机地改变 PWM 开关频率而减轻（随机 SPWM），通过把开关频率增加到高于音频范围的数值可以把这种噪声完全地消除。现代高速 IGBT 可以很容易地实现这种无音频噪声的变频传动。在逆变器输出端采用低通滤波器也可以消除这种噪声。

6.1.2 过调制操作

当调制系数 m 接近于 1 时，输出 PWM 波正负半周期中间位置附近的凹口和脉冲将趋于消失，这时接近准 PWM 区域。当 m 的数值增加到大于 1 时，进入过 PWM 区域，如图 6-3a 所示。图中，u_{a0} 在正半周中间附近脉冲向下的凹口不见了，从而给出了一个具有较高基波成分的准方波输出，在过调制区，传递特性是非线性的，波形中重新出现了 5 次和 7 次谐波成分。随着 m 数值的增加，即调制信号的增大，最终逆变器将给出一个方波输出，器件在方波的上升沿开关一次，在下降沿开关一次。在这种情况下，输出基波相电压峰值达到 $(2/\pi)U_d$，即达到 100% 的输出，如图 6-3b 所示。

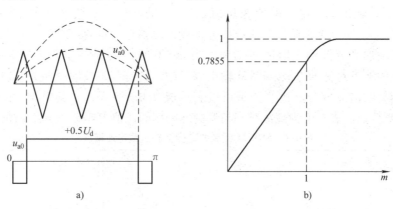

图 6-3 PWM 过调制区的波形及输出特性

6.1.3 载波与调制波频率的关系

对于变速传动，通常希望逆变器工作时载波与调制波频率比 P 为一整数，即在整个工作范围内调制波与载波保持同步。但当 P 保持为一定值，在基波频率下降时，会使载波频率也随之变得很低，就电动机的谐波损耗而言，这通常是不希望看到的。图 6-4 给出了一个 GTO 逆变器实际的载波

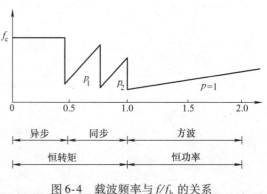

图 6-4 载波频率与 f/f_b 的关系

与基波频率关系，当基波频率很低时，载波频率保持恒定，逆变器以自由运行方式或称异步模式工作，在这个区域，载波比 P 可以是一个非整数，相位可能连续地移动，这将会产生谐波问题以及变化的直流偏移（差拍效应）。随着 f_c/f 数值的下降，这个问题会变得越发严重。在这里应该提及的是，与基波频率变化范围相比，现代IGBT器件的开关频率是非常高的，这使得 PWM 逆变器可以在整个异步范围内得到满意的结果。如图 6-4 所示，在异步运行区后是同步区，在这个区，P 以一种阶梯的方式变化，这使得最大和最小载波频率保持在设定边界值内的一个特定区域。P 的数值总是保持为三的倍数，这是因为对无中线连接的负载，三的倍数次谐波是不需要考虑的。当调制波频率接近于额定频率 $f/f_b = 1$ 时，逆变器转换到方波模式工作，这里假设此时载波频率与基波频率相等。在整个工作范围，控制策略应该仔细地设计，使在载波频率跳变的时刻，不产生电压的跳变，并且为了避免相邻 P 值之间的抖动，在跳变点应设置一个窄的滞环带。

6.1.4 死区效应及补偿

由于死区（或封锁）效应，实际的 PWM 逆变器相电压（u_{a0}）波形会在某种程度上偏离图 6-1 所示的理想波形。这种效应可以用图 6-5 中三相逆变桥中的 a 相桥臂来解释。电压源型逆变器的一个基本控制原则是要导通的器件应滞后于要关断的器件一个死区时间 t_d（典型值为几个微秒）以防止桥臂的直通。这是因为器件的导通是非常快的，而相对来说关断是比较慢的，死区效应会导致输出电压的畸变并减小其幅值。

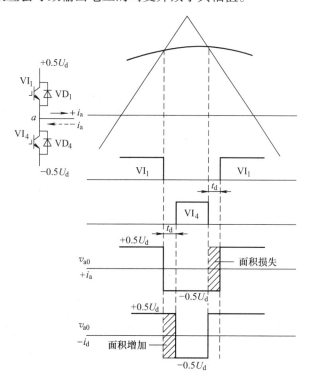

图 6-5 半桥逆变器死区效应的波形

考虑图 6-5 所示正弦 PWM 操作，a 相电流 i_a 的正方向为正。初始状态 VI_1 导通，u_{a0} 的

幅值为 $+0.5U_d$。VI_1 在理想的开关点关断后,在 VI_4 导通前有一个时间间隔 t_d,在这个间隔中,VI_1 和 VI_4 都处于关断状态,但 $+i_a$ 的流通使得 v_{a0} 在理想开关点自然的切换到 $-0.5V_d$。现在考虑理想开关点从 VI_4 到 VI_1 的带延迟时间 t_d 的开关转换,当 VI_4、VI_1 两个器件都关断时,$+i_a$ 继续流过 VD_4 续流,从而形成了如图所示的阴影面积的脉冲伏·秒($U_d t_d$) 面积损失。下面再考虑电流 i_a 的极性为负时的情况,仔细地观察图示波形可以看到在 VI_4 导通的前沿有一个类似的伏-秒面积增加。注意,上述伏·秒面积的损失或增加仅仅取决于电流的极性,而与电流的幅值无关。图 6-5 给出了每一个载波周期 T_c 分别对应于 $+i_a$ 和 $-i_a$ 的伏·秒 ($U_d t_d$) 面积损失和增加的累计效应对基波电压波形的影响,图中基波电流 i_a 滞后于基波电压 u_{a0} 一个相角 φ。图 6-5 最下面的图解释了死区效应。把由 $U_d t_d$ 构成的这些面积累加起来并在基波频率的半周期内加以平均可得出方波偏移电压为

$$U_\varepsilon = U_d t_d \left(\frac{P}{2}\right)(2f) = f_c t_d U_d \tag{6-3}$$

式中,$P = f_c/f$,f 为基波频率。

图 6-6 中最上端的波形给出了 U_ε 波对理想 u_{a0} 波的影响。在较低的基波频率下,这种基波电压的损失以及低频谐波畸变会变得很严重。死区效应可以很容易地通过电流反馈或电压反馈的方法进行补偿。对于前一种方法,通过对相电流极性的检测,将一个固定量的补偿偏移电压加到调制波上;对后一种方法,将检测的输出相电压与 PWM 电压参数信号相比较,然后把偏差用于补偿 PWM 参考调制波。

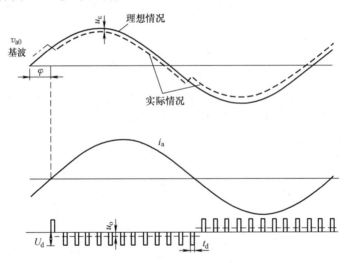

图 6-6 输出相电压波形的死区效应

6.2 空间矢量 PWM(SVPWM)控制技术

考虑到船舶电力推进在采用电压源型变频器时,为提高电压及功率,主要采用多电平结构,为此,本节主要以中点钳位型(NPC)三电平逆变器(见图 5-26)为例来介绍 SVPWM 的控制原理。两电平变频器的 SVPWM 控制思想与三电平 SVPWM 相同,实现起来更简单,读者可参考相关教材学习。

6.2.1 静止空间矢量

在本节，我们把逆变器每相桥臂的运行状态用三个开关状态 P、O 和 N 表示，它们分别对应于 5.4 节中的状态 2、1 和 0。考虑到有三相桥臂，则逆变器共有 27 种可能的开关状态组合。这些开关状态可用方括号中分别代表逆变器 A、B 和 C 三相的三个字母表示，见表 6-2。

表 6-2 电压矢量和开关状态

空间矢量		开关状态		矢量分类	矢量幅值
V_0		[PPP]，[OOO]，[NNN]		零矢量	0
		P 型	N 型		
V_1	V_{1P}	[POO]		小矢量	$\frac{1}{3}U_d$
	V_{1N}		[ONN]		
V_2	V_{2P}	[PPO]			
	V_{2N}		[OON]		
V_3	V_{3P}	[OPO]			
	V_{3N}		[NON]		
V_4	V_{4P}	[OPP]			
	V_{4N}		[NOO]		
V_5	V_{5P}	[OOP]			
	V_{5N}		[NNO]		
V_6	V_{6P}	[POP]			
	V_{6N}		[ONO]		
V_7		[PON]		中矢量	$\frac{\sqrt{3}}{3}U_d$
V_8		[OPN]			
V_9		[NPO]			
V_{10}		[NOP]			
V_{11}		[ONP]			
V_{12}		[PNO]			
V_{13}		[PNN]		大矢量	$\frac{2}{3}U_d$
V_{14}		[PPN]			
V_{15}		[NPN]			
V_{16}		[NPP]			
V_{17}		[NNP]			
V_{18}		[PNP]			

表 6-2 中列出的 27 个开关状态对应 19 种电压矢量（注意：本节中的矢量下标是根据矢量性质按序排列的，与 5.3 节中的表示方法不同），图 6-7 给出了这些电压矢量的空间矢量图。根据电压矢量幅值（长度）的不同，可以分为四组：

1) 零矢量（V_0），幅值为零，有 [PPP]，[000] 和 [NNN] 三种开关状态；

2) 小矢量（$V_1 \sim V_6$），幅值为 $U_d/3$。每个小矢量包括两种开关状态，一种为开关状态 [P]，另外一种为开关状态 [N]，因此可以进一步分为 P 型和 N 型小矢量；

3) 中矢量（$V_7 \sim V_{12}$），幅值为 $\sqrt{3}\,U_d/3$；

4) 大矢量（$V_{13} \sim V_{18}$），幅值为 $2U_d/3$。

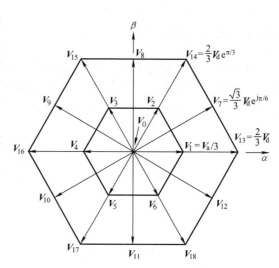

图 6-7 三电平 NPC 逆变器的空间矢量图

6.2.2 矢量作用时间计算

为了便于计算空间矢量的作用时间，可将图 6-7 所示空间矢量图分为六个三角形扇区（Ⅰ~Ⅵ），如图 6-8 所示。每个扇区又可以进一步分为如图 6-9 给出的四个三角区域（1~4）。在图 6-9 中，同时给出了所有矢量的开关状态。

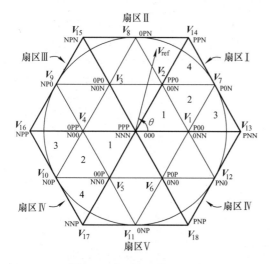

图 6-8 扇区和区域的划分

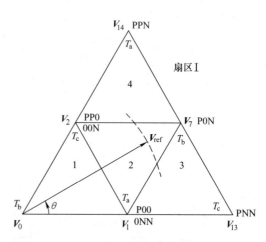

图 6-9 电压矢量及作用时间

与两电平逆变器类似，三电平逆变器的 SVPWM 算法也基于伏·秒平衡原理，即：给定矢量 V_{ref} 与采样周期 T_s 的乘积，等于所选定空间矢量与其作用时间乘积的累加和。在三电平逆变器中，给定矢量 V_{ref} 可由最近的三个静态矢量合成。例如，在图 6-9 中，当 V_{ref} 落入扇区 1 的 2 区时，最近的三个静态矢量为 V_1、V_2 和 V_7，则有：

$$\begin{cases} V_1 T_a + V_7 T_b + V_2 T_c = V_{ref} T_s \\ T_a + T_b + T_c = T_s \end{cases} \tag{6-4}$$

式中，T_a、T_b 和 T_c 分别为静态矢量 V_1、V_7 和 V_2 的作用时间。

需要注意的是，除了最近的三个矢量外，V_{ref} 也可以用其他空间矢量来合成。不过，这样会使逆变器输出电压产生较高的谐波畸变。

图 6-9 中的电压矢量 V_1、V_2、V_7 和 V_{ref} 可表示为

$$V_1 = \frac{1}{3} U_d, \quad V_2 = \frac{1}{3} U_d e^{j\frac{\pi}{3}}, \quad V_7 = \frac{\sqrt{3}}{3} U_d e^{j\frac{\pi}{6}}, \quad V_{ref} = U_{ref} e^{j\theta} \tag{6-5}$$

将式（6-5）代入式（6-4）中，得到

$$\frac{1}{3} U_d T_a + \frac{\sqrt{3}}{3} U_d e^{j\frac{\pi}{6}} T_b + \frac{1}{3} U_d e^{j\frac{\pi}{3}} T_c = U_{ref} e^{j\theta} T_a \tag{6-6}$$

由式（6-6）可得

$$\frac{1}{3} U_d T_a + \frac{\sqrt{3}}{3} U_d \left(\cos \frac{\pi}{6} + j\sin \frac{\pi}{6} \right) T_b + \frac{1}{3} U_d \left(\cos \frac{\pi}{3} + j\sin \frac{\pi}{3} \right) T_c = U_{ref} (\cos\theta + j\sin\theta) T_a \tag{6-7}$$

将式（6-7）分离实部（Re）和虚部（Im），得到

$$\begin{cases} \text{实部：} T_a + \frac{3}{2} T_a + \frac{1}{2} T_c = 3 \frac{U_{ref}}{U_d} (\cos\theta) T_s \\ \text{虚部：} \frac{\sqrt{3}}{2} T_b + \frac{\sqrt{3}}{2} T_c = 3 \frac{U_{ref}}{U_d} (\sin\theta) T_s \end{cases} \tag{6-8}$$

在 $T_s = T_a + T_b + T_c$ 的条件下求解式（6-8），得到作用时间为

$$\begin{cases} T_a = T_s [1 - 2m_a \sin\theta] \\ T_b = T_s \left[2m_a \sin\left(\frac{\pi}{3} + \theta \right) - 1 \right] \\ T_c = T_s \left[1 - 2m_a \sin\left(\frac{\pi}{3} - \theta \right) \right] \end{cases} \tag{6-9}$$

式中，θ 的取值范围为 $0 \leqslant \theta < \pi/3$；$m_a$ 为调制系数：

$$m_a = \sqrt{3} \frac{U_{ref}}{U_d} \tag{6-10}$$

给定矢量 V_{ref} 的最大长度对应于图 6-8 中六边形最大内接圆的半径，正好是中电压矢量的长度，即

$$V_{ref,max} = \sqrt{3} U_d / 3$$

将 $V_{ref,max}$ 代入式（6-10）得到最大调制系数：

$$m_{a,max} = \sqrt{3} \frac{U_{ref,max}}{U_d} = 1 \tag{6-11}$$

则 m_a 的大小范围为

$$0 \leqslant m_a \leqslant 1 \tag{6-12}$$

表 6-3 给出了在扇区 I 4 个区中 V_{ref} 作用时间的计算公式。

表 6-3 扇区 I 中 V_{ref} 作用时间的计算公式

区域		T_a		T_b		T_c
1	V_1	$T_s\left[2m_a\sin\left(\dfrac{\pi}{3}-\theta\right)\right]$	V_0	$T_s\left[1-2m_a\sin\left(\dfrac{\pi}{3}+\theta\right)\right]$	V_2	$T_s(2m_a\sin\theta)$
2	V_1	$T_s(1-2m_a\sin\theta)$	V_7	$T_s\left[2m_a\sin\left(\dfrac{\pi}{3}+\theta\right)-1\right]$	V_2	$T_s\left[1-2m_a\sin\left(\dfrac{\pi}{3}-\theta\right)\right]$
3	V_1	$T_s\left[2-2m_a\sin\left(\dfrac{\pi}{3}+\theta\right)\right]$	V_7	$T_s(2m_a\sin\theta)$	V_{13}	$T_s\left[2m_a\sin\left(\dfrac{\pi}{3}-\theta\right)-1\right]$
4	V_{14}	$T_s(2m_a\sin\theta-1)$	V_7	$T_s\left[2m_a\sin\left(\dfrac{\pi}{3}-\theta\right)\right]$	V_2	$T_s\left[2-2m_a\sin\left(\dfrac{\pi}{3}+\theta\right)\right]$

表 6-3 中的公式也可用于 V_{ref} 在其他扇区（Ⅱ~Ⅵ）时作用时间的计算。此时，需要从实际位移角 θ 中减去一个 $\pi/3$ 的倍数，使得结果在 $0\sim\pi/3$ 之间，以便计算。

6.2.3 V_{ref} 位置与作用时间之间的关系

图 6-10 中的例子演示了 V_{ref} 位置和作用时间之间的关系。假设 V_{ref} 指向区域 4 的中点 Q，考虑到 Q 和最近单个矢量 V_2、V_7 和 V_{14} 之间的距离是一样的，因此三个矢量的作用时间相同。为验证这一点，可将 $m_a=0.882$ 和 $\theta=49.1°$ 代入表 6-3 的计算公式中，得到作用时间 $T_a=T_b=T_c=0.333T_s$。

当 V_{ref} 沿着虚线从 Q 向 V_2 移动时，V_2 对 V_{ref} 的影响增强，使得 V_2 的保持时间变长。当 V_{ref} 和 V_2 完全重合时，V_2 的作用时间 T_c 达到最大值（$T_c=T_s$），此时 V_{14} 和 V_7 的作用时间 T_a 与 T_b 均减小到零。

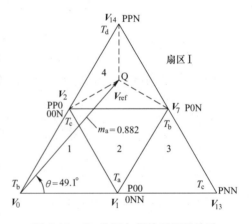

图 6-10 V_{ref} 位置与保持时间的关系

6.2.4 开关顺序设计

定义中点电压 v_z 为中点 Z 相对于负直流母线的电压。这个电压通常随着三电平 NPC 逆变器开关状态而变化。因此，在设计开关顺序时，需使开关状态对中点电压偏移的影响最小化。对三电平 NPC 逆变器开关顺序设计要求如下：

1）从一种开关状态切换到另一种开关状态的过程中，仅影响同一桥臂上的两个开关器件：一个导通，另一个关断；

2）V_{ref} 从一个扇区（或区域）转移到另一个扇区（或区域）时，无须开关器件动作或只需最少的开关动作；

3)开关状态对中点电压偏移的影响最小。

1. 开关状态对中点电压偏移的影响

图6-11给出了开关状态对中点电压偏移的影响。其中,图6-11a所示为逆变器工作在零矢量V_0状态,其开关状态为[PPP]。此时,每个桥臂的上部各个开关导通,将逆变器A、B和C三相输出端连接到正直流母线上。由于中性点Z悬空,这个开关状态并不会影响u_z。类似地,其他两个零开关状态[000]和[NNN]也不会造成u_z的偏移。

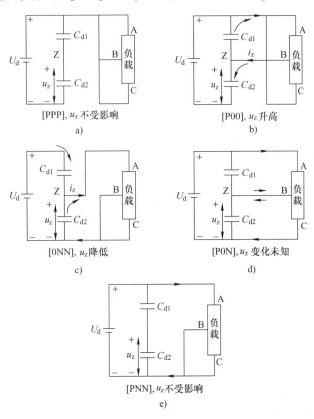

图6-11 开关状态对中点电压偏移的影响

a)零矢量 b)P型小矢量 c)N型小矢量 d)中矢量 e)大矢量

图6-11b为逆变器工作于P型小矢量开关状态[P00]时的拓扑结构。因为三相负载连接在正直流母线和中点Z之间,流入中点Z的中点电流i_z使得u_z上升。与此相反,图6-11c中,V_1的N型开关状态[0NN]使u_z减小。

中矢量同样也会影响中点电压。图6-11d所示为工作于开关状态[P0N]的中矢量V_7,此时,负载端子A、B和C分别连接到正母线、中点和负母线上。在逆变器不同运行条件下,中点电压u_z可能上升也可能下降。

图6-11e所示为工作于开关状态[PNN]的大矢量V_{13},负载端连接在正负直流母线之间,此间中点Z悬空,因此中点电压不受影响。

对上面分析可以总结为

1)零矢量V_0不会影响中点电压u_z;

2)小矢量 $V_1 \sim V_6$ 对 v_z 有明显的影响。P 型小矢量会使得 u_z 升高,而 N 型小矢量会导致 u_z 降低;

3)中矢量 $V_7 \sim V_{12}$ 也会影响 u_z,但电压偏移的方向不定;

4)大矢量 $V_{13} \sim V_{18}$ 对中点电压偏移没有影响。

2. 最小中点电压偏移的开关序列

如同前面所提到的那样,P 型小矢量将使得中点电压 u_z 上升,而 N 型小矢量则使其下降。为了使中点电压偏移最小,对于一个给定的小矢量而言,其 P 型和 N 型开关状态应在一个采样周期内平均分配。针对给定矢量 V_{ref} 所在的三角形区域,应对下面两种工况进行考察。

(1)工况 1 选定的三个矢量中有一个小矢量。

当图 6-9 中的给定矢量 V_{ref} 位于扇区 Ⅰ 的 3 或 4 区域时,三个静态矢量中只有一个是小矢量。假设 V_{ref} 落入扇区 4,则它可以用 V_2、V_7 和 V_{14} 来合成。小矢量 V_2 有两个开关状态[PP0]和[00N],为了使得中点电压偏移最小化,V_2 的维持时间应该在这两个状态之间平分。图 6-12 给定了三电平 NPC 逆变器典型的 7 段式开关顺序,从中可以发现:

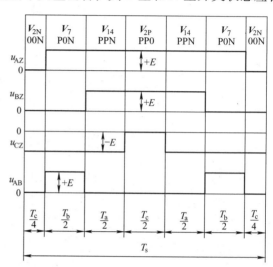

图 6-12 V_{ref} 在扇区 Ⅰ-4 时的 7 段式开关顺序

1)7 段的作用时间之和为采样周期($T_s = T_a + T_b + T_c$);

2)满足了前述的开关顺序设计第 1 项要求。例如,从[00N]~[P0N]的跳变,通过开通 S_1 和关断 S_3 就可以实现,只有两个开关的状态发生了变化;

3)V_2 的作用时间 T_c 在 P 和 N 型开关状态之间平均分配,这样就满足了开关顺序设计第 3 项要求;

4)每个采样周期里,逆变器一个桥臂只有两个开关器件开通或关断。假设 V_{ref} 从一个扇区移动到下一个扇区时不需要任何开关工作,则器件开关频率 $f_{sw,dev}$ 则刚好等于采样频率 f_{sp} 的一半。

$$f_{sw,dev} = f_{sp}/2 = 1/(2T_s) \qquad (6-13)$$

(2)工况 2 选定的三个矢量中有两个小矢量。

当 V_{ref} 位于图 6-9 扇区 Ⅰ 的区域 1 或 2 时,所选的三个矢量中有两个小矢量。为了减小中性点电压偏移,将这两个区域进一步分割成如图 6-13 所示的子区。假设 V_{ref} 位于 2a 区域,则可以用 V_1、V_2 和 V_7 近似合成。因为 V_1 比 V_2 更接近 V_{ref},因此 V_1 的作用时间 T_a 比 V_2 的作用时间 T_c 长。称 V_1 为主要小矢量,它的作用时间平均分为 V_{1P} 和 V_{1N},见表 6-4。

第6章 船舶交流电力推进系统PWM控制技术

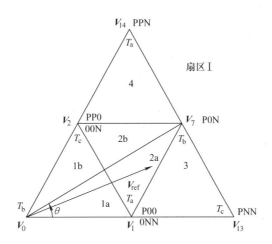

图 6-13 将扇区 I 划分为六个区域以最小化中点电压偏移

表 6-4 V_{ref} 在扇区 I -2a 时的 7 段开关顺序

段	1	2	3	4	5	6	7
电压矢量	V_{1N}	V_{2N}	V_7	V_{1P}	V_7	V_{2N}	V_{1N}
开关状态	[ONN]	[OON]	[PON]	[POO]	[PON]	[OON]	[ONN]
作用时间	$\dfrac{T_a}{4}$	$\dfrac{T_c}{2}$	$\dfrac{T_b}{2}$	$\dfrac{T_a}{2}$	$\dfrac{T_b}{2}$	$\dfrac{T_c}{2}$	$\dfrac{T_a}{4}$

在上面讨论的基础上，表 6-5 对扇区 I 和 II 的全部开关顺序进行了总结。可以看到：

表 6-5 7 段开关序列

扇区 I												
段	1a		1b		2a		2b		3		4	
1	V_{1N}	[ONN]	V_{2N}	[OON]	V_{1N}	[ONN]	V_{2N}	[OON]	V_{1N}	[ONN]	V_{2N}	[OON]
2	V_{2N}	[OON]	V_0	[OOO]	V_{2N}	[OON]	V_7	[PON]	V_{13}	[PNN]	V_7	[PON]
3	V_0	[OOO]	V_{1P}	[POO]	V_7	[PON]	V_{1P}	[POO]	V_7	[PON]	V_{14}	[PPN]
4	V_{1P}	[POO]	V_{2P}	[PPO]	V_{1P}	[POO]	V_{2P}	[PPO]	V_{1P}	[POO]	V_{2P}	[PPO]
5	V_0	[OOO]	V_{1P}	[POO]	V_7	[PON]	V_{1P}	[POO]	V_7	[PON]	V_{14}	[PPN]
6	V_{2N}	[OON]	V_0	[OOO]	V_{2N}	[OON]	V_7	[PON]	V_{13}	[PNN]	V_7	[PON]
7	V_{1N}	[ONN]	V_{2N}	[OON]	V_{1N}	[ONN]	V_{2N}	[OON]	V_{1N}	[ONN]	V_{2N}	[OON]

（续）

段	扇区Ⅱ											
	1a		1b		2a		2b		3		4	
1	V_{2N}	[00N]	V_{3N}	[N0N]	V_{2N}	[00N]	V_{3N}	[N0N]	V_{2N}	[00N]	V_{3N}	[N0N]
2	V_0	[000]	V_{2N}	[00N]	V_8	[0PN]	V_{2N}	[00N]	V_8	[0PN]	V_{15}	[NPN]
3	V_{3P}	[0P0]	V_0	[000]	V_{3P}	[0P0]	V_8	[0PN]	V_{14}	[PPN]	V_8	[0PN]
4	V_{2P}	[PP0]	V_{3P}	[0P0]	V_{2P}	[PP0]	V_{3P}	[0P0]	V_{2P}	[PP0]	V_{3P}	[0P0]
5	V_{3P}	[0P0]	V_0	[000]	V_{3P}	[0P0]	V_8	[0PN]	V_{14}	[PPN]	V_8	[0PN]
6	V_0	[000]	V_{2N}	[00N]	V_8	[0PN]	V_{2N}	[00N]	V_8	[0PN]	V_{15}	[NPN]
7	V_{2N}	[00N]	V_{3N}	[N0N]	V_{2N}	[00N]	V_{3N}	[N0N]	V_{2N}	[00N]	V_{3N}	[N0N]

1）V_{ref}穿越扇区Ⅰ和Ⅱ边界的跳变，不会产生任何额外的开关动作；

2）当V_{ref}从一个扇区里的a区域移动到b区域时，会产生一个额外的开关动作。图6-14给出了图形描述，其中虚线所示的大、小圆周为V_{ref}的稳态轨迹，而黑点则表示有额外开关动作发生。由于每个额外开关动作包括（12个中的）2个器件，并且每个基波周期只有6次额外开关动作，因此器件的平均开关频率增加到：

$$f_{sw,dev} = f_{sp}/2 + f_1/2 \tag{6-14}$$

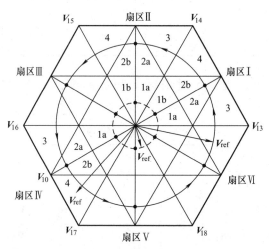

图6-14 当V_{ref}从a区域移动到b区域时产生的额外开关动作

6.3 特定谐波消除PWM（SHEPWM）控制技术

特定谐波消除PWM（SHEPWM）可以将逆变器输出方波中不希望出现的低次谐波消除掉，同时控制输出基波电压的大小。其基本原理如图6-15所示。

在这种方法中，需要在方波中开出一些预先确定好角度的凹槽。如图6-15所示，为四分之一波对称的正半周波形,可以通过控制四个凹槽角 α_1、α_2、α_3、α_4 来消除三个特定的谐波成分,同时控制输出基波电压。如果图示波形中有更多的凹槽角,则可以消除更多的谐波成分。

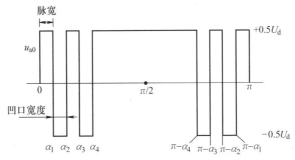

图 6-15 特定谐波消除 PWM 的相电压波形

任何波形都可以展开成如下的傅里叶级数形式:

$$v(t) = \sum_{n=1}^{\infty} (a_n \cos n\omega t + b_n \sin n\omega t) \tag{6-15}$$

$$a_n = \frac{1}{\pi} \int_0^{2\pi} v(t) \cos(n\omega t) d\omega t$$

$$b_n = \frac{1}{\pi} \int_0^{2\pi} v(t) \sin(n\omega t) d\omega t \tag{6-16}$$

由于波形四分之一周期对称,因此波形中只含有正弦项且只包含奇次谐波。即

$$a_n = 0$$

$$b_n = \frac{4}{\pi} \int_0^{\frac{\pi}{2}} v(t) \sin(n\omega t) d\omega t$$

$$v(t) = \sum_{n=1}^{\infty} b_n \sin n\omega t$$

假设图中的波形幅值为 1,即 $v(t) = \pm 1$,那么,可求出 b_n 如下:

$$b_n = \frac{\pi}{4} \Big[\int_0^{\alpha_1} (+1) \sin n\omega t d\omega t + \int_{\alpha_1}^{\alpha_2} (-1) \sin n\omega t d\omega t + \cdots +$$

$$\int_{\alpha_{k-1}}^{\alpha_k} (-1)^{k-1} \sin n\omega t d\omega t + \int_{\alpha_k}^{\frac{\pi}{2}} (+1) \sin n\omega t d\omega t \Big]$$

$$= \frac{4}{n\pi} [1 + 2(-\cos n\alpha_1 + \cos n\alpha_2 - \cdots + \cos n\alpha_k)]$$

$$= \frac{4}{n\pi} \Big[1 + 2 \sum_{i=1}^{k} (-1)^i \cos n\alpha_i \Big] \tag{6-17}$$

这样,根据谐波及基波要求,可以得到 k 个方程,求解出 k 个 α 角度。

以消除 5 次、7 次谐波,同时控制基波电压为例,可以得到下列方程:

$$b_1 = \frac{4}{\pi}(1 - 2\cos\alpha_1 + 2\cos\alpha_2 - 2\cos\alpha_3)$$

$$b_5 = \frac{4}{5\pi}(1 - 2\cos 5\alpha_1 + 2\cos 5\alpha_2 - 2\cos 5\alpha_3) = 0 \tag{6-18}$$

$$b_7 = \frac{4}{7\pi}(1 - 2\cos 7\alpha_1 + 2\cos 7\alpha_2 - 2\cos 7\alpha_3) = 0$$

对于给定的基波电压幅值 b_1，即可求出 α_1，α_2，α_3。

例如 $b_1 = 0.5$ 时，$\alpha_1 = 20.9°$，$\alpha_2 = 35.8°$，$\alpha_3 = 51.2°$。

6.4 滞环 PWM 控制技术

滞环 PWM 控制技术本质上是一种瞬时电流反馈 PWM 控制方法，在这种方法中，实际电流在一个滞环带内连续的跟踪指令电流。图 6-16 给出了一个半桥逆变器采用滞环 PWM 控制技术的工作原理。控制电路产生具有希望幅值和频率的正弦参考电流波，然后这个正弦参考电流波与实际相电流波相比较，当实际相电流超过预先确定的滞环带时，半桥逆变器的上部开关关断，下部开关导通，使输出电压从 $+0.5U_d$ 转换到 $-0.5U_d$，使实际相电流下降。当实际相电流达到滞环带下限时，下部开关关断，上部开关导通，使实际电流上升。在每一次转换中应有一个死区时间（t_d）以防止桥臂直通，这样通过上部和下部开关器件的轮流开关（或称砰-砰控制）强迫实际电流波形在一个滞环带内跟踪正弦指令波形，因此，逆变器本质上成为了一个带有一定峰-峰值纹波的电流源。电流被控制在一个滞环带内而与电压 U_d 的波动无关。当上部开关导通时，电流以一个正的斜率变化，这时有

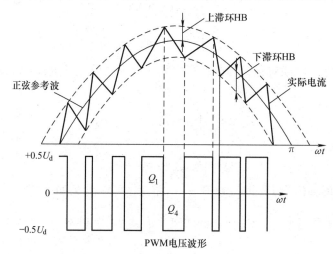

图 6-16 滞环电流控制原理

$$\frac{di}{dt} = \frac{0.5U_d - U_{cm}\sin(\omega_e t)}{L} \tag{6-19}$$

式中，$0.5U_d$ 是施加的直流电压；$U_{cm}\sin(\omega_e t)$ 为负载反电动势的瞬时值；L 为负载的有效电感。

当下桥臂开关导通时，电流以负斜率变化：

$$\frac{di}{dt} = -\frac{0.5U_d + U_{cm}\sin(\omega_e t)}{L} \tag{6-20}$$

纹波的峰-峰值以及开关频率都与滞环带的宽度有关，例如，一个较窄的滞环带会使开关频率增加并减小纹波。通常希望能够设置一个综合考虑谐波成分以及逆变器开关损耗的最优带宽。滞环 PWM 可以平稳地穿过准 PWM 区进入方波电压工作模式。在电动机的低速工

作区,反电动势较小,电流控制器的跟踪是没有任何困难的。但是在高速工作区,由于较高的反电动势,在某些周期,电流控制器会饱和,因此会出现一些基波频率倍数的谐波,在这种情况下,基波电流幅值会减小,相位会滞后于指令电流。

图 6-17 是实现滞环 PWM 的控制框图,电流控制环的误差加到滞环比较器的输入端,滞环带的宽度由下式给出:

$$HB = U\frac{R_2}{R_1 + R_2} \tag{6-21}$$

式中,U 为比较器供电电压。

器件的开关条件为

上桥臂器件导通:$(i^* - i < -HB)$

下桥臂器件导通:$(i^* - i > HB)$

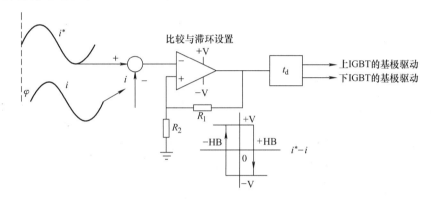

图 6-17 滞环 PWM 控制框图

滞环 PWM 的优点是实现简单,动态响应快,可以直接限制器件的峰值电流。另外对直流侧电压的波动不敏感,可以减小直流侧的滤波电容。

缺点是 PWM 的频率不固定,使得电动机电流中的谐波得不到优化处理,为解决这个问题,需要采用自适应滞环带。另外,这种方法中基波电流在相位上滞后于指令电流,且随频率的提高而加大,会影响电动机的控制性能。

第7章 船舶交流电力推进系统调速控制技术

船舶交流推进电动机所采用的调速控制技术主要有标量控制、矢量控制（磁场定向控制）和直接转矩控制（DTC）三种方式。其中标量控制应用最早，实现也最简单，主要用于对异步推进电动机的控制；矢量控制应用坐标旋转变换方法，实现了交流电动机的磁链和转矩解耦控制；直接转矩控制不追求控制变量的严格解耦，而是通过滞环控制方式快速控制电动机定子磁链和转矩，动态响应快，对电动机参数的依赖性也小。目前高性能的电力推进调速控制基本上都采用矢量控制或直接转矩控制。

7.1 电力推进系统标量控制技术

所谓标量控制是指对变量的幅值进行控制，并且忽略电动机中的耦合效应。例如，通过控制电动机电压来控制磁链，通过控制频率或者转差率来控制转矩。但磁链和转矩又分别是频率和电压的函数，它们之间的控制关系是耦合在一起的。而在矢量控制中，变量的幅值和相位可以分别被控制，其控制性能更好。但是标量控制实现起来更容易，在工业领域仍有广泛的应用。标量控制的主要应用对象是异步电动机，因此本节以三相异步电动机为控制对象来介绍标量控制原理。

7.1.1 开环恒压频比（V/F）标量控制

开环恒压频比（V/F）控制是异步电动机最为流行的一种调速方法，系统结构简单，被广泛应用于工业领域。异步电动机在稳态情况下的定子电压模型为 $U_s = R_s I_s + j\omega_e \phi_s$，若不考虑定子电阻 R_s 压降，则要求供电电压与其频率成正比，这样就能保持磁链为常数（$\phi_s = U_s/\omega_e$）。

V/F 控制方案的框图如图 7-1 所示。

主电路包括二极管整流器、LC 滤波器和电压源型 PWM 逆变器。在理想情况下，控制不需要反馈信号。定子频率给定值 ω_e^* 是主要控制变量，因为忽略电动机很小的转差频率 ω_{sl} 时，ω_e^* 大致与转子角速度 ω_r 相等。相电压给定值 V_s^* 由频率给定值与增益 G 相乘产生，从而保证 ψ_s 为常数。若忽略定子的电阻和漏感，则定子磁链与气隙磁链 ψ_m 或转子磁链 ψ_r 保持相同。低速时，随着频率变小，定子电压将主要降落在定子电阻上，这样会弱化定子磁链，因此需要加入补偿电压 U_0，以保证在系统速度为 0 时仍可获得额定磁链和相应的转矩。在高频时可以忽略补偿电压的影响。角位置信号 θ_e^* 由速度信号 ω_e^* 积分产生，相应的正弦参考电压为

$$u_a^* = \sqrt{2} U_s \sin\theta_e^*$$

$$u_b^* = \sqrt{2} U_s \sin\left(\theta_e^* - \frac{2}{3}\pi\right)$$

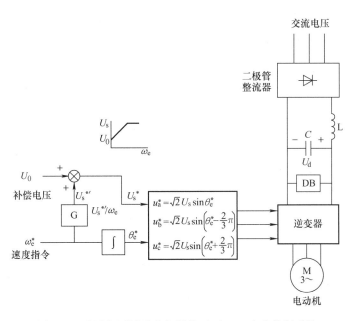

图 7-1　采用电压源型逆变器的开环 V/F 速度控制系统

$$u_c^* = \sqrt{2}U_s\sin\left(\theta_e^* + \frac{2}{3}\pi\right) \tag{7-1}$$

图 7-2 是系统带泵类负载或螺旋桨负载时的转矩 – 速度稳态特性，泵类负载或螺旋桨负载的负载特性为 $T_L = K\omega_r^2$，由图可见，随频率的增加，转子速度也成比例的增加，在供电电压 U_s 饱和的弱磁区，系统可以平滑地连续运行。

现在考虑负载转矩和电网电压变化的影响。设初始工作点在点 3，并且在同样频率给定值情况下负载转矩增加到 T_L'，则速度会从 ω_r 降到 ω_r'。对于低转差率电动机来说，这点转速降是可以接受的。

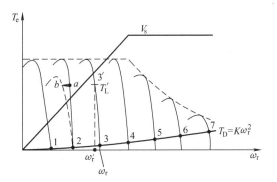

图 7-2　受频率、负载转矩和电源电压变化影响的转矩 – 速度曲线

假设系统运行于另一转矩 – 速度曲线的 a 点，若电网电压下降，则电动机端电压会随之下降，则速度会降到 b 点。

如果频率给定值 ω_e^* 突然有一个小的增量，转差率将发生变化，从而改变输出转矩，但由于电动机惯性，速度将维持不变，然而如果通过大幅度变化频率给定值来改变转速，则传动系统很容易变得不稳定。分析如下（参见图 7-3）：

设系统带一个纯惯性负载，初始运行于点 1 处。现 ω_e^* 突然有一个小的阶跃增量，因速度不能突变，因此转差率 s 增大，电动机工作点由点 1 运行到点 2，点 2 处对应额定的输出转矩。电动机转速随给定频率的线性增加而以某恒定加速度进行加速，当运行至点 3 时，减小频率给定值使系统达到稳定工作点 4。转矩和转速之间的关系为

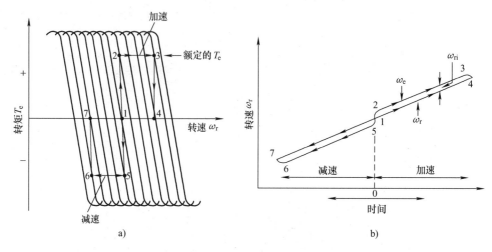

图 7-3 V/F 控制的加速/减速特性

$$\omega_r = \int \frac{T_e - T_L}{J} dt \tag{7-2}$$

式中，J 为转动惯量；T_e 为输出转矩；T_L 为负载转矩（这里为 0）。

在额定输出转矩 T_e 下，图 7-3b 所示的加速度 $d\omega_r/dt$ 由参数 J 决定，即 J 较大时，对应的加速度就小一些，反之亦然。

系统的减速性能类似。因为采用不可控二极管整流器，逆变器需要制动回路，如图 7-1 所示。若频率给定值减小一些，负的输出转矩使电动机从工作点 1 运行到点 5，之后减速到稳定工作点 7。

7.1.2 带转差率调节的速度控制

开环 V/F 控制的一种改进方法是通过调节转差率以实现速度闭环控制，如图 7-4 所示。其中转差率给定值 ω_{sl}^* 由速度环误差经 PI 控制器和限幅器之后得到，该给定值与转子速度反馈值 ω_r 相加后产生频率指令 ω_e^*。ω_e^* 再经过一个 V/F 函数发生器产生电压指令值 U_s^*，该发生器具有低频定子压降补偿作用。忽略电动机定子电阻和漏感，并考虑到 $\psi_s \approx U_s^*/\omega_e$，则异步电动机的转矩可以表示为式 (7-3)，可见，在恒定磁链下，转差频率与输出转矩成正比，因此可认为该方案在速度控制环内存在一个转矩开环控制。

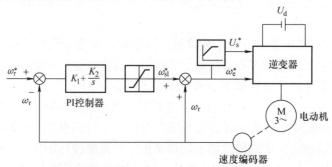

图 7-4 带 V/F 控制和转差率调节的闭环速度控制

$$T_{\mathrm{e}} = \frac{3}{2} p_{\mathrm{n}} \frac{1}{R_{\mathrm{r}}} \phi_{\mathrm{m}}^2 \omega_{\mathrm{s1}} \tag{7-3}$$

式中，p_{n} 为电动机极数。

在阶跃速度给定下，电动机在转差频率限幅值下自由加速，该限幅值对应于定子电流或者转矩的限幅值，最终电动机进入稳态运行，此时的转差率由稳态时的负载转矩决定。

如果速度给定值 ω_{r}^* 阶跃减小，电动机进入再生或能耗制动模式，以一定的负转差频率 $-\omega_{\mathrm{s1}}^*$ 进行减速。

负载转矩和电网电压变化产生的影响可通过图7-5进行解释。

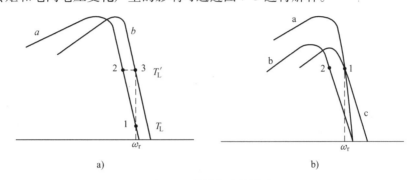

图7-5 外界扰动的影响
a）负载转矩变化的影响 b）电源电压变化的影响

设初始工作点在点1且负载从 T_{L} 变为 T_{L}'，速度会相应降低到点2，但由于速度控制环的作用频率会上升到点3处恢复到原来的速度。由于没有闭环的磁链控制，输入电压的变化将导致磁链改变。

电压变化的影响：设初始工作于图7-5b中曲线 a 上的点1，输入电压的下降会减小磁链，使工作点移动到点2处，由此产生的速度降落会作用在速度环上且使频率上升，最终恢复到点1。该系统在弱磁情况下也能良好的工作。

7.2 电力推进系统矢量控制技术

标量控制虽然容易实现，但是电动机内部的耦合效应导致系统响应缓慢（转矩和磁链均为电压或电流和频率的函数），而且因系统是高阶的，该控制方式容易使系统失稳。例如，若通过增加转差率以增加转矩，则磁链将趋于减小。

矢量控制或磁场定向控制是20世纪70年代初所提出的一种交流电动机控制技术，它可以使异步电动机像他励直流电动机那样被控制，从而使得交流电动机可以实现高性能控制。在矢量控制下交流电动机的性能特性与直流电动机类似，因此又被称为解耦控制或者矢量变换控制。矢量控制既可以用于异步电动机也可以用于同步电动机。

7.2.1 矢量控制与直流电动机控制的相似性

在直流电动机中，忽略电枢反应和磁场饱和，输出转矩可以表示为

$$T_{\mathrm{e}} = K_{\mathrm{t}}' I_{\mathrm{a}} I_{\mathrm{f}} \tag{7-4}$$

式中，I_{a} 为电枢电流；I_{f} 为励磁电流。

在直流电动机中，由 I_f 产生的励磁磁链 ψ_f 和由 I_a 产生的电枢磁链 ψ_a 是垂直的，这些矢量在空间是自然垂直或被解耦的。这表明，在通过控制 I_a 以控制转矩时，励磁磁链 ψ_f 不受其影响，在 ψ_f 为额定值时，可以获得快速的瞬态响应和较高的转矩/安培比。由于解耦，在控制励磁电流 I_f 时，只会影响磁链 ψ_f，不会影响 ψ_a。

而异步电动机存在内部耦合问题，不会产生这么快的响应。

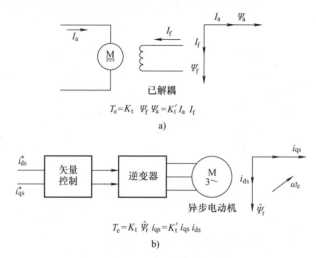

图 7-6　直流电动机和矢量控制异步电动机的对照
a）他励直流电动机　b）矢量控制异步电动机

若把异步电动机放在同步旋转坐标系（$d^e - q^e$）进行控制，则稳态时的正弦变量表现为直流量，此时的异步电动机可以获得类似于直流电动机的性能。在矢量控制中，异步电动机有两个控制输入量：i_{ds}^* 和 i_{qs}^*。即定子电流在同步参考坐标系下的直轴分量和交轴分量。在矢量控制下，i_{ds} 与直流电动机的 I_f 类似，i_{qs} 与直流电动机的 I_a 类似。所以，异步电动机的转矩可以表示为

$$T_e = K_t \hat{\psi}_r i_{qs} \tag{7-5}$$

$$T_e = K_t' i_{ds} i_{qs} \tag{7-6}$$

式中，$\hat{\psi}_r$ 为 ψ_r 的绝对值，它是正弦空间矢量的峰值，如果 i_{ds} 被定向在转子磁链 $\hat{\psi}_r$ 的方向并且与 i_{qs} 垂直，那么异步电动机可以获得类似于直流电动机的特性。这表示当控制 i_{qs}^* 时，只会影响实际的电流 i_{qs}，而不影响磁链 $\hat{\psi}_r$。同样，当控制 i_{ds}^* 时，只影响 $\hat{\psi}_r$ 而不会影响电流的转矩分量 i_{qs}。

注意：不同于直流电动机的空间矢量，异步电动机的空间矢量是以频率 ω_e 在同步旋转的。总之，矢量控制必须保证正确的方向，以及电流指令值与实际值相等。

7.2.2　等效电路和相量图

异步电动机的定、转子相量方程为

$$U_s = R_s I_s + j\omega_e \psi_s \tag{7-7}$$

$$0 = \frac{R_s}{s} I_r + j\omega_e \psi_r \tag{7-8}$$

这两个方程所对应的 d^e-q^e 稳态等效电路如图 7-7 所示。式中的有效值 I_s 和 U_s 用对应的峰值（正弦矢量变量）代替。忽略转子的漏感，则转子磁链 $\hat{\psi}_r$ 和气隙磁链 $\hat{\psi}_m$ 相等。定子电流幅值可以表示为

$$\hat{I}_s = \sqrt{i_{ds}^2 + i_{qs}^2}$$

式中，i_{ds} 为流过励磁电感 L_m 的定子电流励磁分量；i_{qs} 为流过转子回路的定子电流转矩分量。

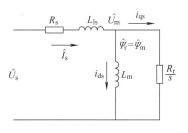

图 7-7 电动机的稳态等效电路（忽略转子的漏感）

d^e-q^e 坐标系下的异步电动机矢量图如图 7-8 所示，图中，转子磁链被定向在 d^e 轴上，转矩电流分量 i_{qs} 穿过气隙产生有功功率，励磁电流分量 i_{ds} 仅产生无功功率。

图 7-8a 中，保持 i_{ds} 不变以维持恒定的 $\hat{\psi}_r$，则 i_{qs} 增大可以增大转矩。

图 7-8b 中，保持 i_{qs} 不变，则减小 i_{ds} 将减小 $\hat{\psi}_r$。

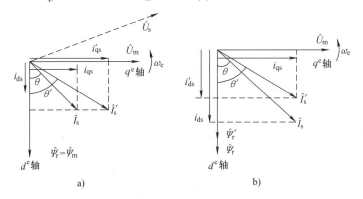

图 7-8 稳态相量图
a）转矩电流分量的增加　b）励磁电流分量的增加

7.2.3　矢量控制原理

矢量控制的基本原理可以用图 7-9 来解释，图中，电动机模型采用的是同步旋转参考坐标系下的电动机模型。假设逆变器具有单位电流增益，即由控制其产生的电流指令值 i_a^*、i_b^*、i_c^* 直接变换为幅值、相位和频率都一致的实际电流 i_a、i_b、i_c。

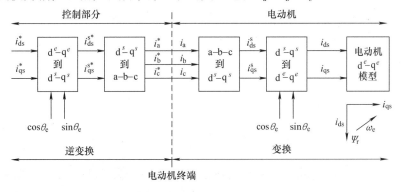

图 7-9　基于电动机 d^e-q^e 模型的矢量控制实现原理

电动机终端相电流 i_a、i_b、i_c 通过三相或二相静止变换转换为 i_{ds}^s、i_{qs}^s，之后利用旋转变换矩阵把它们变换到旋转坐标系中，将得到的 i_{ds}、i_{qs} 信号施加到 d^e-q^e 坐标系下的电动机模型上。

控制器需要两个反变换，以便控制电流 i_{ds}^* 和 i_{qs}^* 分别与电动机电流 i_{ds}、i_{qs} 相一致。旋转变换保证了电流 i_{ds} 与磁链矢量 ψ_r 的方向一致，并且 i_{qs} 与它们呈垂直关系。

实际上存在两种矢量控制方法：一种称为直接矢量控制；另一种称为间接矢量控制。两者的区别是旋转变换（$\sin\theta_e$ 和 $\cos\theta_e$）产生的方法不同。需要指出的是：将 i_{ds} 定向到转子磁链 ψ_r、气隙磁链 ψ_m 或定子磁链 ψ_s 上都可以实现矢量控制，分别称为转子磁链定向矢量控制、气隙磁链定向矢量控制以及定子磁链定向矢量控制。转子磁链定向矢量控制可以得到磁链和转矩之间的自然解耦，而气隙磁链定向矢量控制或者定子磁链定向矢量控制会产生耦合效应，该耦合效应必须通过解耦补偿电流实施补偿。

7.2.4　直接矢量控制

电压源型 PWM 逆变器传动系统的直接矢量控制框图如图 7-10 所示。主要的矢量控制参量 i_{qs}^* 和 i_{ds}^* 在同步旋转坐标系中为直流量，借助于由磁链矢量信号 ψ_{dr}^s、ψ_{qr}^s 导出的单位矢量（$\cos\theta_e$ 和 $\sin\theta_e$），i_{qs}^* 和 i_{ds}^* 被变换到静止坐标系中（定义这个变换为矢量旋转变换 VR），产生的静止坐标系下的信号被变换为逆变器的相电流指令值。采用稍后将要讨论的电压模型估计器能由电动机端电压和电流得到磁链信号 ψ_{dr}^s 和 ψ_{qr}^s。为了实现磁链的精确控制，这里添加了磁链控制环。给定的转矩电流分量 i_{qs}^* 由带双极性限幅器（图中未画出）的速度控制环产生。当磁链恒定时，正比于 i_{qs} 的转矩可以是双极性的。当 i_{qs} 为负时，转矩也为负，对应的 i_{qs} 相位在图 7-10 中变为负。如果有必要，可在速度环内添加转矩控制环。通过规划编程，将磁链指令值定义为速度的函数，可以使逆变器在基速之上仍工作在 PWM 模式，则图 7-10 所示的系统也能扩展到弱磁运行区。

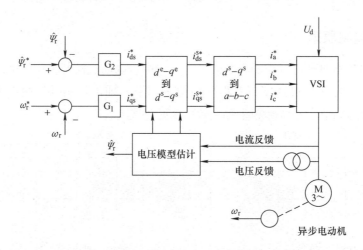

图 7-10　带转子磁链定向的直接矢量控制框图

矢量控制的关键是把电流 i_{ds} 准确定向在 $\hat{\psi}_r$ 方向上，并且 i_{qs} 与其呈垂直关系。该关系是通过静止坐标系（d^s-q^s 坐标系）上的转子磁链矢量信号 ψ_{dr}^s、ψ_{qr}^s 实现的，其原理如图 7-11

所示。其中（d^e-q^e）坐标系相对于静止坐标系（d^s-q^s）以同步角速度 ω_e 旋转。在任何时刻，d^e 轴相对于 d^s 轴的角度位置为 $\theta_e = \omega_e t$。

由该图得到如下关系：

$$\begin{cases} \psi_{dr}^s = \hat{\psi}_r \cos\theta_e \\ \psi_{qr}^s = \hat{\psi}_r \sin\theta_e \end{cases} \quad (7\text{-}9)$$

$$\begin{cases} \cos\theta_e = \dfrac{\psi_{dr}^s}{\hat{\psi}_r} \\ \sin\theta_e = \dfrac{\psi_{qr}^s}{\hat{\psi}_r} \\ \hat{\psi}_r = \sqrt{\psi_{dr}^{s2} + \psi_{qr}^{s2}} \end{cases} \quad (7\text{-}10)$$

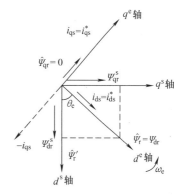

图 7-11　转子磁链定向下电动机在 d^s-q^s 和 d^e-q^e 坐标系上的相量关系

由于 d^e 轴定向在 $\hat{\psi}_r$ 方向上，因此 $\psi_{qr}=0$，$\psi_{dr}=\psi_r$。转矩方程可以表示为

$$T_e = K_t \hat{\psi}_r i_{qs} \quad (7\text{-}11)$$

它类似于直流电动机的方程。

由于旋转变换信号由反馈磁链矢量导出，因此这种矢量控制称为"直接矢量控制"。

矢量控制的几个特点：

1）系统频率 ω_e 不像标量控制下被直接控制。电动机本身是自控的，借助旋转变换间接对相位和频率实现了控制。

2）不必担心像标量控制那样在超过极限转矩工作点时系统出现的不稳定问题。矢量控制通过限制电流在安全范围内，自动地将工作点限制在稳定区域内。

3）与直流电动机类似，矢量控制下通过 i_{qs} 控制转矩不会影响磁链，瞬态响应快。

4）与直流电动机类似，采用矢量控制可以实现四象限控制。在正向电动状态下，若转矩为负，则系统开始进入再生制动模式，迫使速度下降；到速度为零时，旋转变换的相序自动改变，从而进入反向电动运行模式。

7.2.5　磁链矢量的估计

在直接矢量控制方法中，需要估计转子磁链分量 ψ_{dr}^s 和 ψ_{qr}^s 以便可以通过式（7-10）计算单位矢量和转子磁链幅值。下面讨论两种常用的磁链估计方法。

1. 基于电压模型的方法

该方法的基本思想是：利用检测到的电动机端电压和电流，由异步电动机静止坐标系下的等效电路导出的方程计算磁链。

通过三相或二相静止变换得到 i_{ds}^s、i_{qs}^s：

$$\begin{cases} i_{qs}^s = \dfrac{2}{3}i_a - \dfrac{1}{3}i_b - \dfrac{1}{3}i_c = i_a \\ i_{ds}^s = -\dfrac{1}{\sqrt{3}}i_b + \dfrac{1}{\sqrt{3}}i_c = -\dfrac{1}{\sqrt{3}}(i_a + 2i_b) \end{cases} \quad (7\text{-}12)$$

同样可以得到：

$$\begin{cases} u_{qs}^s = \dfrac{2}{3}u_a - \dfrac{1}{3}u_b - \dfrac{1}{3}u_c = \dfrac{1}{3}(u_{ab} + u_{ac}) \\ u_{ds}^s = -\dfrac{1}{\sqrt{3}}u_b + \dfrac{1}{\sqrt{3}}u_c = -\dfrac{1}{\sqrt{3}}u_{bc} \end{cases} \quad (7\text{-}13)$$

则得到定子磁链为

$$\begin{cases} \psi_{qs}^s = \int (u_{qs}^s - R_s i_{qs}^s)\,dt \\ \psi_{ds}^s = \int (u_{ds}^s - R_s i_{ds}^s)\,dt \\ \hat{\psi}_s = \sqrt{\psi_{qs}^{s2} + \psi_{ds}^{s2}} \end{cases} \quad (7\text{-}14)$$

气隙磁链为

$$\begin{cases} \psi_{dm}^s = \psi_{ds}^s - L_{ls}i_{ds}^s = L_m(i_{ds}^s + i_{dr}^s) \\ \psi_{qm}^s = \psi_{qs}^s - L_{ls}i_{qs}^s = L_m(i_{qs}^s + i_{qr}^s) \end{cases} \quad (7\text{-}15)$$

转子磁链为

$$\begin{cases} \psi_{dr}^s = L_m i_{ds}^s + L_r i_{dr}^s \\ \psi_{qr}^s = L_m i_{qs}^s + L_r i_{qr}^s \end{cases} \quad (7\text{-}16)$$

由于转子电流不可测，由式（7-15）解出 i_{dr}^s、i_{qr}^s 代入到式（7-16）中，消除掉二者，同时利用 $L_m - L_r = -L_{lr}$，得到：

$$\begin{cases} \psi_{dr}^s = \dfrac{L_r}{L_m}\psi_{dm}^s - L_{lr}i_{ds}^s \\ \psi_{qr}^s = \dfrac{L_r}{L_m}\psi_{qm}^s - L_{lr}i_{qs}^s \end{cases} \quad (7\text{-}17)$$

同样，把式（7-15）前面的等式代入上式中，同时考虑到 $L_{lr} = L_r - L_m$，$L_{ls} = L_s - L_m$，则：

$$\begin{cases} \psi_{dr}^s = \dfrac{L_r}{L_m}(\psi_{ds}^s - \sigma L_s i_{ds}^s) \\ \psi_{qr}^s = \dfrac{L_r}{L_m}(\psi_{qs}^s - \sigma L_s i_{qs}^s) \end{cases} \quad (7\text{-}18)$$

式中，$\sigma = 1 - \dfrac{L_m^2}{L_r L_s}$。

由式（7-17）解出 ψ_{dm}^s、ψ_{qm}^s 并带入到电动机转矩方程中得到：

$$T_e = \dfrac{3}{2}\left(\dfrac{P}{2}\right)\dfrac{L_m}{L_r}(\psi_{dr}^s i_{qs}^s - \psi_{qr}^s i_{ds}^s) \quad (7\text{-}19)$$

调速系统各种信号的估计框图如图 7-12 所示，在对检测信号进行 A - D 转换前，需要对检测的电流信号进行低通滤波，并实现三相或二相变换。

在低频（包括零速）情况下，这种直接矢量控制方法难以获得较好的控制性能。这主要是因为：

1）低速时，电压信号 v_{ds}^s、v_{qs}^s 非常小。另外，直流偏移量导致在积分器输出端上出现积累，从而使理想的积分出现困难。

2）电阻 R_s、电感 L_{ls}、L_{lr} 和 L_m 等参数的变化将使信号估计的准确度变低。尤其是温度变化对 R_s 的影响更显著。

由于在工业应用中，要求矢量控制系统能在零速度起动，因此基于电压模型信号估计的直接矢量控制不能被采用。

2. 基于电流模型的方法

采用电流模型可以在低速时更容易地估计转子磁链信号。

利用电动机的 (d^s-q^s) 下的模型，转子电路方程为

$$R_r i_{dr}^s + \frac{d}{dt}\psi_{dr}^s + \omega_r \psi_{qr}^s = 0 \quad (7\text{-}20)$$

$$R_r i_{qr}^s + \frac{d}{dt}\psi_{qr}^s - \omega_r \psi_{dr}^s = 0 \quad (7\text{-}21)$$

在上面两个方程的两边分别加上 $\dfrac{L_m R_r}{L_r} i_{ds}^s$ 和 $\dfrac{L_m R_r}{L_r} i_{qs}^s$，得到：

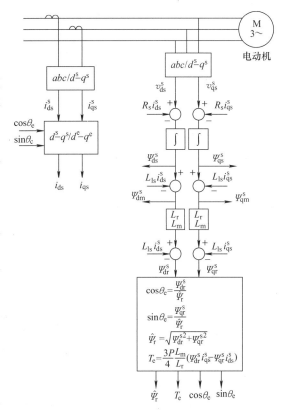

图 7-12　基于电压模型的反馈信号估计框图

$$\frac{R_r}{L_r}(L_m i_{ds}^s + L_r i_{dr}^s) + \frac{d}{dt}\psi_{dr}^s + \omega_r \psi_{qr}^s = \frac{L_m R_r}{L_r} i_{ds}^s \quad (7\text{-}22)$$

$$\frac{R_r}{L_r}(L_m i_{qs}^s + L_r i_{qr}^s) + \frac{d}{dt}\psi_{qr}^s - \omega_r \psi_{dr}^s = \frac{L_m R_r}{L_r} i_{qs}^s \quad (7\text{-}23)$$

把式（7-16）代入上面两式中，整理得

$$\frac{d}{dt}\psi_{dr}^s = \frac{L_m}{T_r} i_{ds}^s - \omega_r \psi_{qr}^s - \frac{1}{T_r}\psi_{dr}^s \quad (7\text{-}24)$$

$$\frac{d}{dt}\psi_{qr}^s = \frac{L_m}{T_r} i_{qs}^s - \omega_r \psi_{dr}^s - \frac{1}{T_r}\psi_{qr}^s \quad (7\text{-}25)$$

式中，$T_r = L_r/R_r$ 为转子回路的时间常数。

上面两式表明转子磁链是定子电流和速度的函数。这些方程被定义为磁链估算的电流模型。该模型的估算方法如框图 7-13 所示。

该模型的磁链估算需要一个速度编码器，优点是系统能够零速运行。

不过，该方法的估算准确度受电动机参数变化的影响，尤其是转子电阻受温度和趋肤效应的影响很大（误差可能高于 50%），并且该参数的补偿比较困难。

由于在高速时电压模型对磁链估算的效果较好，而电流模型在任何速度范围内都可以使用，因此可以采用混合模型，在高速时采用电压模型，在低速阶段平稳的切换至电流模型。

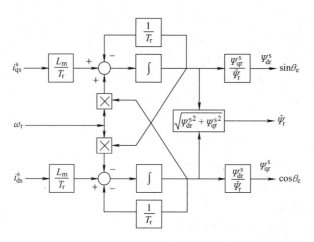

图 7-13 基于电流模型的磁链估计

7.2.6 间接或前馈矢量控制

间接矢量控制的本质与直接矢量控制相同,只是 $\sin\theta_e$ 和 $\cos\theta_e$ 产生的方式不同。其基本原理如图 7-14 所示。

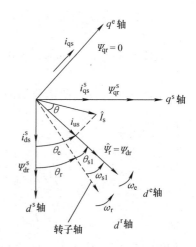

(d^s-q^s) 轴固定在定子上,(d^r-q^r) 轴固定在转子上,随转子以角速度 ω_r 旋转,与定子角频率 ω_e 同步旋转的轴 (d^e-q^e) 比 (d^r-q^r) 轴超前一个与转差频率 ω_{sl} 相关的 θ_{sl} 角。转子磁链被定向在 d^e 轴上,且有:$\omega_e = \omega_{sl} + \omega_r$,则 $\theta_e = \int \omega_e dt = \int (\omega_r + \omega_{sl}) dt = \theta_r + \theta_{sl}$。

由于转子磁极的位置不是固定的,而是相对于转子以角频率 ω_{sl} 旋转。为实现解耦控制,定子电流的磁链分量 i_{ds} 应被固定在 d^e 轴上,而转矩分量 i_{qs} 应被固定在 q^e 轴上。

图 7-14 间接矢量控制原理的相量图

电动机转子回路电压方程为

$$R_r i_{qr} + \frac{d}{dt}\psi_{qr} + (\omega_e - \omega_r)\psi_{dr} = 0 \tag{7-26}$$

$$R_r i_{dr} + \frac{d}{dt}\psi_{dr} - (\omega_e - \omega_r)\psi_{qr} = 0 \tag{7-27}$$

磁链方程为

$$\psi_{qr} = L_r i_{qr} + L_m i_{qs} \tag{7-28}$$

$$\psi_{dr} = L_r i_{dr} + L_m i_{ds} \tag{7-29}$$

由上面的方程式,可以解得转子电流为

$$i_{dr} = \frac{1}{L_r}\psi_{dr} - \frac{L_m}{L_r}i_{ds} \tag{7-30}$$

$$i_{qr} = \frac{1}{L_r}\psi_{qr} - \frac{L_m}{L_r}i_{qs} \tag{7-31}$$

式（7-26）、式（7-27）中的转子电流不可测，因此把上面两式代入其中，消掉转子电流得

$$\frac{d}{dt}\psi_{dr} + \frac{R_r}{L_r}\psi_{dr} - \frac{L_m}{L_r}R_r i_{ds} - \omega_{sl}\psi_{qr} = 0 \tag{7-32}$$

$$\frac{d}{dt}\psi_{qr} + \frac{R_r}{L_r}\psi_{qr} - \frac{L_m}{L_r}R_r i_{qs} + \omega_{sl}\psi_{dr} = 0 \tag{7-33}$$

由于解耦控制，把转子磁链定向在 d^e 轴上，因此 $\psi_{qr}=0$，$\frac{d\psi_{qr}}{dt}=0$，式（7-32）和式（7-33）可以简化成：

$$\frac{L_r}{R_r}\frac{d\hat{\psi}_r}{dt} + \hat{\psi}_r = L_m i_{ds} \tag{7-34}$$

$$\omega_{sl} = \frac{L_m R_r}{\hat{\psi}_r L_r}i_{qs} \tag{7-35}$$

若保持转子磁链为常数，则 $\frac{d\hat{\psi}_r}{dt}=0$，因此式（7-34）变为

$$\hat{\psi}_r = L_m i_{ds} \tag{7-36}$$

上式表明，稳态时，转子磁链与电流 i_{ds} 成正比。

采用间接矢量控制的调速系统框图如图 7-15 所示。

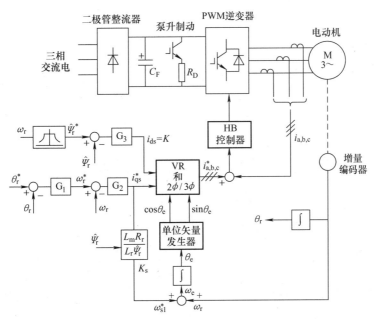

图 7-15　带开环磁链控制的间接矢量控制框图

该系统的主电路由二极管整流器、直流环节的泵升制动回路和 PWM 逆变器组成。图中采用了滞环电流 PWM 控制方式，但也可以采用电压 PWM 控制方式。

定子电流的转矩分量 i_{qs}^* 由速度环产生，励磁分量 i_{ds}^* 由磁链环产生。转差频率由式（7-35）确定，对应的转差增益为

$$K_s = \frac{\omega_{sl}^*}{i_{qs}^*} = \frac{L_m R_r}{L_r \hat{\psi}_r} \tag{7-37}$$

逆变器的频率信号 ω_e 由速度信号 ω_r 和 ω_{sl}^* 相加得到，对 ω_e 积分可以得到位置信号 θ_e。

在间接矢量控制下，由增量式位置编码器检测电动机的速度信号是必需的，因为在这种前馈控制方式下，转差信号只能确定电动机的转子磁极与转子 d^r 轴之间的相对速度，而后者以电动机的速度旋转，因此电动机的速度和转差频率之和才是转子磁链的同步旋转速度。

7.3 电力推进系统直接转矩控制

在 20 世纪 80 年代中期，为电压源型 PWM 逆变器传动系统提出了一种先进的控制技术，该技术被称为直接转矩控制（DTC），基于该技术的传动系统性能可与矢量控制的传动系统性能相媲美。该控制方案的原理是通过查表的方法以选择合适的空间电压矢量，从而实现传动系统转矩和磁链的直接控制。在阐述其控制原理之前，首先将电磁转矩表达为电动机定子和转子磁链的函数。

7.3.1 基于定子和转子磁链的转矩表达式

电动机的转矩表达式以矢量形式可以表示为

$$T_e = \frac{3}{2}\left(\frac{P}{2}\right)\psi_s I_s \tag{7-38}$$

式中，$\psi_s = \psi_{qs}^s - j\psi_{ds}^s$，$I_s = i_{qs}^s - ji_{ds}^s$。

在这个方程中，若要用转子磁链 ψ_r 代替 I_s，首先用复数形式将 ψ_s 和 ψ_r 表示为电流的函数如下：

$$\psi_s = L_s I_s + L_m I_r \tag{7-39}$$

$$\psi_r = L_r I_r + L_m I_s \tag{7-40}$$

由式（7-40）解出 $I_r = \frac{1}{L_r}\psi_r - \frac{L_m}{L_r}I_s$，代入式（7-39）中得

$$\psi_s = \frac{L_m}{L_r}\psi_r + L_s' I_s \tag{7-41}$$

式中，$L_s' = L_s L_r - L_m^2$，解得 I_s 为

$$I_s = \frac{1}{L_s'}\psi_s - \frac{L_m}{L_s' L_r}\psi_r \tag{7-42}$$

把上式代入式（7-38）中得

$$T_e = \frac{3}{2}\left(\frac{P}{2}\right)\frac{L_m}{L_s' L_r}\psi_r \psi_s \tag{7-43}$$

即

$$T_e = \frac{3}{2}\left(\frac{P}{2}\right)\frac{L_m}{L_s' L_r}|\psi_r||\psi_s|\sin\gamma \tag{7-44}$$

式中，γ 为定子磁链和转子磁链之间的夹角。图 7-16 表示式（7-43）中有关相量的相量图，如果转子磁链保持不变，而定子磁链随定子电压 U_s 逐渐增加，对应 γ 角变化量是 $\Delta\gamma$，那么转矩增量 ΔT_e 的表达式是：

$$\Delta T_e = \frac{3}{2}\left(\frac{P}{2}\right)\frac{L_m}{L_s' L_r}|\psi_r||\psi_s + \Delta\psi_s|\sin\Delta\gamma \tag{7-45}$$

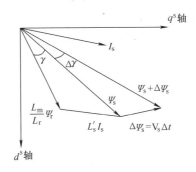

图 7-16　$d^s - q^s$ 平面上的定子磁链、转子磁链，以及定子电流矢量

7.3.2　直接转矩控制的基本原理

直接转矩和磁链控制的框图如图 7-17 所示，图 7-18 解释了该控制策略。定子给定磁链 ψ_s^* 和给定转矩 T_e^* 与相应的估计值作比较，产生的误差分别送入一个滞环控制器。磁链环控制器为两电平输出，表达式如下：

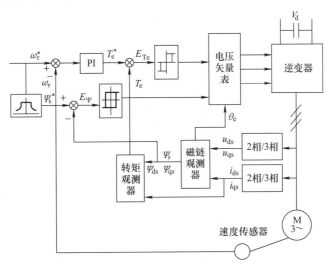

图 7-17　直接转矩控制框图

当 $E_\psi > +HB_\psi$ 时，$H_\psi = 1$
当 $E_\psi < -HB_\psi$ 时，$H_\psi = -1$

$2HB_\psi$ 为磁链控制器的总滞环带宽。给定磁链矢量 ψ_s^* 的圆形轨迹在滞环内沿逆时针方向旋转，如图 7-18a 所示。实际的定子磁链 ψ_s 被控制在滞环带内并以之字形轨迹跟踪给定磁链。

转矩滞环控制器采用三级滞环输出：

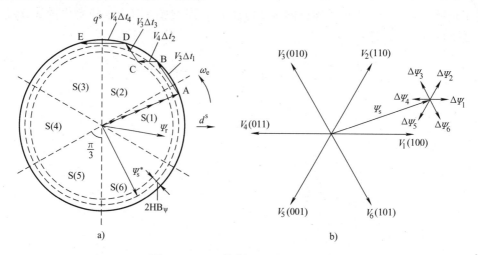

图 7-18 DTC 控制下磁链矢量轨迹

当 $E_{Te} > +HB_{Te}$ 时，$H_{Te} = 1$
当 $E_{Te} < -HB_{Te}$ 时，$H_{Te} = -1$
当 $-HB_{Te} < E_{Te} < +HB_{Te}$ 时，$H_{Te} = 0$

系统中的磁链和转矩反馈信号由电动机端电压和电流信号计算得到，为得到电压矢量表，还需要知道磁链矢量 ψ_s 所在的扇区 $S(k)$，该扇区信号同样由磁链观测模块得到。

框图中的磁链观测器为

$$\left.\begin{array}{l}\psi_{ds}^s = \int(u_{ds}^s - i_{ds}^s R_s)\,dt \\ \psi_{qs}^s = \int(u_{qs}^s - i_{qs}^s R_s)\,dt\end{array}\right\} \tag{7-46}$$

$$\psi_s = \sqrt{(\psi_{ds}^s)^2 + (\psi_{qs}^s)^2} \tag{7-47}$$

$$\theta_e = \arctan\frac{\psi_{qs}^s}{\psi_{ds}^s} \tag{7-48}$$

转矩观测器为

$$T_e = \frac{3P}{4}(\psi_{ds}^s i_{qs}^s - \psi_{qs}^s i_{ds}^s) \tag{7-49}$$

如图 7-18a 所示，共有 6 个扇区（每个扇区占 $\pi/3$）。图 7-17 中的电压矢量表模块接受输入信号 H_ψ、H_{Te} 和 $S(k)$，通过查表方式为逆变器产生适当的控制电压矢量（即控制电力器件的开关状态）。图 7-18b 表示了逆变器的 8 个电压矢量（6 个非零矢量和 2 个零矢量）和典型的 ψ_s 矢量。如果忽略定子电阻，则电动机的电压矢量可以表示为

$$U_s = \frac{d}{dt}\psi_s \tag{7-50}$$

因此

$$\Delta\boldsymbol{\psi}_s = \boldsymbol{U}_s \Delta t \tag{7-51}$$

上式表明，磁链矢量的增量等于电压矢量 U_s 与时间增量 Δt 的乘积，因此与逆变器的六

个非零电压矢量之间存在一定的对应关系，如图 7-18 所示。当电动机刚上电时，在零频（直流）定子电压作用下，电动机的磁链沿着图 7-18a 中径向磁链轨迹 OA 逐渐建立起来。当额定电压被建立后，系统发出转矩命令，并且给定磁链矢量 ψ_s^* 开始旋转。通过查表 7-2，可以选择适当的电压矢量作用于系统，其电压矢量实际上同时对系统的转矩和磁链进行控制，使其保持在给定的滞环之内。图 7-18a 中，磁链轨迹段 AB、BC、CD 和 DE 对应的电压矢量分别为 V_3、V_4、V_3 和 V_4。由 $\Delta\psi_s$ 导致的转矩增量如图 7-16 所示。

假设磁链参考矢量位于扇区 S(1) 中（如图 7-18b 所示），则如果想增大定子磁链，则可以选择电压矢量 V_2、V_6、V_1；若想减小磁链，则可以选择电压矢量 V_3、V_5、V_4；如果想改变转矩，则需要增大定转子磁链之间的夹角，由于转子机械惯性比较大，可以认为在一个微小的时间 Δt 内，转子磁链的位置基本不变，而定子磁链的位置受电压矢量的影响迅速变化。这样，如果想增大转矩可以选择电压矢量 V_2、V_3、V_4（使 γ 增大）；若想减小转矩，则可以选择电压矢量 V_5、V_6、V_1（使 γ 减小）。

上面电压矢量对磁链和转矩的影响可以用表 7-1 来表示。

表 7-1 扇区 S(1) 中电压矢量引起的磁链和转矩变化

电压矢量	V_1	V_2	V_3	V_4	V_5	V_6	V_0、V_7
ψ_s	+	+	−	−	−	+	0
T_e	−	+	+	+	−	−	−

注意：由于矢量 V_1 和 V_4 使 γ 改变的较小，对转矩的调节不明显，因此，一般不采用。另外，在 0 矢量作用下，定子磁链的增量 $\Delta\psi_s = V_0\Delta t = 0$，因此，定子磁链的位置和大小保持不变，因此转矩也基本不变，但是转子磁链由于机械惯性继续前进，实际上 γ 稍微减小，导致转矩稍微减小。

因此如果要同时增大磁链和转矩要选择 V_2，同时减小磁链和转矩要选择 V_5，要增大磁链而减小转矩要选择 V_6，要减小磁链而增大转矩要选择 V_3。

这样，在 S_1 中的开关表见表 7-2，该表中同时也列出了磁链参考矢量位于其他扇区时所应选择的电压矢量。

表 7-2 逆变器电压矢量开关表

H_ψ	H_{Te}	S(1)	S(2)	S(3)	S(4)	S(5)	S(6)
1	1	V_2(110)	V_3(010)	V_4(011)	V_5(001)	V_6(101)	V_1(100)
1	0	V_7(111)	V_0(000)	V_7(111)	V_0(000)	V_7(111)	V_0(000)
1	−1	V_6(101)	V_1(100)	V_2(110)	V_3(010)	V_4(011)	V_5(001)
−1	1	V_3(010)	V_4(011)	V_5(001)	V_6(101)	V_1(100)	V_2(110)
−1	0	V_0(000)	V_7(111)	V_0(000)	V_7(111)	V_0(000)	V_7(111)
−1	−1	V_5(001)	V_6(101)	V_1(100)	V_2(110)	V_3(010)	V_4(011)

7.4 交流电力推进系统示例

7.4.1 某液化天然气运输船电力推进系统

本节以一艘液化天然气运输船的电力推进系统为例来介绍交流电力推进技术在实船上的应用,该船如图7-19所示,配备了ABB公司最先进的电力推进装置。该船的电力推进系统配置如图7-20所示。

图7-19 采用ABB电力推进装置的液化天然气运输船

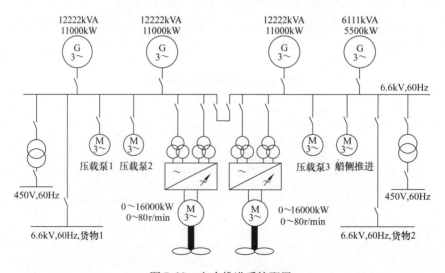

图7-20 电力推进系统配置

四台发电机组构成了6.6kV、60Hz中压供电系统,推进系统采用双轴配置形式,单轴推进功率为16MW,推进电动机为3.3kV的双三相感应电动机,由ABB的ACS6000中压推进变频器控制,推进变频器与主配电板之间采用了双三相或六相推进变压器,可减小推进系统对主电网的谐波干扰。

ACS6000系列变频器是ABB公司开发的中压大功率高性能驱动变频器,功率可达3~27MW,电压可达3300V。该变频器的外形结构如图7-21所示,内部结构如图7-22所示。

图7-21　ACS6000系列变频器

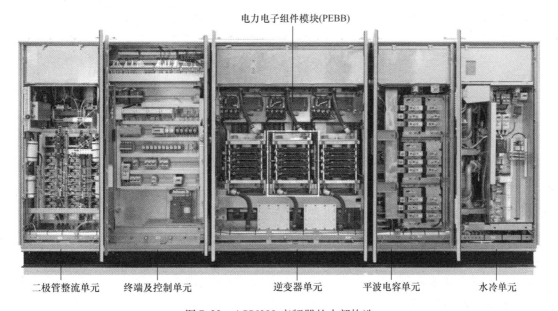

图7-22　ACS6000变频器的内部构造

图7-22中的电力电子组件模块(PEBB)是一个集成了驱动及水冷装置的电压源型三电平逆变器单相桥臂(如图7-23所示),以它为基本单元可以方便的构成所需要的各种类型

的 AC-DC 整流器或 DC-AC 逆变器。ACS6000 的主电路拓扑如图 7-24 所示，由二极管整流单元、平波电容单元及逆变单元组成，整流单元一般采用 12 脉波二极管整流，根据需要也可采用 24 脉波二极管整流或者三相三电平 PWM 整流。逆变单元为三相二极管钳位式三电平电压源型逆变器，主开关器件采用 ABB 公司生产的 IGCT。

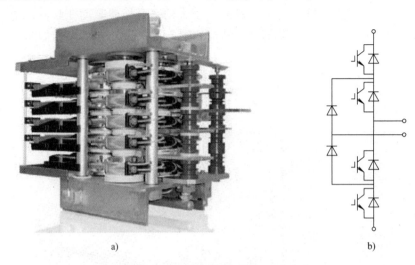

图 7-23 电力电子组件模块（PEBB）
a）PEBB 实际模块　b）PEBB 的主电路拓扑

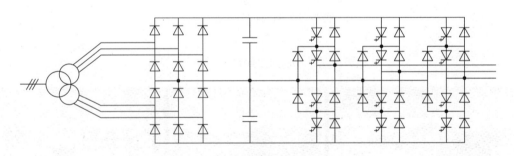

图 7-24 ACS6000 变频器的主电路拓扑

ACS6000 系列中压变频器都采用了先进的直接转矩控制（DTC）技术，其基本原理可参考上节所述。

7.4.2　某 350t 自航起重船电力推进系统

350t 自航起重船采用了低压柴油电力推进系统，其核心装置选用的是西门子公司的进口设备，该产品已经在各种类型的船舶上得到大量使用。电力推进系统由供电系统和推进系统组成，供电系统的设备包括柴油发电机组和配电板，推进系统的设备包括：推进变压器、变频器、推进电动机、定距桨侧向推进装置。

电力推进系统组成结构如图 7-25 所示，系统主要组成设备包括：400V、50Hz、1025kW 柴油发电机组 3 台；400V 主配电板 1 套；400V/2×720V、1500kVA 推进变压器 2 台；400V/690V、15kVA 预充磁变压器 2 台；690V、1200kW 变频器 2 台；690V、1100kW 推进电动机 2 台；400V、200kW 变频器 1 台；380V、200kW 侧推电动机 1 台；定距桨侧推装置 1 台。

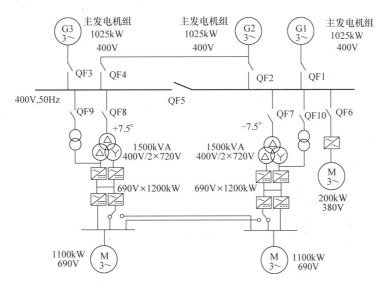

图 7-25　350t 自航起重船电力推进系统图

供电系统以经济实用性和安全可靠性为主要的设计原则，根据全船主推进、侧推以及日用负载的实际运行需求，采用了 3 台 1025kW 的柴油发电机组，总电站容量 3075kW；主发电机为无刷同步交流发电机，带有自动电压调整器，适用于连续并联运行。配电组成：采用 400V 的低压配电板进行配电，根据 CCS 要求，配电板利用联络开关分为前后两段，正常情况下联络开关保持闭合。主配电板的设计和制造将满足可靠性、人性化、操作安全性、经济性和优化效率的要求。3 台发电机组的布置可根据总体设计的具体要求进行搭配布置，为了供电的可靠性，具体表现为在任意一段配电板母排发生故障的情况下，都能保证有 2 台发电机组对外供电。

主推进装置包括 400V/2×720V、1500kVA 推进变压器 2 台；400V/690V、15kVA 预充磁变压器 2 台；690V、1200kW 变频器 2 台；690V、1100kW 推进电动机 2 台；400V、200kW 变频器 1 台；380V、200kW 侧推电动机 1 台；定距桨侧推装置 1 台。

推进变压器为 12 脉波变压器，包含两套三相次级绕组，两套次级绕组之间存在着 30°电位移，在交流低压电网上形成 12 脉波整流回路。一套变压器中的一组初级绕组具有 +7.5°电角度偏移，而第二组初级绕组具有 -7.5°电角度偏移，当两套变压器同时工作时，便在交流低压电网上形成了 24 脉波整流回路。两台主推进变频器采用双路输出的冗余模式，在正常工作情况下每台变频器驱动一台推进电动机，当某一变频器出现故障时，通过另外变频器可同时驱动两台推进电动机。推进电动机功率为 1100kW，采用卧式安装结构，设计转速为 750r/min，能够长时间运行。

主推进变频器为西门子的 SIMOVERT MASTERDRIVES 型变频器，其外观及内部布置如图 7-26 所示，其电路原理及组成框图如图 7-27 所示，主电路采用 AC-DC-AC 结构，整流部分采用 12 脉波二极管整流器,逆变部分采用基于 IGBT 的三相两电平 PWM 变频器。变频器的控制方式采用矢量控制,其控制原理参见 7.2 节。

图 7-26 自航起重船推进变频器

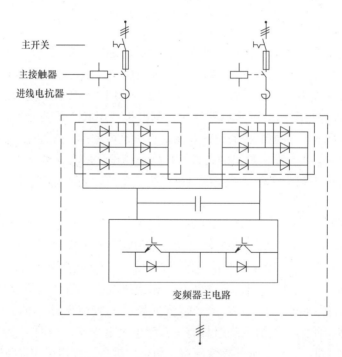

图 7-27 推进变频器的原理框图

第 8 章 船舶侧推装置

船舶侧推装置可提高船舶的操纵性能,便于精确保持船位,在船舶领域得到了广泛应用,本章将介绍几类常用的船舶侧推装置。

8.1 船舶侧推装置概述

船舶侧推装置(Side Thruster)也叫横向舵、横向喷流舵,是指在船舶水线以下横向套筒中的一种特殊的横向推进装置,其推力的大小和方向可由控制系统操纵而改变。它装设于船首和船尾部较低处,以便于在船舶低速航行时和布置在船尾部的常规舵协作以完成转向操作,以及当船舶停车或后退时能获得较好的控向性能。侧推器的轴向与船舶舯剖面相垂直,位于船首底部者称艏侧推器(Bow Thruster),如图 8-1 所示,装于船尾者为尾侧推器(Quart Thruster)。由于船尾有螺旋桨和舵设备,因此尾侧推器的安装工艺复杂、成本相对较高,故船舶安装侧推器多只布置在艏部。

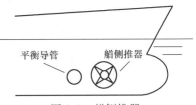

图 8-1 艏侧推器

船舶上所安装的侧推器均为隧道式推进器,它工作时利用布置在横向导管中的螺旋桨所产生的推力来实现船舶变向。为了增加艏侧推器的使用效果,有的船舶还在其后侧另开设一个中空且左右贯通的平衡导管(见图 8-1)。侧推器可采用固定螺距螺旋桨或可变螺距螺旋桨作推进器,其转速一般有 2~3 节,而且它直接在驾驶台遥控。这样,根据实际需要通过操纵手柄(或按钮)就能控制其转动方向和转速达到操控船舶的目的。

8.1.1 船舶侧推装置的工作原理

船舶侧推器的结构很简单,在船舶一端或两端的水下部分作横贯船体的管道,内装螺旋桨,如图 8-2 所示是位于侧推器处的船体横剖面示意图。从图中可以看出:当螺旋桨转动时,分别从管道口 1、2 吸入水流,从管道口 3、4 排出水流,形成向船侧的排出流。从管道口 1、2 对称吸入的吸入流,对船体无横向作用力,而从管道口 3、4 排出的水流,其排出流方向由半环形罩筒控制,如图 8-2 所示。图 8-2b 是管道口 3、4 的俯视图。由图 8-2b 的(A)可见:半环形罩筒口朝左,排出流从管道口 3 排出,管道口 4 中无水流排出,这是完全不对称排出,使船体获得最大的向右舷方向的推力;由图 8-2b 的(B)可见:半环形罩筒口朝右,排出流从管道口 4 排出,管道口 3 中无水流排出,这也是完全不对称排出,使船体获得最大的向左舷方向的推力;由图 8-2b 的(C)可见:半环形罩筒口朝前,排出流从管道口 3、4 对称排出,对船体无横向作用力;当半环形罩筒口朝非前、非左、非右的某一位置时,排出流分别从管道口 3 和管道口 4 不等量排出,这种不等量排出使船体获得向左右舷方向的推力差,推力差的大小和方向由半环形罩筒口的位置确定,控制半环形罩筒口的位置可任意获得所需的作用在船舶上的侧向力。

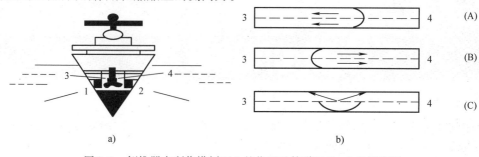

图 8-2 侧推器在所作横剖面上的位置及管道口 3、4 之俯视图
a) 侧推器在所作横剖面上的位置 b) 管道口 3、4 之俯视图

8.1.2 船舶侧推装置的作用和要求

侧推器是一种能产生船舶横向推力（侧推力）的特殊推进装置。安装在船首或船尾水线以下的横向导筒中，产生的推力大小和方向均可根据需要进行改变。

一般船舶在靠离码头、过运河、进出水闸、穿过狭窄航道和船舶拥挤的水域时，一是要船速慢，二是要经常用舵改变航向。但船速越慢舵的效果越差，给船舶操纵带来困难。特别是受风面积大的集装箱船、滚装船、木材船等，在低速航行时，只靠舵效改变航向往往不能满足要求，不得不用拖船帮助。

船上设侧推器将会起到如下作用：
1) 提高船舶的操纵性能，特别是船速为零或船速很慢时的操纵性能；
2) 缩短船舶靠离码头的时间；
3) 节省拖船费用；
4) 提高船舶机动航行时的安全性；
5) 可减少主机起动、换向次数，延长主机使用寿命。

侧推器应满足如下要求：
1) 装置结构简单、工作可靠、维护管理方便；
2) 应尽可能设在船的端部，以便在同样推力下获得较大的转船力矩；
3) 应有足够的浸水深度，以提高侧推器的工作效率。侧推器的螺旋桨轴线离水线距离不得小于它的桨叶直径，以免空气进入螺旋桨处，影响侧推器工作。
4) 对船体所造成的附加阻力要小，侧推装置本身的工作效率要高；
5) 能根据需要迅速改变推力大小和方向；
6) 在侧推器旁及驾驶台均能进行操作。在驾驶台上操作，一般在中央与两翼均可进行。

侧推器的类型很多，按布置位置不同有艏推、艉推和舷内式、舷外式之分；按产生推力的方法不同有螺旋桨式和喷水式；按原动机不同有电动式、电液式和柴油机驱动式等。

8.2 船舶侧推装置控制系统的组成和原理

图 8-3 是船舶侧推系统原理示意图。

在图 8-3 中，1 为侧向推进器；2 为桨角发信器；3 为主电动机（或柴油机）；4 为 CTC-P 系列侧推起动柜；5 为液压系统及油泵电动机；6 为重力油箱；7 为主配电板；8 为 CTK 侧推遥操控制装置；9 为风机系统；10 为上位机监控系统水泵（可选）；11 为海水泵/冷却水泵（可选）。

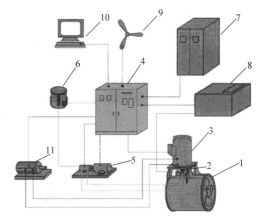

图 8-3 船舶侧推系统

按推力控制方式的不同，船舶艏侧推装置分为定距桨侧推器与调距桨侧推器。定距桨侧推器一般通过控制液压马达转速与转向获得不同的推力；调距桨侧推器通常利用电动机作为原动机，通过调节桨的螺距获得不同的推力，因而其控制系统相应地分为定距桨侧推器控制系统和调距桨侧推器控制系统。

8.2.1 定距桨侧推装置

固定螺距艏侧推装置主要的组成部分如下：定距桨、液压马达、变量液压泵、电磁换向控制阀、辅助定量泵、溢流阀以及单向阀等。定距桨侧推装置控制系统原理如图 8-4 所示：定距桨侧推器经联轴器与液压马达相连，液压马达的转向和转速由变量液压泵产生的液压油的流向和流量来控制；而变量液压泵的进口方向和排出量受控于电磁换向阀。系统工作时，变量液压泵的电动机带动泵运动，当伺服变量机构处在零位时，变量液压泵零功率输出。通过电磁换向阀的动作，改变液压变量泵伺服机构的位置来改变变量液压泵的进出口方向和压力油的排量，驱动液压马达正转或反转，提高或降低液压马达的转速，从而达到改变船舶侧向推力的方向和大小的目的。

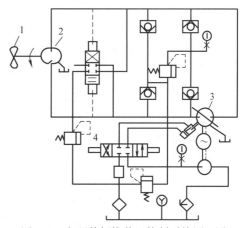

图 8-4 定距桨侧推装置控制系统原理图
1—定距桨侧推器 2—液压马达
3—变量液压泵 4—电磁换向阀

液压马达驱动螺旋桨的方式有两种，即垂直式和直碰式，如图 8-5a 和图 8-5b 所示。其中，图 8-5a 又称为垂直整体式，其特点是由位于侧推内的液压马达通过配对伞齿轮来驱动螺旋桨转动，液压马达与螺旋桨的轴线是相互垂直的，配对伞齿轮非常精密，结构相当紧凑，所以往往做成整体式的。这种型式的优点是液压马达及其相关的油管位于舱室内，且传动轴亦包在密封铸件内，较好地解决了船用推力装置的水下密封及推力轴的润滑问题，因此这种型式的侧推器是较受欢迎的。但这种侧推器的主要缺点是价格昂贵，技术含量很高，只有少数欧美国家能够生产，国内船厂多数用的是德国 SCHOTTEL 产品，国内虽有合资厂家能生产，但多是进口零部件组装，价格亦不菲；图 8-5b 是驱动马达与螺旋桨同轴线直接接合的型式，这种型式的侧推器结构比较简单，准确度较低，工艺也不复杂，虽然存在水线下布油管等问题,但其突出的优点是价格低廉。

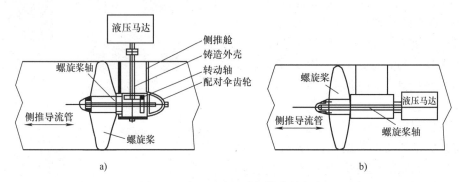

图 8-5 液压马达驱动螺旋桨的方式
a) 垂直式 b) 直碰式

8.2.2 调距桨侧推装置

因为定距桨要求其原动机具有变速变向功能,而可变速变向的电动机控制系统复杂,操作也不方便,故应用较少,所以定距桨式侧推器多用液压马达带动。调距桨不需要驱动它的原动机换向,容易实现遥控,在恒速下靠桨叶角的变化就可以改变推力大小,因此由电动机驱动调距桨的侧推器型式应用最为广泛。

1. 调距桨式艏侧推装置系统

图 8-6 所示为电动调距桨式艏侧推装置系统图。电动机（图中未示出）通过传动轴 18、锥齿轮 17、螺旋桨轴 14 带动调距桨叶 9 运转。该系统运行时有调距和稳距两种工况,下面将分别予以介绍。

调距工况:操纵台发出的调距指令通过放大器放大后,传给电磁三位四通阀 26。若此时指令信号使右电磁阀通电,三位四通阀工作在右位。重力油柜中的油通过过滤器 5 由伺服油泵 3 加压后,经止回阀 31、液控三位四通阀 25 至锁闭阀 22,靠油的压力将锁闭阀中的两个止回阀同时打开。压力油经左止回阀、桨轴 14 中的油道进入动力活塞（伺服活塞）12 的左侧。伺服活塞右侧的油在活塞的推压下,经桨轴中的另一油道、锁闭阀的右单向阀（已由液力打开）回至齿轮箱 19,并由此回到重力油柜。伺服活塞在两侧压差作用下向右移动,同时通过曲柄滑块机构驱动桨叶回转。伺服活塞移动的同时,还通过活塞杆 15 驱动反馈杆 16、反馈链条 20,将转叶的动作传给桨叶角发信器 21,最后传至操纵台的桨叶角指示器 29。当达到要求的角度后,调距指令取消,电磁阀失电,阀 25 回中位,锁闭阀关闭,这一调节过程结束。

稳距工况:锁闭阀关闭后,伺服活塞两侧的油都被锁闭阀中的止回阀封闭在动力油缸（伺服油缸）中,靠油液的不可压缩性将桨叶固定在所要求的位置上,这种稳距方式是静态稳距。工作中油压过高由安全阀 33 泄压,过低由压力开关 32 发出报警信号。重力油柜油位过低由浮子开关 2 报警。系统中的油需要更换时由手摇泵 6 泵出。

该系统控制面板安装在驾驶台,通过操纵杆进行随动操纵。为防止电动机过载,还能检测出电动机的负载信号,过载时可以自动减小螺距。

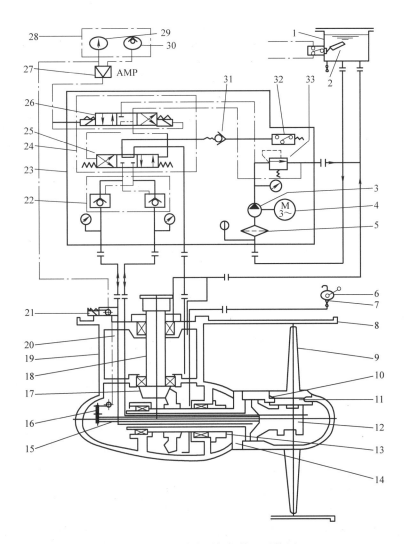

图 8-6 调距桨式舷侧推装置系统图

1—重力油柜 2—浮子开关 3—伺服油泵 4—伺服油泵马达 5—过滤器 6—手摇泵 7—球阀 8—导筒
9—桨叶 10—动力油缸 11—曲柄 12—动力活塞 13—密封装置 14—螺旋桨轴 15—活塞杆
16—反馈杆 17—锥齿轮 18—传动轴 19—齿轮箱 20—反馈链条 21—桨叶角发信器 22—锁闭阀
23—液压单元 24—控制阀单元 25—液控三位四通阀 26—电磁三位四通阀 27—放大器 28—操纵台
29—桨叶角指示器 30—操纵钮 31—止回阀 32—压力开关 33—安全阀

2. 调距推进装置系统组成

(1) 调距桨侧推器 调距桨侧推器主要是由可调距桨、舷侧推电动机、驱动电动机起动器、电动液压模块等组成。

1) 可调距桨(含导管):可调距桨是舷侧推装置的重要组成部分之一,舷侧推装置使用的可调距桨一般带有单层导管,用于导流,所以舷侧推装置又叫隧道推进器,有些特殊规格的侧推装置还配有双层导管,可以有效地降低噪声,但价格很高。从经济性考虑,选择单层导管的可调距桨即可,桨叶材料为镍铝青铜。可调距桨带有螺距传感器,可以输出当前螺距信号。

2) 艏侧推电动机：艏侧推装置的原动机采用三相异步电动机，为螺旋桨提供动力。艏侧推电动机有立式和卧式两种安装方式，通过传动装置带动螺旋桨转动。艏侧推电动机转速不可控。艏侧推电动机运行中需要注意过载问题，螺距变化过快，负载过重都容易导致电动机过载，除过载保护外，选型时应该留有一定的转矩裕量。

3) 驱动电动机起动器：对于调距桨的驱动电动机，绝大多数采用笼型电动机。它的起动电流一般为额定电流的 6 倍，应根据船上电网的条件选择适当的起动方法。当容量较大的三相异步电动机直接投入电网起动时，会产生过大的起动电流，导致电网电压下降以及电动机过热。

目前一般采用降压起动方式，利用 Y/△ 起动器降压起动是较为经济的一种。采用 Y/△ 起动器起动时，电动机起动电流为直接起动的 57.33%，起动转矩为直接起动的三分之一。Y/△ 起动器通常带有时间继电器和热动继电器，时间继电器整定为电动机起动时间，用于电动机起动后将定子绕组从 Y 形切换为 △ 形接法；热动继电器用于过载保护。

为了进一步减小起动电流，可采用自耦变压器降压起动，如电动机侧抽头为 45%，设直接起动电流为 600%，则此时的起动电流为 120%，起动力矩也降至 20%，考虑到对起动力矩的要求，对起动电流的降低应有限制。

此外，还可以采用具有很好软起动特性的交流变频器作为驱动电动机起动器。对于调距桨侧推装置，为起动大容量电动机，交流变频器以交流调压方式限制电动机的起动电流，接近于恒电流软起动，带电流限幅的电压自动爬升。它不仅可以实现软起动，使机械传动系统平稳加速，而且可以实现软停止，这对泵的传动系统是很有好处的。

4) 电动液压模块：电动液压模块有三个作用：为艏侧推装置的螺距调节提供液压动力；为艏侧推传动装置的轴（如伞齿轮轴与桨轴）密封提供压力；对机械装置起到润滑和冷却作用。

电动液压源模块一般由重力油箱、电磁分配阀及油泵电动机等组成，重力油箱为液压单元提供油料，油料在重力作用下进入液压泵，油泵电动机拖动液压泵，将油料压入电磁分配阀。在电磁分配阀内，一部分油料作为调螺距用油，推动调距伺服油缸；另一部分作为轴密封用油，为传动机构轴密封提供压力，回油经过过滤器后回到重力油箱。油料同时还起到润滑和冷却作用，通过水下部分油料与海水热交换实现油的冷却。液压系统见图 8-6。其中，螺距传感器用于实现螺距的闭环控制及实际螺距值的指示，手动泵用于侧推桨体中的油料填充。电动液压模块本身应该配置液压安全阀，防止伺服油压力过大损坏液压装置。

(2) 操控系统　操控系统利用艏侧推装置各部分提供的接口对艏侧推进行操纵，指示其状态并提供必要的保护。

1) 艏侧推各组成部分需要实现的接口。

2) 系统操纵模式。艏侧推提供三种控制模式：驾驶室及两翼遥控模式，侧推舱本地控制模式，DP 控制模式。驾驶室及两翼操纵主要通过驾驶室各控制台面板实现遥控；侧推舱本地控制模式通过机旁控制柜直接操作艏侧推装置；DP 控制模式中，处于驾驶室的 DP 系统接管艏侧推的控制权。其中，侧推舱操纵优于驾驶室操纵，驾驶室操纵优于 DP 模式操纵。

3）操控系统功能：艏侧推操控系统主要实现起动、调距、负载限制及保护功能，图 8-7 为艏侧推控制系统框图，各功能描述如下。

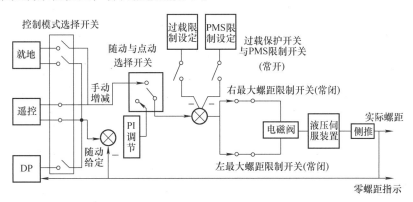

图 8-7　艏侧推控制系统框图

艏侧推起动：艏侧推起动前，需要向 PMS（能量管理系统）进行重载问询，只有 PMS 允许重载起动时，才能起动艏侧推装置。起动时，要保证伺服油压已经建立，同时调距桨处于零螺距状态。当按下艏侧推起动按钮后，控制系统先起动液压泵电动机，当液压系统伺服油压达到某一阈值时，才能进行艏侧推电动机的起动。起动艏侧推电动机时，先问询零螺距指示装置，确保螺旋桨螺距为零时才起动艏侧推电动机，否则先调节螺距为零，当艏侧推电动机起动完毕，发出一个艏侧推就绪信号，指示此时可以对螺距进行调节。

艏侧推停车与紧急停车：当收到停车命令后，控制系统首先调节螺距为零，然后依次停止艏侧推电动机，液压泵系统。当收到紧急停车命令后，控制系统直接停止艏侧推电动机和液压泵系统。

螺距调节：当艏侧推处于正常状况时，可以对螺距实现随动控制，通过操作手柄给定一个螺距信号，控制系统实现螺距的闭环控制。同时控制系统应该具有限制螺距变化率的功能，在满足螺距响应时间的前提下，防止螺距变化过快导致艏侧推电动机过载。当控制系统处于故障状态时，通过应急操纵按钮进入应急操纵模式，使用硬连线连接到螺距调节装置，对螺距进行非闭环控制。

负载限制：控制系统获取从配电板或 PMS 系统过来的信号，当发电机容量较低时，艏侧推功率达到某个限制值，自动减少螺距，从而限制负载功率，如果过载保护动作后，过载依然存在（例如桨轴挂住渔网），则在一定时间后使艏侧推停车。

最大螺距限制功能：当左右螺距达到最大值时，为防止液压系统继续作用损坏机械部分，对最大螺距进行限制，一旦达到最大螺距，最大螺距限制开关打开，电磁阀闭锁，停止进一步增加螺距。

艏侧推装置的保护：当出现艏侧推电动机风机故障、艏侧推电动机过载故障、艏侧推电动机超速故障、艏侧推电动机冷却水泄漏故障、艏侧推电动机滑油压力低、伺服油压低故障、液压系统过载故障、重力油箱油位低等故障时对系统提供必要的保护，并给出一个艏侧推故障的综合报警信号。

（3）控制系统工作原理　如图8-8所示的变螺距侧推装置控制系统主要是由变螺距桨、驱动电动机、电磁分配阀、指示控制单元、液压动力站以及螺距角发送器等组成。当控制指示单元发出操作指令后，电磁分配阀打开，液压动力油经电磁分配阀加载于可变螺距侧推装置的伺服油缸，伺服油缸活塞带动桨叶的转动。当螺距角为零时，推力为零；当桨叶转动，螺距角为正时，推力方向朝左，则船首向右回转；当螺距角改变为负时，推力方向朝右，则船首向左回转。只要改变螺距角的方向及大小就可达到改变船舶侧向推力的大小和方向的目的，侧推器的控制操作灵活简便。

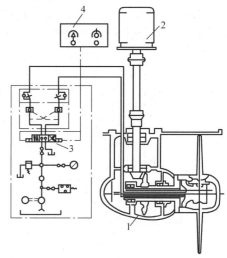

图 8-8　变螺距侧推装置控制系统原理图
1—变螺距桨　2—驱动电动机
3—电磁分配阀　4—控制指示单元

8.3　船舶侧推装置的典型控制系统

船舶侧推装置的应用日益广泛，常见的产品有日本 KAWASAKI HEAVY INDUSTRIES 公司的 KT 系列侧推装置，日本 NAKASHIMA 某公司的 TCN 系列侧推装置等。图8-9所示的是日本 KAWASAKI HEAVY INDUSTRIES 公司的 KT-B 型侧推装置典型控制示意图。当系统正常工作时，控制操纵的位置有三个：驾驶室驾控台和驾驶室两翼（左翼和右翼）控制板桥楼控制。在非正常情况下，在机旁进行就地非跟踪的操纵控制。

若控制位置选在中央控制台，则通过电切换电路接通中央控制台的控制电路，在中央控制台的面板上，改变桨叶角度的设定，驾驶室控制台的操纵手柄的设定角度信号进入跟踪放大器，跟踪放大器的另一路信号来自桨叶角度的反馈。经比较两个输入信号的差值，使放大控制器给出新的控制输出信号来驱动电磁换向阀，从而选通液控分配器，液压油经液控分配器控制可变螺距侧推器的伺服油缸，油缸活塞的移动使桨叶角度发生偏转，同时桨叶角度发送器检测到角度的变化，当该反馈信号和操纵手柄设定的角度信号一致时，放大控制器的控制输出信号为零，电磁换向阀失电，液压控制回路关断，这样就完成了一次变螺距桨跟踪操纵手柄角度的设定。

当可变螺距侧推装置的螺距角大幅度改变时，原动机极易发生过载，过载保护电路的设置是完全必要的。KT-B 型控制系统的过载保护电路调节过程如下：

扭矩→过载设定值↑→放大控制器反向输出大于零→驱动伺服油缸→桨叶偏转角→过载设定值↓→扭矩→过载保护输出↓→放大控制器输出等于零→螺距角新的位置上平衡。

最大螺距角限制电路是为了防止可变螺距舶侧推器机械部件受意外的强力损坏而设计的。该限制电路具有双重检测功能，无论桨叶是处于正螺距角还是负螺距角，只要其角度的绝对值达到设定限值其中的一个，限制电路便会输出一个信号，使相应控制通道的回路断开。例如：当左向最大螺距角限制电路检测到螺距角已达到最大设定值时，这个检测电路的输出状态由"0"翻转为"1"，驱动继电器 PM 得电使放大控制器相应的输出通道断开，从而保证了螺距角被限制在设定值的最大位置。右向最大螺距角限制电路的控制原理相同。

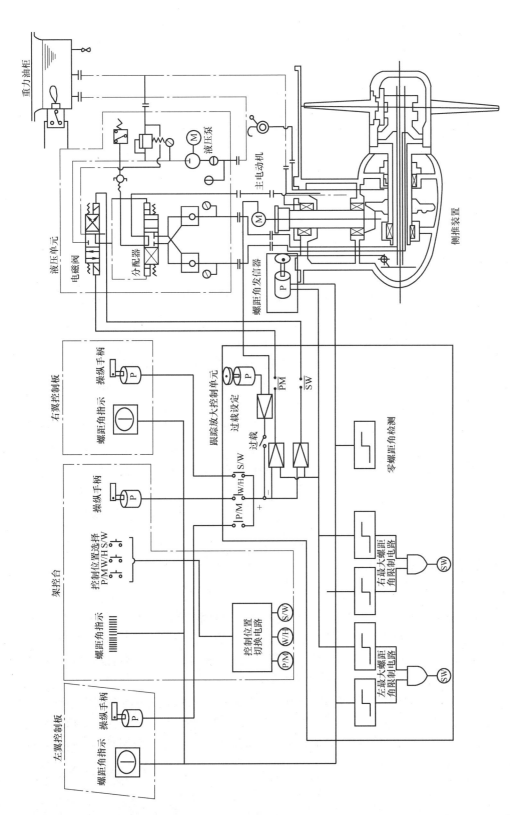

图 8-9 KT-B 型侧推装置控制系统示意图

可变螺距艏侧推装置通常按照下列步骤操作:
1) 主发电机设计时所需台数的并联运行信号输出;
2) 液压动力源起动;
3) 主电动机零螺距空载起动;
4) 操纵手柄设定螺距角,艏侧推装置按设定要求的方向、推力工作。

8.4 船舶侧推装置的选用要点及其应用

8.4.1 船舶侧推装置的选用要点

选用船舶侧推装置的各个组成构件,要考虑以下六个因素:
1) 船型:侧推器安装在船的舷部,在选择侧推器大小时,除了考虑推力的大小外,首先要注意的是该船的艏部线型,要能够安装。其次还要考虑船的肋骨间距,对于中、小型船舶,应尽量不伤及肋骨;
2) 航区:选用的侧推器的容量应能解决船舶定位问题,其推力应能克服风、浪和水流的作用;
3) 侧推器容量:根据船舶在水线以上和以下的侧面积估算推力,取其大者作为设计推力,但在船型受限制的情况下,应以最大安装限度为标准设计侧推器的容量;
4) 功率选择:根据计算出的推力值选定原动机的功率,经验数据是 1hp⊖ 原动机功率可产生约 11kgf⊜ 的推力;
5) 类型选择:定距桨结构简单,制造方便,使用可靠,但其操纵性能差;调距桨操纵性能好,但结构复杂,制造困难,成本高;
6) 原动机选择:侧推器的原动机形式有电动机、柴油机和液压马达三种。电动机初期投资少、使用方便、体积小、噪声小,但船上需配置较大容量的电站;柴油机体积大、噪声较大、设备较复杂,但独立性强;液压马达通常用在小船上,液压元件造价较高,维修工作量大。

8.4.2 船舶侧推装置的应用

1. 侧推器的应用

(1) 侧推器在系离泊操纵中的应用　普通船舶缺乏横移能力,在系离泊操纵中往往不能恰到好处地靠上泊位,并有发生碰撞的危险。尤其在泊区狭窄或有吹开风或吹拢风时系离泊问题更加突出,有时不得不请拖船帮忙。然而,装有侧推器的船舶因侧推器的侧向推力能使船舶横移和原地转动,因而能安全地完成系离泊作业。

(2) 侧推器在解脱锚链绕结作业中的应用　船舶在潮汐海区或风向多变的情况下,抛双锚锚泊时,若锚泊时间较长,由于船首按一定的方向转动常常会发生锚链互相绞缠的现象,严重时会形成多个十字结。对于普通船舶来说要解多十字结是十分困难的,有时可能引

⊖ 1hp = 745.7W。
⊜ 1kgf = 9.807W。

发事故。例如，1994年，某船舶在中等风浪中进行解脱多十字结的作业时，因操纵困难和锚的走动而不慎误入海珍品养殖区并搁浅。如果船上装有侧推器，就能在侧推器的作用下，使舰船沿锚链缠绕的相反方向，以船首端为中心转动，安全解脱锚链绕结。

（3）侧推器在狭窄水域机动中的应用　众所周知，普通船舶在狭窄水域中机动是十分困难的，其根本原因是普通船舶的转动能力弱，且无横移的能力。装有侧推器的船舶，由于增加了原地转动和横移平动的能力，能够容易地实现机动。

（4）侧推器在大风浪中的应用　普通船舶在大风浪中进行大角度转向或掉头是十分危险的，其主要原因是大角度转向或掉头操纵时，船舶会产生先向内后向外的横倾，尤其是向外横倾，对于高速船舶来说，横倾角可达20°左右。因此，普通船舶在大风浪中进行大角度转向或掉头时，为了防止因转向而造成大的横倾角，不得不采用特殊的操纵方法，即转向前适当降低航速，在较平静的海面到来之前用小舵角开始转向，在转至接近横浪时加大舵角和航速，迅速越过横浪，完成转向或掉头。然而，装有侧推器的船舶就不必如此麻烦，由于侧推器的侧向推力在船舶的重心之前或之后且近似在同一水平面内，利用侧推器的转船力矩实现船舶在大风浪中的大角度转向或掉头既迅速又安全，且不会产生大角度横倾。

（5）侧推器在克服"船吸"及"岸壁效应"中的应用　"船吸"或"岸壁效应"产生的原因主要是船舶间或船岸间的动水压力场的变化。虽然这种情况不常发生，但一旦发生，通常会造成船舶碰撞或触岸的恶性事故，不可小视。普通船舶遇到"船吸"或"岸壁效应"时，往往措手不及。然而，装有侧推器的船舶在可能有"船吸"或"岸壁效应"的场合航行时，只要起动侧推器，向有"船吸"或"岸壁效应"的一侧适当侧推，就能克服"船吸"或"岸壁效应"。侧推器排出的水流不但能破坏船舶周围部分压力场，而且横向排出的水浪犹如一层智能保护膜，离他船或岸壁越近，水流对他船或岸壁的冲击力越大，这对船舶的横向补给作业十分有意义。

（6）侧推器在紧急避险、紧急避碰操纵中的应用　从普通船舶的旋回性中可知，当进行转向或旋回时，会不可避免地产生反向横移、尾外甩和较大的进距。这就给紧急避险、紧急避碰等操纵带来了困难，尤其是当船首附近突然出现的来船、漂雷或其他漂浮物、适淹礁或浅滩等，无论采取何种避让方法，对任何一个船舶驾驶人员来说都是左右为难，难以作出最佳决策的，甚至难逃劫难。例如，某船在航行中突然发现船舶左侧隐约有暗礁时，急摆右舵避让，不但未能避开暗礁，反而使触礁更严重，造成了船体报废的重大事故。船舶在航行中经常进行规避船首附近危险物的避让操纵。如何才能确实有效地实现这种避让操纵，长期困扰着广大船舶驾驶人员。显然，如果船舶上装有侧推器，利用侧推器的转向、旋回和在航向不变的情况下产生航迹偏移等功能，就能使这种困扰迎刃而解。

2. 艏侧推器适用的船速域

（1）回转角速度的定性分析比较　根据Brix所给出的船舶模型试验及实船测量结果，船的原地回转角速度与侧推力的二次方根成正比，同时也与船舶两柱间的长度及船舶吃水有关。由此可见，对于给定的船舶，侧推力越大，船舶的转艏角速度也越大。根据施内克鲁特的理论，使用侧推器则可以获得较大的转艏角速度。

当船舶处于中高速域时，船速和舵速均较大，因此单独操纵舵就可获得较好的控向效果。而艏侧推器的安装导致船舶水下线型被破坏，使船舶航行时水阻力增大，根据国外资料显示，侧推器的安装和使用使航行阻力增大约为7%（为了减少侧推器结构所造成的附加阻力，多在其导管的出口处两侧装上栅板，同时栅板亦能起到防止浮游生物和水中漂浮物进入导管的作用）。因此，这时如果使用艏侧推器就可能起不到应有的转向作用，还会增大阻力、降低航速。从接下来的分析中就会发现，在中高速域中使用它，在转向上还可能会起到相反的效果。

(2) 中高速域不适于艏侧推器的使用　船舶对水作相对运动时，水动力作用中心至船首距离与船长 L 之比随流舷角 B 的增大而增大，且水动力作用中心随船速的升高而前移，船舶后退时由于相对水流来自船尾方向，故水动力作用中心靠近船尾。当流舷角从 $0°$ 变化到 $180°$ 时，水动力作用中心将由距船首部 0.25 倍船长处（$0.25L$）逐渐后移至靠近船尾的 $0.75L$ 处。故船舶正常航行时，水动力作用中心位于船舶重心向前距首部约 $(1/3 \sim 1/4)L$ 的地方，这势必导致艏侧推器在中高速域工作时的作用力臂较短，也即侧推力转船力距减小。从这一点的分析可以认为，艏侧推器在中高速域中工作时其能力得不到充分的发挥。

再看图 8-10，在船舶航行时，根据施内克鲁特的船舶水动力学理论，艏侧推器工作所产生的排出流在导管的出口处发生偏转，其排出流的偏转程度取决于船速 v_s 与艏侧推器吸入流速度 v_j 的比值 v_s/v_j，船速越高，这个比值就越大，艏侧推器的螺旋桨排出流就越偏向船体并沿着船体外表流向后方，船首部的侧推力 F 也就越小。这时，在侧推器排出流一侧的船体犹如被加厚一样，导致水阻力在该侧的增大要大于另一舷侧，即此时艏侧推器的排出流还有着使船首向着侧推器排出流一侧偏转（即反向偏转）的作用。另一方面，侧推器高速的排出流（它使该侧的负压增加）吸附在船侧，造成船舶两侧压力不平衡，这个压力差的方向与船舶所要回转的方向相反，这也阻碍了船舶的回转运动。这种侧推器排出流被吸附在船侧所产生的现象即称为吸附效应，也叫做克安达效应（见图 8-10）。正是由于这个原因，进一步决定了艏侧推器不适于在中高速域中工作。

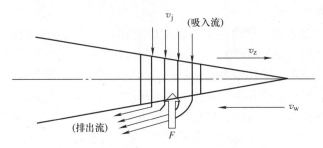

（艏侧推器工作中，空心箭头为侧推力 F 的方向）

图 8-10　吸附效应（克安达效应）

(3) 低速域中使用艏侧推器　如前所述，在进行系离泊和港内避碰、抛起锚作业以及在大风浪中滞航时保持航向等低速域内的船舶操纵时，均可以利用艏侧推器或与车、舵共同作用使船舶方便地转头或产生横向位移。

但应该明确的是，即使船舶处于低速域，艏侧推器的工作效率也开始下降。这主要是由于吸附效应导致艏侧推器工作时排出流向后侧发生偏转，吸入流流速远低于其排出流的流速，在艏侧推器两侧形成了一个压力差，导致产生阻碍船舶回转的作用。为了减小这种压力差，一般在艏侧推器的后方另开设一平衡导管（见图 8-1、图 8-11），其直径约为侧推器导管的一半，由于吸附效应，艏侧推器排出流一侧的负压增加，而平衡导管使压差水流通过，得以减小压差和排出流偏折。

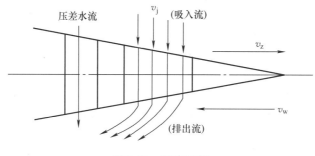

图 8-11 平衡导管

但是,采用压力平衡导管也只能在船舶慢速行驶时增加侧推器的转向作用。由于平衡导管的位置在侧推器的后方,因此它在船舶倒车倒航时不起作用。停车时,船舶最多只有较小的淌航余速,因此,艏侧推器在工作时,几乎不受吸附效应的影响,其侧推力转船力矩可以得到充分的发挥。故当船舶处在低速域时,艏侧推器可以发挥出较好的控向作用。

（4）船舶倒车倒航时艏侧推器的使用效果 由于船舶倒车倒航时船尾迎流和定距桨反转时推力特性变差,故相同车速下倒航时的船速明显要低于正常前进时。而且前面已经指出,船舶倒航时的水动力作用中心位于船尾附近（0.75L 处）。这时如果用艏侧推器控向,一则船速相对较低,艏侧推器受吸附效应的影响较正车航进时小;二则相对于正车航进的情况,侧推力转船力臂较长,侧推力转船力矩加大。因此,如果不考虑平衡导管的作用,船舶使用艏侧推器控向,微速退比微速进时效果好。

另外,由于常规舵在倒车倒航时工作在船舶运动方向的最前端,舵速低,舵控向效应差。此时运用艏侧推器控向,可充分发挥其转船力臂长的优势。当船舶有一定的退速时,艏侧推器处的伴流也较强（航进中艏侧推器受伴流的影响很小）,而此时该处的伴流方向与船舶运动方向一致,一定程度上削弱了吸附效应的影响。因此,即使船舶倒车倒航速度较高时,艏侧推器依然能有效地配合船尾舵进行控向。

8.5 船舶侧推装置设计举例

如上所述,侧推器分为可调螺距和固定螺距两种侧向推进器,原动机常用电动机,也可采用柴油机和液压马达驱动。侧推功率从小到大,最大可以做到 1500kW,国内已有多个厂家生产出各种侧推装置。侧推器内部结构示意图如图 8-12 所示。

以琼州海峡某 21 车渡轮为例,介绍安装侧推器的设计方案。

（1）21 车渡轮的主要系数

满载排水量 $\Delta = 1191.915\text{t}$

航速 $V = 10$ 节

肋骨间距 $S = 0.55\text{m}$

轻载艏吃水 $dF = 1.48\text{m}$

水上受风面积 $A_{上侧} = 385.6\text{m}^2$

水下侧面积 $A_{下侧}=153.1m^2$

（2）总体设计方案 安装于船舶上的侧推器如图8-13所示，该船属于营运中的船舶，在设计时，首先考虑船型、电动机功率、经济性等条件的限制。该船舷部线型尖瘦，在距舷垂线6.05m往后为水舱，侧推器只能安装在距舷垂线4～5m的三个肋位之间，肋骨间距为550mm，为保证船体强度孔道直径不能过大。选择电动机带动，但功率不宜过大，以避免改动主配电板。

总体设计如下：在距舷垂线4～5m的地方，分别开两条左、右舷贯穿的孔道，其中一条孔道在左舷侧安装螺旋桨，另一条在右舷侧安装螺旋桨。螺旋桨用伞齿轮和轴与电动机连接，轴上套水密环，以防止水渗入船舱内，电动机安装在高于轻载吃水的一个平台上，并用线路与主配电板连接，可以在驾驶室操纵。

图8-12 侧推器内部结构示意图

（3）侧推力的计算 参考《船舶科技简明手册》可知，渡轮水上侧面积风推力的风压取 $P_风=4.5kg/m^2$，水下受水推力的水压取 $P_水=12.5kg/m^2$。因此可得，水上侧推力 $T_{上侧}=A_{上侧} \times P_风=385.6 \times 4.5=1735.2kg$，水下侧推力 $T_{下侧}=A_{下侧} \times P_水=153.1 \times 12.5=1913.75kg$。设计取较大者，船舶所受的侧推力 $T=1913.75kg$。

（4）螺旋桨设计 轻载舷吃水为1.48m，螺旋桨轴线距水面一般应为1.5倍螺旋桨直径，肋骨间距

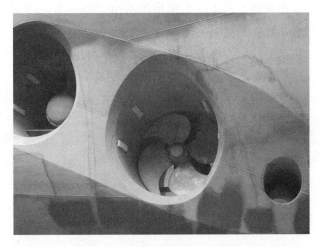

图8-13 安装于船舶上的侧推器

为550mm，从安装上考虑，确定螺旋桨轴线距基线高为800mm，选用直径为380mm的无侧斜的4叶桨，转速为400r/min。

（5）电动机选择 该船主配电板的剩余电闸容量为80kW，侧推器选用两台30kW的电动机分别带动螺旋桨。按经验公式，每马力可以产生11kgf的推力，每个桨可产生的推力 $T=30 \times 1.3596 \times 11=448.668kg$。

（6）孔道设计 以螺旋桨的轴线为中心线，开两条贯穿左、右舷的孔道。螺旋桨直径380mm，孔道直径420mm。该船航速10节，孔道的开口对阻力影响不大，为有利于推力的产生，孔道口采用圆缘形开口，在孔道口焊稀疏的钢丝栏栅，以保护螺旋桨。

第 9 章 船舶吊舱式电力推进

吊舱推进器是近年来发展起来的一种新型的船舶推进系统，是目前船舶推进系统研究开发领域引人瞩目的焦点，该装置可以提高船舶总体性能，节省舱室空间，增加有效载荷，提高船舶的使用效能，同时还能充分发挥电力推进系统的优越性，因而具有广阔的市场应用前景和极高的军事应用价值。本章将介绍吊舱推进的基本工作原理、性能、特点等。

9.1 船舶吊舱式电力推进概述

9.1.1 吊舱式推进器

吊舱式推进器的设计概念源自破冰船，由芬兰 Kcaemcr Masa – Yard 和 ABB 公司在 1989 率先提出，此后各国先后进行了比较深入的研究，逐步形成了这种将电动机置于桨毂中间直接驱动螺旋桨的吊舱式推进系统的方案。它突破了柴油机加开放式的传动轴系推进器的设计定式，其设计思想的革命性在于推进电动机直接和螺旋桨相连，构成独立的推进模块，吊挂于船体尾部。该推进模块由电动液压机构驱动，可以360°水平旋转，推进方位角可以人为进行控制和调节，省去了通常使用的推进器轴系和舵，这样使得电力推进船的机动性、可靠性和水动力性能都有了突破性的提高，和传统推进器相比充分体现了其高推进效率的卓越性能。图 9-1 是 ABB 公司的吊舱式推进器内部结构示意图。

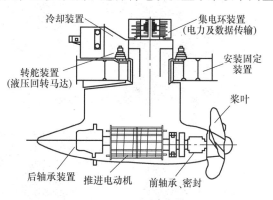

图 9-1 吊舱式推进器内部结构示意图

吊舱式推进器的主要部分是流线型水下吊舱，它悬挂在船下，如图 9-1 所示，该吊舱由船用钢和铸钢制造而成，通过法兰盘与船体相接，舱内安装一台电动机，直接驱动螺旋桨。发电机位于船舱内，发电机的电力和相关的控制数据经电缆和集电环装置传送给电动机，集电环装置由两台或四台电动机或液压马达来带动，能使吊舱360°回转，从而起到舵的作用。

从水动力学角度看，吊舱式电力推进器由吊舱和螺旋桨构成，其中吊舱又可分为回转体形状的舱体和流线型的支架，舱体或支架上还可安装鳍，舱体内置电动机直接驱动舱体前端或后端的螺旋桨。根据桨的数目及位置可分为牵引式、拖式、推式、串列式等。另外还可以考虑使用对转桨、导管整流支架等，总之形式多样。

— 169 —

吊舱式推进器除了包含推进电动机和螺旋桨外还安装有如下部件：带防水油封的螺旋桨轴和气动压力安全装置、寿命大于 200000h 的轴承、螺旋桨的制动闸、舱底系统、电动机轴承和密封系统的报警监视器、可以 410°旋转或以任意角旋转的电缆管、电动或液压操舵系统、机旁指示器、舱底排漏泵等。

20 世纪 90 年代，ABB，ALSTOM，SIEMENS 和 STNATLAS 等几大船用设备生产厂商先后推出了不同型号的吊舱式电力推进器，并在民用船舶上得到广泛应用。据统计，近 5 年新建的油船、渡船、集装箱船和游船至少有 40% 采用了吊舱式电力推进器。

目前世界上吊舱式电力推进器的类型主要有：

1. ABB 公司的 Azipod 推进器

20 世纪 80 年代初期，当时芬兰海事局开始寻求在冰区航行时具有更高性能的破冰船的解决方案，其初步想法是推进电动机应该提供任意方位的推进力，由此 ABB 便提出了 Azipod 的原型方案并提交给 KvarnerMasa 船厂制造，相关的 Azipod 推进技术也申请了专利。1990 年开始装船应用，1993 年和 1995 年又装备 2 艘载重 1600t 的破冰油船，目前占据着 POD 推进器市场的最大份额，其产品也经过了实船的考验。

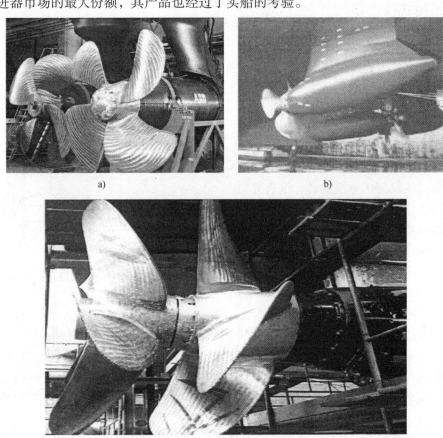

图 9-2　ABB 公司三种形式的 Azipod 推进器
a）标准型　b）紧凑型　c）对转型

目前，Azipod 主要有三种形式：标准型、紧凑型、对转型，如图 9-2 所示。标准型 Azipod 的功率范围为 5~30MW，与选择的转速有关。它配有风冷电动机和通风系统来循环及冷却空气，采用带有滑油和条件控制的轴承系统，保证轴承和密封系统的使用寿命和可靠性。推进电动机可采用大功率同步电动机，也可采用小功率的异步电动机。由于没有机械功率损耗，并且螺旋桨经常处于极佳的伴流区域，Azipod 吊舱推进器的效率要高于其他推进器。紧凑型 Azipod 在结构上采用高标准的模块化系统，输入功率为 400kW~5MW，适用于小功率等级。使用最新的水冷式 ACS600W 变频器驱动永磁电动机，实行直接转矩控制，不需要再对电动机的速度和角速度进行编码，推进器的速率可以根据电动机电流直接进行监控，还可以根据不同项目的水动力要求自由地实现最优化。对转型 Azipod 采用对转式推进（Contra Rotor Propulsion）模式，主要适用于大型货船和集装箱船。对转型（CRP）推进器的两个螺旋桨反方向旋转，因此推进效率可以提高 10%~15%，提高燃料利用率，具体情况将在下面章节中介绍。

Azipod 取得引人注目的成果后，1998 年在卡尔尼弗尔旅游船公司的大型旅游船 Elation 号上得到应用，如图 9-3 所示。在 Elation 号上，2 台 14000kW 的 Azipod 代替了传统的发动机、桨轴、舵系和 3 台推进器。经试航验证，该装置大幅度提升了船舶的经济性和驾驶性能，最大航速时的回转半径缩小了 30%，能量利用率提高了 8%，1 周可节约燃料最多达 40t，振动也大幅度降低。

图 9-3　Elation 号及其装备的 Azipod 推进器

Azipod 吊舱式电力推进系统已成为大型豪华游轮的标准配置。自 1990 年第一套 Azipd 系统安装下水，截止到 2010 年 8 月，ABB 公司收到 Azipod 系统的订单已有 100 多套。

2. Mermaid 推进器

Kamewa 与 Alstom 从 1995 年起开始合作，他们的合作促成了新一代吊舱式推进器——Mermaid（"美人鱼"）的产生，Mermaid 所使用的所有元件都已经过认证，并且已在其他领域中展现了它们的良好性能。最新开发的 Mermaid 吊舱式推进系统与 Azipod 推进系统的不同之处在于，电动机的定子与椭圆体热压配合，并且采用向周围海水传热的部分冷却方法。由于此种冷却方式，Mermaid 吊舱式推进系统比 Azipod 全空气冷却推进系统的直径要小，因此改善了螺旋桨流体动力的效率。

Roll-Royce 公司最新建造的 150000 吨级"玛丽女王 II"号是目前采用 Mermaid 系统的

最好实例，如图9-4所示。这艘船首次采用了4个POD推进器，总功率达到了80MW，航速可以达到30kn。目前投入使用的单机功率最大的POD推进器也是Kamewa公司制造的，它安装在"千禧年"号邮轮上。

图9-4 "玛丽女王II"号及其装备的Mermaid推进器

3. SSP推进器

德国的两家研究电力推进系统和推力器的专业公司Siemens和Schottel合作生产了另一种对吊舱推进器有竞争力的装置，即SSP。在该吊舱中装有Siemens公司的新型永磁同步电动机，以用来驱动Schottle公司制造的双螺旋桨系统：两个螺旋桨一前一后安装在同一加长轴上，其旋转方向相同。

SSP利用了Schottel双螺旋桨设计思想和大功率的优点，吊舱前后的两个螺旋桨均担负载，每个螺旋桨各分担总负载的50%。吊舱的外面焊有两个飞机尾翼状的翼片，整个系统的效率可提高20%。电动机采用表面冷却，没有冷却风扇。该系统优于其他系统的一个突出优点在于大小和重量方面，常规柴油机电力推进系统的重量为760t，而同等功率的SSP系统的重量为510t。其电动机有两个独立的绕组，在应急情况下允许以一半的功率运行。按照Siemens公司的分析，这种电动机用于其他类型船所节省的功率比应用于旅游船所节省的功率要高。上海爱德华造船厂已完成了一项额定功率为5.1MW的SSP7的西门子——肖特尔推进器（SSP）的合作合同。最新开发的吊舱驱动装置被安装在由瑞典公司订购的载重为19500t化学品运输船上，该船由位于瑞典乌德瓦拉的FKAB设计，按照DNV规范1A*冰级制造，在波罗的海海域航行。

国内第一艘安装了 SSP 推进器的船舶是 20200m³ 成品油/化学品船 "帕劳斯佩拉" 号，这也是国内第一艘采用 POD 推进装置的船舶。该船由瑞典 DONSOTANK 公司订购，上海爱德华造船有限公司制造，已于 2000 年投入营运。"帕劳斯佩拉" 号长 145.7m，型宽 22m，型深 12.8m，采用 SSP 电力推进装置，由 4 台柴油发电机供电，驱动电动机前后各一只直径 5m 的螺旋桨，轴功率 5100kW，两桨端点间距 7.5m，转速 120r/min。

2002 年 12 月，广船国际为中远广州公司建造的半潜船 "泰安口" 号正式交付使用，如图 9-5 所示。该船长 156m，宽 32.2m，吃水 7.5m，半潜吃水 19m，航速 15kn，推进系统采用了先进的 POD 型式的电力推进系统，在左右舷各安装了一台 SSP5 推进器，功率为 4300kW。目前，它的姊妹船 "康盛口" 也已经投入运行。

图 9-5　"泰安口" 号及其装备的 SSP 推进器

4. Dolphin 推进器

荷兰的 Lips 及德国 STNAtlas 船舶电气公司为了不使自己置身于这个市场之外，展示了 Dolphin（海豚）吊舱系统。Dutch 公司参加了螺旋桨的设计及生产试验，而它的德国合作者开展了电力推进系统的研究工作。其使用的六相同步空冷电动机将由 Bremen 的 LloyaDynamo - Werko 公司制造。

Dolphin 系统可提供的功率范围是 3～19MW，但也可提供更高的额定功率。在标准配置状态下，双电枢电动机由同步转换器进行速度控制，对于较低的功率范围或特别的要求，可利用脉宽调制（PWM）转换器，采用前后安装螺旋桨还可实现反转。Dolphin 和 Azipod 一样都采用空气冷却定子和转子，这使采用对转螺旋桨成为可能。为实现对转，让 "定子" 也转起来。由于电动机内部定子和转子的运动方向相反，将一个螺旋桨安装在转子轴上，另一个螺旋桨安装在定子上，使两个螺旋桨对转。

Dolphin 驱动船舶的推进性能比普通的定距螺旋桨驱动要好 5%～8%，其改善的主要原因是取消了舵、附属部件、轴系及尾推进器，以及尾部设计的最佳化。与普通的双螺旋桨结构相比，进入到推力螺旋桨的轴向流场得到了改善，结果空泡特性变好、扰动小、噪声低，所需推进功率减少了。

除此之外，还有法国 DCN PODSTER 推进系统、美国通用电船公司的 RDP 推进系统以及日本川崎重工开发的 PODPELLER 推进系统。

为进一步了解各种吊舱式推进器性能及世界范围内吊舱推进的研究情况，读者可参阅表 9-1。

表 9-1 世界主要吊舱式推进器的性能及特点

名称	公司	功率范围/MW	主要技术
Azipod	ABB 公司	5~28	电动机采用交-交变频和直接转矩控制方法实现调速，采用空气冷却热交换机，安装在船舱内部
Compact Azipod	ABB 公司	0.4~5	针对小功率推进，采用永磁技术，电动机更加短小，水冷方式减小电动机直径，水动力性能更加优越
CRP Azipod	ABB 公司	22~90	轴驱动的螺旋桨和其后同轴的可转动的 Azipod 构成双桨对转，水动力特性、燃油效率、可靠性、冗余度更高
Mermaid	罗尔斯·罗伊斯、阿尔斯通公司	5~25	其定子嵌在吊舱内，利用海水冷却，减小了吊舱体积，提高推进效率。其螺旋桨和吊舱均可在水下更换
SSP	西门子、Schotell 公司	5~20	电动机的定子和转子带动对转的双桨，永磁电动机，内外水冷却系统
Dolphin SAM Electronic	瓦特西拉 Marine Division 公司	5~10	使用 PWM 控制六相同步电动机，采用空气冷却，可在水上直接更换推进器

吊舱式推进器在船舶上的应用前景随着综合电力系统的迅速发展而愈发广阔，电力推进技术的优点不断显现，逐渐成为世界各国海军的研究热点。1986 年美国提出"海上革命"计划，就把综合电力推进作为新一代舰船的推进方式，海军已经开始在两栖船及辅船上使用电力推进。现代舰船的用电量随着武器电子装备的发展和日常用电量的不断增加而增加，未来战舰高能武器的使用需要成倍地增加电站容量，如大功率微波武器约需 500kW 的功率，另外激光武器、电磁弹射器、电子装甲、高能雷达和声纳设备都需要大功率供电。如采用综合电力系统，将电力推进与电站组合在一起发电、供电，可以使全船电网供电能力大幅提高。美国、英国、荷兰等其他国家的海军都有计划、有方案开展电力战舰用的推进系统方面的工作，包括吊舱式推进器的技术论证，而这些技术有别于民用技术，包括设备、系统的可靠性，抗水下爆炸的冲击性能，电磁兼容和电磁辐射问题的解决等。虽然吊舱式推进器目前还存在一些问题，其在舰船上的使用还需要解决诸多技术问题，但其巨大优点使得该领域获得快速的发展，未来数年很可能会有大量的研究成果和技术，随着现代舰船不断发展的需要，不但在民品船舶上有广阔的市场，在军用舰船上也有良好的发展空间。

我国造船业界也不断有吊舱式推进器装船的报道，2000 年由上海爱德华造船有限公司为瑞典 Donsotank 公司建造了一艘化学成品船，这是我国建造的第一艘使用吊舱式推进器的船，使用的是 5100kW 的 SSP7。江南造船厂所造的某海监船于 2005 年 7 月份已下水，船上装有两套功率为 1860kW 的紧凑式 Azipod，如图 9-6 所示。ABB 公司在"烟-大"火车渡轮项目上成功竞标，该渡轮已在天津新港船厂建造下水，其上装有两套紧凑式 Azipod，每套功率约为 4800kW。虽然我国对吊舱式推进器的研究才刚刚起步，但可喜的是已有科研院所开始做这方面的研究工作，内容包括吊舱内推进电动机、水动力性能及操纵性方面，如 704 研究所和上海交大海洋工程学院合作对 5 叶拖式吊舱式推进器的水动力性能进行了初步的试验研究。

图 9-6　采用 Azipod 吊舱式电力推进器的考察船

9.1.2　吊舱电力推进系统

传统的柴油机—发电机组电力推进系统一般包括柴油机、主发电机、高低压配电盘、变压器、变频器、电动机、螺旋桨、船用变压器、谐波滤波器、控制系统等，仍采用传统的推进装置，即电动机通过传动轴系与螺旋桨相连。吊舱电力推进则是将推进电动机置于船外的吊舱中，发电机和电动机的能量通过电缆传输，省去了舵和轴系。全船采用统一电站提供能量，进行全船平衡，极大地提高了船舶设计的灵活性，减少了总装机功率。图 9-7 是 ABB 公司的吊舱电力推进系统 Azipod 的构成，其中包括发电机组、主开关柜（配电用）、变频器组、Azipod 推进器组以及远程控制模块。

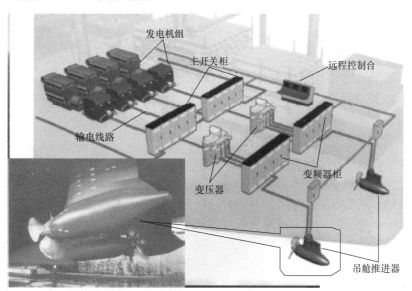

图 9-7　吊舱电力推进系统示意图

9.1.3　吊舱电力推进中的几项关键技术

随着应用于电力推进的相关学科的发展和成熟，使得船舶电力推进的机动性、可靠性、推进效率和推进功率等各项性能指标日趋完善。现代吊舱电力推进涉及电动机制造、电子变频调速、自动控制以及谐波控制等多项科学技术。本节将介绍其中几项。

1. 推进电动机技术

推进用的交流电动机一般有异步电动机、电励磁同步电动机以及永磁电动机（详见第 3 章）。异步电动机以其结构简单、可靠耐用和经济实惠一直备受人们青睐；电励磁同步电动机具有转速可以精确控制、功率因数高等优点，也一直占据早期推进电动机的很多份额。

自 20 世纪 80 年代开始研制船用永磁推进电动机以来，在电动机结构、变换器技术和电子器件等方面均有很大的改进。第三代稀土永磁材料的研制成功，使永磁电动机功率等级有了很大的提高，性能方面明显改善。正在研究开发新型磁场结构的永磁推进电动机体积更小，重量更轻，性能又进一步改善，更适合于大功率低速推进的要求。

在早期对大容量永磁电动机的研制中，一般采用径向磁场结构，这与常规的交流同步电动机相似，在减少电动机的重量和体积方面受到一定的限制。近年来，美、法等国家采用了轴向磁场结构，使得电动机体积更小，重量更轻。此外，英国还进行了横向磁通电动机的设计研究工作，这种新型的永磁电动机的性能比轴向永磁电动机又有了进一步的改进，使之更适合于大功率低速船舶推进的需要。

永磁电动机有如下优点：

1）永磁体代替了转子铁心和励磁绕组以及励磁系统，减小了电动机的体积和重量；

2）永磁电动机大大降低了铁损、铜损等各项损失，提高了效率；

3）永磁电动机转子磁通恒定，电磁转矩正比于电枢电流，因此，调节电流可实现调节转矩，调速控制简单，更容易实现无人机舱和计算机遥控。

一般，永磁推进电动机系统由永磁电动机、转子位置检测器、逆变器三部分组成，如图 9-8 所示。

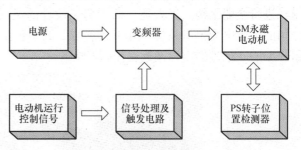

图 9-8　永磁推进电动机系统框图

2. 变频调速技术

随着电力电子及计算机技术的发展，在电力推进领域中目前已普遍采用交流变频调速系统，其核心是采用全数字化技术的交流变频器。目前绝大多数采用交 - 直 - 交电压型变频器。变频器控制方式目前应用最多的有两种，即矢量控制技术和直接转矩控制技术。

另一个需要注意的问题是，使用变频器会产生谐波电流，对电网造成污染，其主要影响是对电网中的其他设备如发电机、电动机、电缆及电器设备产生附加发热、脉动转矩、振动等，严重的还会使继电保护的整定动作值产生偏差。电力推进功率有时可以占到总用电负载的 95%，该负载的推进变频器是谐波电流的主要来源。船舶建造规范规定，船舶电力系统中电网电压畸变率 THD 不超过 5%。

为了抑制谐波，从变频器角度可采用增加变频器的脉动波数的方法，在技术上通常采用改变变压器接线方式，组成多相整流电路或者采用一定相位差的多组三相整流桥串联或并联来增加脉动波数。此外，还有最先进的采用 IGBT 器件的整流电路产品，电网侧电流近似为正弦波，基本无谐波，并可调节功率因数。从电网角度可采用增设高次谐波滤波器的方法，分为无源滤波及有源滤波两种型式。无源滤波广泛采用电容和电感串联谐振的原理，使电路对某一频率的响应电抗为0，该频率谐波电流消耗在纯电阻上被吸收，达到滤去该频率谐波的目的。采用双重电抗器组将电站的推进负载母线与船舶其他负载母线进行一定的隔离，也可使船舶其他负载的配电网的谐波分量维持在较低水平。

在选用和确定交流变频器之前应对不同类型的交流变频器的电路特征、性能特点及应用范围等有一个基本的了解，不同类型变频器的比较见表9-2和表9-3。

表9-2 变频器类型及主要性能比较

项目	交-直-交变频器		交-交变频器
形式	电压型（PWM控制）	电流型（同步型）	循环型
电动机	异步	异步（或同步）	同步（或异步）
电力电子器件	二极管整流，IGBT逆变	晶闸管整流逆变	晶闸管两组反并联
换流方式	强迫	负载	电源电压
直流环节	电容器	电抗器	
调频范围	0~额定	0~额定	0~1/3额定
动态响应	<50ms	稍慢	<100ms
转矩脉动	平滑	波动	平滑
零速过渡	平滑	波动	平滑
低速电流	小	取决于转矩	取决于转矩
功率因数	>0.95（恒定）	0~0.9（正比于转速）	0~0.76（正比于转速）
谐波	高速时取决于转矩	大，取决于转矩	较大，取决于转矩
适用范围	适用于大中小功率	专用于特大功率	专用于特大功率

表9-3 电压型变频器分类及主要性能比较

整流环节	晶闸管	二极管	IGBT
逆变方式	IGBT/IGCT	IGBT/IGCT	IGBT/IGCT
控制方式	矢量控制/直接转矩控制		
谐波	有	有	基本无
脉冲数	6或12	6或12	
能量反馈	不可靠	不可靠	可靠
制动电阻	需要	需要	不需要
电压等级	低压	低压或中压	低压或中压
冷却方式	空冷或水冷		

目前无论陆用或船用，在中小功率范围，包括部分大功率的电压型变频器中，西门子和ABB两家公司的产品占主导地位。另外，从控制方式来看，西门子与ABB有重要区别。西门子采用IGBT器件矢量控制方式，ABB采用IGCT器件直接转矩控制方式（DTC）。从控制原理上来说，两者都是利用数字技术，通过计算机将电动机电流分解成转矩分量和磁通分量分别进行控制，以达到类似于直流电动机的动态性能。后者不需要矢量旋转变换，具有良好的转矩响应特性，系统结构简单，静态速度误差范围为±0.1%~±0.5%，转矩响应时间

为 2ms。

下面以永磁电动机为例对交流电动机的控制方法及其控制系统作简单介绍。永磁电动机的控制系统通常由变频器、转子位置检测器和控制器等部分组成。变频器一般采用交-直-交变频器，它由整流器、中间滤波环节及逆变器组成。逆变器的作用是将直流电变换为可调频率的交流电，是变频器的主要组成部分。转子检测器担负着向逆变器提供触发信号的任务，是逆变器触发系统的关键部分。因为永磁电动机的电流换向为自同步控制方式，即相同电流的切换时刻严格取决于电动机转子的实际位置，因此转子位置检测器不但是不可缺少的，而且在电动机转速控制过程中起着非常重要的作用。控制器的一般功能可分为三个方面：

1) 对转子位置信号进行处理，完成滤波，消除干扰和速度测定等；

2) 根据有效的转子位置信号和电动机运行要求，完成逆变器脉冲分配和触发，以实现对电枢电流的相位控制；

3) 通过速度调节器（有时也需要电流调节器）完成对整流器的触发角控制。

以上就是永磁电动机的控制系统，电动机的转速就是根据转子角的脉冲信号来触发逆变器，通过计算机运算，以控制相电流的幅值、频率及施加的时间，而达到调速的目的。

3. 吊舱密封技术

密封系统包括内、外密封腔。螺旋桨轴承位于内、外密封腔之间，外密封由螺旋桨和螺旋桨轴承之间的五道密封腔组成。两道密封腔防止海水进入，另外三道则是油封。其中第一道密封腔主要阻止脏物和尘土进入，实践中第二道密封腔经受水压，刚开始时密封腔一也经受水压，位于第三和第四密封腔之间的密封油腔通过充满滑油的管路与重力油柜相连。密封腔二和密封腔四通过各自的管路连接到两个独立的密封油柜，正常情况下常开的电磁阀在紧急情况下能自动关闭，从而关断密封腔和密封油柜的连接，必要时可打开电磁阀通过与重力油柜连通使滑油注满密封油柜，当密封油柜的油位达到一定位置时，电磁阀自动关闭。密封油柜内的滑油可用油泵通过阀门排空。

9.2 船舶吊舱式电力推进的性能和特点

吊舱式推进器置于船外，节省船体内大量空间的同时，也极大地提高了船舶各方面的灵活性和便利性；另外，吊舱电力推进改变了传统的柴油机+开放式传动机构+螺旋桨的推进方式，采用推进电动机直接或间接驱动螺旋桨，实现了能量非机械传递方式。轴系推进器与吊舱推进器结构形式对比如图9-9所示。

和常规推进器相比，吊舱推进器有很多优点：

1) 采用体积小、重量轻的中高速柴油发电机组有利于舱室布置。推进吊舱悬挂在船下，通过一个集电环装置与船体连接，能使吊舱360°转动，起到舵的作用，省去了舵机和舵，而机舱可在船舶的任意位置布置，且发电机组可置于机舱任一合适的位置，有利于提高机舱的空间利用率，使布局更合理。

2) 根据不同负载的情况，选择合适的原动机组合，可以确保原动机在恒速状态下运行，使燃料利用率得以提高。中速柴油机在恒速和变速情况下，废气排放量的对比情况说明，恒速运行时氮氧化合物的排放量明显减少。这样，不仅对柴油机的良好燃烧和使用重油

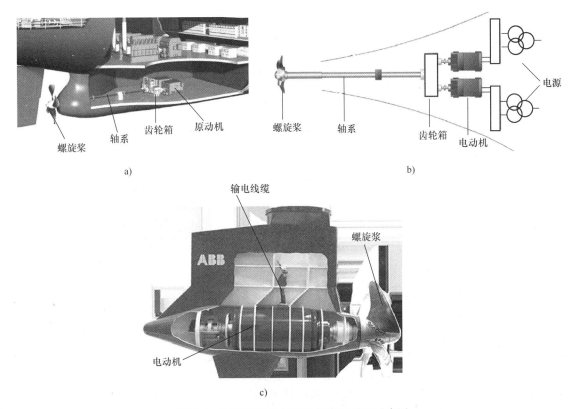

图 9-9 轴系推进器与吊舱推进器对比示意图
a）常规推进方式 b）传统电力推进方式 c）吊舱推进方式

有好处，而且可以减少维修保养工作和降低备件费用。

3）重新设计的船尾结构改进了推进器的水流，具有很好的水动力特性；吊舱式推进装置采用了牵引式螺旋桨，使推进效率提高10%以上；该装置的螺旋桨比常规系统的螺旋桨要小，产生空泡的临界速度提高了，有利于提高船速。

4）推进电动机本身噪声小，且吊舱置于船外；原动机恒速运行，结构噪声小。这样，避免了传统船舶机舱内的巨大噪声，提高了旅客的舒适度，这对豪华游船特别重要。

5）柴油机直接推进的船舶，通过改变柴油机转速以改变船舶速度，改变舵角以改变航向。吊舱式电动机推进的螺旋桨转速是通过控制器改变推进电动机的转速来实现的，吊舱单元可以360°转动，起到舵的作用，转向更为灵活。

6）船舶自动化的发展在于它的集成化、微型化、数字化等方面。吊舱推进系统中所有的动力装置均可以独立进行安装、组合、检测，一些部件能较为方便地拆卸维修，也可事先将动力装置准备好，在需要的时候进行更换。在制造工艺方面，由于动力装置和其他部分相分离，显著降低了工人的劳动量，同时，吊舱可作为一个整体安装到舰艇上，这些特点使舰艇的制造工艺更加简单，适应舰艇模块化设计和制造的需要。

7）由于推进电动机置于海水中，可以省去冷却系统或冷却空气管道和冷却风扇，从而节省了空间，方便安装。

8）提高了船舶的安全性，使操作简便。将停车、回转时间等船舶的操纵性能提升至最优，具体情况可参看表9-4。

表 9-4　不同推进方式船舶的操纵性能比较

项目	机械推进	常规电力推进	吊舱推进
回转直径	120%	100%	75%
零航速回转 180°所需时间	118%	100%	41%
全速回转 180°所需时间	145%	100%	42%
全速至停止所需时间	280%	100%	42%
零航速至全速所需时间	210%	100%	90%

9) 对于双桨船而言，该系统与传统推进器相比，对动力的需求有所降低。

从军事意义上来讲，吊舱电力推进还具有以下特性：

1) 舰艇生命力取决于受攻击的可能性和关键系统保持运行的能力。由于吊舱推进系统的动力装置结构紧凑，其受攻击的可能性减小，而且主机可安排在水线面以上，使主机舱不会在舰艇受攻击时进水，主机和吊舱没有复杂的传递装置，加之布置比较灵活，这些均使舰艇的生命力显著提高。

2) 舰艇的整体性能取决于其攻击力和全船设备的兼容性。由于减小了舰艇的重量，节省了空间，动力装置结构紧凑，使舰体大部分容积可以用于增加其装载能力，满足武器装载的需要；同时由于主机的位置可以灵活安排，也给总体布置带来灵活性。主机可以安排在舰艇后部的上层，排出的烟远离武器装备，使传感器等装置免受干扰，对温度敏感的天线也免受影响，这些均使舰艇的整体性能得到显著提高。

3) 舰艇的隐身性能也取决于其噪声大小。使用吊舱推进器后，机器的振动和噪声可远离人员和舰载武器系统，各种机械装置可以方便地进入，便于维修保养，部件的拆卸可以通过入口、机器舱口或卸下整个吊舱来进行。主机和吊舱用电缆连接，没有直接力的相互作用，便于主机采用减振降噪措施，如主机可以采用液体基座，周围用弹簧加固，这样可以显著降低主机振动对舰艇的影响，使舰艇的振动和噪声性能得到很大提高。

作为吊舱电力推进系统动力核心的推进电动机一般采用同步电动机（SSP 推进器系统采用永磁式同步电动机），这是因为同步电动机有以下特点：

1) 电动机的转速和电源的基波频率之间保持着同步关系。只要精确地控制变频器的输出频率就能精确地控制电动机的转速，也就能精确地控制螺旋桨的转速，无须设立转速反馈回路。

2) 同步电动机较异步电动机对转矩的扰动具有较强的承受能力，能出现较快的响应。在同步电动机中，只要电动机的功角做适当变化，而转速始终维持在原来的同步转速不变，转动部分的惯性不会影响同步电动机对转矩的快速响应。这样，可以对海上风浪造成的负载转矩的变化做出快速响应。

3) 从转速调节范围来看，同步电动机转子有励磁，即使在很低的频率下也能运行，调速范围比较宽；而异步电动机的转子电流靠电磁感应产生，频率很低时，转子中就难以产生必要的电流，调速范围比较小。

4) 从节能方面和成本上考虑，同步电动机也优于异步电动机。

9.3 吊舱式对转螺旋桨（CRP）系统的结构原理和特点

所谓对转螺旋桨（简称 CRP）就是在螺旋桨推进轴线上的两根同心轴上，一前一后布置有两个螺旋桨，前后螺旋桨分别安装在同一轴线上的内外两根轴上，后螺旋桨安装在内轴上，通过推力轴承和主机相连，类似于单螺旋桨系统的结构；前螺旋桨则是安装在外轴上，通过反转齿轮机构使其转动方向和后螺旋桨的转动方向相反，柴油主机的输出功率按比例分配给前后螺旋桨。前面的螺旋桨的直径大于后面的螺旋桨的直径，两个螺旋桨的旋转方向相反，又称双反转螺旋桨（双反桨）。图 9-10 所示为对转螺旋桨系统的结构原理图。

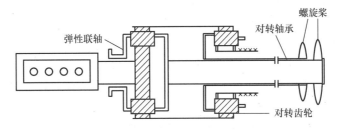

图 9-10 对转螺旋桨系统的结构原理图

在对转螺旋桨推进系统中，由于前后桨的转动方向相反，使得尾流的旋转损失减少，前螺旋桨产生大的未被有效利用的涡动能量在后一螺旋桨上得到了利用，转化为有效的推进力，故而效率较普通螺旋桨偏高，研究和实船运行表明，其节能效果可达 10%～20%。这种对转螺旋桨系统的主要特点是节能，实际的结果也达到了提高螺旋桨推进效率、节能的目的。这就是几十年来，人们一直在不停研究它的原因。对转螺旋桨的工作原理如图 9-11 所示。

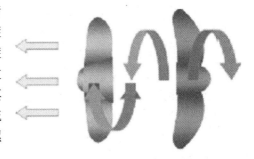

图 9-11 对转螺旋桨的工作原理

除此之外，对转螺旋桨推进系统还有其他一系列优点，如其负载降低有利于避免空泡产生；对转螺旋桨的直径减小，有利于解决船吃水浅的推进问题；可改善船舶的横向稳定性和操纵性，使鱼雷在航行中避免产生航向偏离等。

正是基于上述特点，ABB 公司在推出吊舱电力推进的基础上，于 2000 年推出了吊舱式 CRP 系统，其结构原理如图 9-12 所示。图中不难看出：前螺旋桨就是传统推进系统的螺旋桨，而在传统舵叶所在的位置，安装了一个可 360°旋转的吊舱式推进器。两个螺旋桨位于同一轴线上，转向相反。一般情况下，前螺旋桨由柴油主机驱动，也可以由电动机或汽轮机驱动；后面的吊舱式推进器，还起着舵的作用。我们称其为"主动舵"，而传统的舵则称为"被动舵"。

这种类型的 CRP 系统除了具有很高的螺旋桨推进效率以及节能的特点外，还具有以下的一些特点：

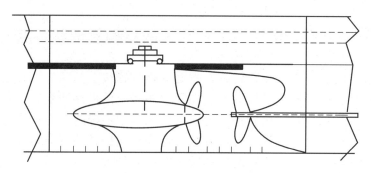

图 9-12　吊舱式 CRP 系统结构原理图

1）该系统是由两套完全独立且经过实船检验，证明可靠性很高的推进系统组成，船舶运行的安全性和可靠性得到了保证。

试验表明，在船舶高速航行时（29.5kn）主推进器的叶梢涡流对 ABB 公司生产的 Azipod 吊舱式推进器并不产生影响。ABB 公司对这种吊舱式对转螺旋桨在大型客滚船上的应用也进行了全面的、长时间的试验。与传统的单螺旋桨系统或传统的双机双桨系统相比，几乎各项指标都取得了令人振奋的结果。

2）船舶的推进功率可以在几乎不增加机舱空间的前提下，较大幅度地得以提高。

ABB 公司对这种吊舱式对转螺旋桨在大型集装箱船上的应用进行了全面的试验，试验表明，吊舱式推进器不仅对提高操纵性和推进效率大有益处，同时可以使集装箱船增加承载箱量，特别是对 9000T 以上的集装箱船，可以明显地缩短成本回收期。

3）取消了舵机系统和尾侧推器，总体上简化了机械结构。

4）船舶的机动性和灵活性得以提高。

5）船舶的推进效率得以显著提高。试验表明其推进效率比双机双桨推进的效率要高 8%~15%，与双吊舱推进器船相比，效率也提高了 5%。

2005 年 6 月初，由三菱重工下属的 Nagasaki 船厂建造的两条快速轮渡交付使用，它们采用了 ABB 公司的吊舱式 CRP 推进器，如图 9-13 所示。在它们运行航线上，还有一条相同吨位的采用双机双桨推进系统的轮渡，三个月的对比运行表明，新造轮渡的节能达到了 20%。

图 9-13　吊舱式对转螺旋桨（CRP）推进器

吊舱式 CRP 系统的这些特点，使它首次推出即获得了业界的广泛关注。目前关注的焦点是它在超大型集装箱船、大型客滚船和大型液化天然气船上广泛应用的可能性。这些船舶的共同特点是：驱动功率要求很大，可靠性要求很高，对机动性和灵活性也有一定的要求，整体造价很高。这使得船东在采用这种新型推进系统时不得不谨慎从事，要求多做一些试验。

第10章
轮缘驱动电力推进

吊舱推进的出现虽在一定程度上解决了船舶推进系统在效率、噪声、占用空间以及可靠性、灵活性等方面存在缺陷，但仍不能满足人们对船舶舒适性、推进器体积以及军事上对舰艇隐身性能的要求。而近年来出现的一种新型推进形式——轮缘驱动电力推进为解决上述难题开辟了新思路。轮缘驱动推进器（Rim-Driven Thruster，RDT），又称集成电动机推进器（Integrated Motor Propulsor，IMP）或机桨一体化推进器，是随着吊舱技术的发展而出现在电力推进领域中的，其结构特点是将螺旋桨与推进电动机集成到同一个基座外壳内部，因具有多重优良特性而备受人们关注。与传统的电动机＋轴系＋螺旋桨的电力推进方式相比，轮缘驱动电力推进具有推进功率密度高、噪声低、可靠性高以及易于实现模块化等突出优点。本章将介绍轮缘驱动电力推进技术特点、关键技术以及应用案例等。

10.1 轮缘驱动电力推进概述

10.1.1 轮缘驱动电力推进的基本概念

轮缘驱动推进器是一种新颖的推进装置，早在20世纪中期就曾被提出，但由于当时没有合适的高能永磁材料一直没有工程应用。早期主要采用感应电动机或磁阻电动机驱动，电动机定转子相对较厚，因而导管厚度增加导致阻力损失增大，从而降低了高航速时的水动力效率。为了在电动机定转子表面形成防剥蚀保护层，导致气隙很大，上述问题直到永磁无刷电动机的出现才得到解决。轮缘驱动推进器采用永磁无刷电动机后，通过螺旋桨叶梢与电动机环形转子相连来实现对螺旋桨的驱动，螺旋桨叶根悬空或固定在很小的桨毂上。与常规推进器相比，这种推进器结构紧凑，占用空间小，重量轻，安装灵活，没有复杂的轴系传动机构及其引起的机械振动，诱导的振动小，变速方便。同时它的效率更高，噪声水平更低。

传统的船舶吊舱电力推进方式中，电动机与螺旋桨为轴向联结的两个完全独立的设备，电动机处于螺旋桨过流面中心，如图10-1a所示。这种方式不仅体积臃肿，而且效率低。轮缘驱动推进方式中，电动机的定子安装在导管桨的导管中，转子安装在带环螺旋桨的外圆上，如图10-1b所示。这种方式本质上是以径向联结取代轴向联结，使得螺旋桨和电动机成为不可分离的集成整体。它不仅类似于吊舱完全置于舱外，节省舱室体积，且螺旋桨的过流面积上没有任何阻碍，大大提高了推进效率。

轮缘驱动推进器的结构比较复杂，由桨叶、电动机定转子、导管等组成，电动机定子安装在导管中，转子采用永磁体安装在带环螺旋桨叶的外圆上。定子电枢和转子永磁磁极用屏蔽套进行静密封，并采用水润滑轴承和推力轴承，因此电动机能够在水中工作而无须动密封。从拓扑结构来看，这种径向联结允许把轴承安装在螺旋桨的导管中，使叶片进流比较均

第 10 章
轮缘驱动电力推进

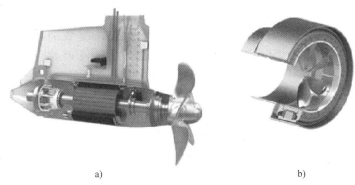

图 10-1 吊舱式推进器和轮缘驱动推进器
a) 吊舱式推进器 b) 轮缘驱动推进器

匀，从而达到无轴推进的效果。

轮缘驱动推进主要有带桨毂和不带桨毂两种方式。图 10-2 所示为带桨毂的轮缘驱动推进器，电动机定转子之间的间隙不密封，推力通过桨毂传递给定子、导管和支架，最后传递给船体。图 10-3 所示为不带桨毂的轮缘驱动推进器，电动机定转子之间的间隙不密封，叶梢周向圆环和水润滑轴承和推力轴承相连，通过推力轴承将螺旋桨发出的推力传递给导管，导管将推力直接传递给船体。

图 10-2 带桨毂轮缘驱动推进器

图 10-3 不带桨毂轮缘驱动推进器

10.1.2 轮缘驱动电力推进的主要特点

1. 节省空间、减轻重量

轮缘驱动电力推进器安装在航行器的外部，这样省去了传统推进系统需要的联轴器等传动装置，节省空间、减轻重量，同时提高了电动机功率密度。特别是对于水下航行器而言，采用轮缘驱动电力推进器效果更为明显。以某型水下航行器为例，如果换装轮缘驱动电力推进器，其推进装置重量可减轻约 60%，节省的空间如果用于加装电池，电池可多装 25% 以上。

2. 降低噪声

目前水下探测方面最常用和最有效的探测方式是声探测，降低推进器噪声不仅可以降低水下航行器被探测的概率，而且可提高自身声呐作用距离。

— 185 —

由于轮缘驱动电力推进器在水下航行器尾部同壳体只有一个连接接口，从而大幅度消除了内置电动机与壳体连接产生的振动噪声，由于不需传动机构，也消除了传动机构产生的摩擦噪声，集成电动机定子同时又是螺旋桨导流罩，可推迟螺旋桨叶片空泡起始并屏蔽转子旋转产生的流噪声，这是一种真正意义上的安静性推进装置。

3. 提高效率

采用传统推进装置的水下航行器传动轴与壳体之间均需要动密封处理，特别是低速航行器在动密封环节的效率损失约占到5%~10%，而轮缘驱动电力推进器避免了此动密封环节，省去了此效率损耗，由于轮缘驱动电力推进器始终处于水环境中工作，它所产生的热量可以通过水流进行自然散热冷却，从而可使结构更加紧凑，提高了装置的比功率和效率，加之轮缘驱动电力推进器省去了传统推进的传动环节，所以在效率方面较传统推进，尤其在低速航行器，有较大的优势。

4. 提高保障性

轮缘驱动电力推进器提高了无人水下航行器的可靠性、安全性和维修性。这是因为其取消了独立的传动机构和轴密封装置，避免了泄漏、轴承等主要故障源，零部件的减少也降低了维修量。此外，轮缘驱动电力推进器可以作为一个整体方便地从尾部拆下维修，并可随时换装，这就降低了反复试验和训练之间的维修成本，缩短了周期。

美国海军水下战中心开发了一个正浮力轻型鱼雷试验床原型，以验证轮缘驱动电力推进等关键技术和性能。在2006年7~8月期间，在美国海军水下战中心的靶场成功地进行了39次实航试验，虽然在试验中间检查了油压，但在39次试验期间未进行任何维护，显示了各次试验间技术准备的简易性。

5. 轮缘驱动电力推进带来新的问题

任何事物均有其两面性，轮缘驱动电力推进同样也会带来一些新的问题。

1）由于电动机的定子安装在导流罩内，导流罩厚度受到限制，对航行器整体流场产生影响，增加了航行器的阻力。

2）当在浅吃水航行时，特别是沙砾较多的水域，会存在将碎石和沙砾吸入系统的危险。

3）可能给航行器带来的重心后移和鳍舵匹配等问题，需要在航行器总体设计中加以考虑。

4）电动机工作在水中，带来了新的绝缘和防蚀问题。

10.2 轮缘驱动电力推进的发展

美国通用动力电船公司自20世纪90年代开始研究船用推进永磁电动机，设计了一系列轮缘驱动电力推进器，试验结果显示轮缘驱动电力推进器的敞水效率比桨毂驱动的吊舱推进器高5%~10%。此外该公司还联合宾夕法尼亚州立大学应用研究试验室和德国汉堡水池，以巴拿马型船为设计对象，共同开发一种商船轮缘驱动电力推进器，电动机功率为17.9MW，设计航速为24.5kn，设计点的敞水效率为0.704。

欧盟各国的研究部门在轮缘驱动推进器方面也做了很多研究工作。受 NorproPeller A. S 和 Brunvoll A. S 公司资助，挪威理工大学设计了一个轮缘驱动全回转推进器，螺旋桨直径

600mm，额定功率 100kW，转速 700r/min，如图 10-4 所示，并完成实船试验。

英国南安普敦大学的 Abu Sharkh 和 Tumock 等人设计了一种适用于 Auv 和 Rov 的永磁无刷电动机轮缘驱动推进器，输入功率 300W，转子采用三叶螺旋桨，直径为 50mm，电动机转速 5000r/min 时产生 25N 的推力。Lai 和 Abu Sharkh 发展了一种成本更低的无槽永磁无刷电动机轮缘驱动推进器，转子直径为 73mm，如图 10-5 所示。Hughes 和 Turnocklo 等人将永磁电动机轮缘驱动技术引入到喷水推进系统后，由于没有驱动轴，因而显著减少螺旋桨来流的周期性变化，同时也消除了因桨轴带来的流动分离区，并针对 ROV 设计了一种轴流式轮缘驱动喷水推进器，螺旋桨直径 250mm，输入功率 110kW，螺旋桨最大收到功率为 90kW，对应转速为 2200r/min。通过数值计算发现，这种设计没有轴的诱导损失，减少了叶片的周期性载荷，可以比常规依靠轴和齿轮传动的喷水推进器输出更大的推力。

图 10-4　轮缘驱动全回转推进器

图 10-5　无槽永磁无刷电动机轮缘驱动推进器

许多欧美公司已经发展了一系列轮缘驱动侧推器产品，如德国 AIR Fertigung Technologie Gmbh 公司发展的轮缘推进器 Inline Thruster 系列，最大功率为 200kW，桨叶直径最大为 810mm，导管长 350mm，如图 10-6 所示。

国内对轮缘驱动推进器的研究起步较晚，20 世纪 90 年代中国船舶科学研究中心与中船重工 712 所曾研制永磁同步带桨毂的轮缘驱动推进器，并开发出 20kW 的原理样机，并和有关单位合作研制 20kW 不带桨毂的轮缘驱动推进器产品。

国内相关院校也进行了研究，如海军工程大学自行设计了一台 60kW 新型机桨一体化装置，该装置的推进电动机为 Halbach 结构永磁电动机，转子厚度较小，气隙较大，电动机转速为 975r/min，定子外径为 480mm，转子内径为 350mm，定转子间气隙可进行流水散热，如图 10-7 所示。

图 10-6　Inline Thruster 轮缘驱动推进器

轮缘驱动电力推进器如何适用于大功率推进是目前需要重点研究和攻关的问题。电动机产生足够大的电磁力需相应的尺寸，其需要较大的安装空间，而导流罩需较好的水动力外形，同时还要保证为螺旋桨提供良好伴流条件。所以轮缘驱动电力推进器的大功率及集成化的优化设计是将来发展的重点，大功率轮缘驱动电力推进器可以用于大吨位的民船和军用舰船上，作为一种具有技术革新意义的推进方式，其应用前景和发展是无可限量的。

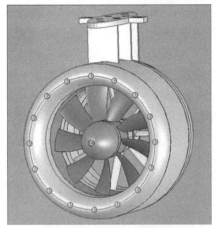 

图 10-7　机桨一体化装置的推进电动机

10.3　轮缘驱动电力推进的关键技术

1. 轮缘电动机及其控制技术

与一般用途电动机相比，轮缘驱动电力推进器的电动机在设计中有诸多不同之处，特别是必须注意与导管螺旋桨的配合。电动机嵌藏在螺旋桨的导管中，为了尽量避免增加导管厚度，应尽量减少定子外径与转子内径之间的厚度。这样优化的结果往往是非常规的多极的方案，并且具有电负荷低、铁耗占比例较大等特点。电动机电磁设计往往还需要与螺旋桨设计方案进行折中。采用电力电子技术调速是现代交流电动机的主要特点之一。矢量控制技术使得交流电动机可以得到与直流电动机相似的良好的调速特性，值得注意的是轮缘驱动电力推进器结构不利于安装位置传感器，尤其是矢量控制所需的光电码盘或者旋转变压器。尽管无位置传感器控制技术的发展很快，但是起动和低速稳定性却始终得不到完美解决。国内外研究成果表明，采用准无位置传感技术进行交流电动机的矢量控制，会得到比较满意的结果。

2. 流体分析技术

作为轮缘驱动电力推进器，电动机与螺旋桨的集成改变了传统导管的线型，电动机的气隙暴露在水中，或多或少地会产生紊流，从而影响推进器的效率。环带螺旋桨一方面减少紊流，另一方面增大了水中的摩擦，对流体有利有弊。流体分析的任务是通过设计合适的流体结构，减少这些影响，从而更好地体现轮缘驱动电力推进器的优点。流体分析需辅助以流体测试作为验证，与传统螺旋桨的试验相比，轮缘驱动电力推进器的试验方法也是新的课题。

3. 水密封技术

轮缘驱动电力推进器电动机的定子（电枢）和转子（磁钢）都需要采用屏蔽套进行水密封。材料和结构设计是屏蔽套的两个关键因素。除了耐海水腐蚀、具有一定的强度之外，屏蔽套材料还需尽量不导磁、不导电，以减少漏磁和涡流损耗。国内屏蔽电动机通常采用不锈钢。由于导电，涡流损耗大，而且在海水中存在产生电化学腐蚀，寿命不高。非金属材料屏蔽套不存在损耗和腐蚀问题，但是目前国内应用较少，其可靠性值得研究。

4. 水润滑轴承应用技术

轮缘驱动电力推进器的轴承暴露在海水中，海水的黏度低，冷却作用好，润滑作用差。水润滑轴承材料应具有良好的耐磨性、顺应性、嵌藏性、导热性和足够的强度。除了轴承材料的特性之外，轴承的结构，包括设计海水通道、防止海水中较大的颗粒对轴承的损伤以及轴承的运行寿命设计和更换维护设计等，都是保证轴承可靠性的重要环节。

10.4 轮缘驱动推进电动机

电动机是轮缘驱动推进器最重要的部分。它在工作时浸入水中，同时由通过气隙的水进行冷却。对这种类型的电动机研究主要集中在优化电磁性能、振动噪声、驱动控制、密封、防腐蚀、重量和厚度以及成本控制等方面。

适用于轮缘驱动推进器的电动机有感应电动机，开关磁阻电动机，无刷直流电动机，永磁同步电动机和高温超导电动机等。

Brown 等人在 1989 年设计了一种基于感应电动机的轮缘驱动推进器，如图 10-8 所示，其具有连接到螺旋桨尖端的斜杆笼型转子，并且整个定子组件被封装在激光焊接的油浸金属罐中，转子心由黑色环氧树脂漆涂覆。该系统包含一个 16 极三相电动机，带 48 个定子槽和 72 个转子槽，直径为 394mm，气隙为 1mm。在 2906r/min 的运行速度下，该电动机的输出功率为 7.5kW，但功率因数、功率密度和效率较低（低于 50%），因为摩擦和定子中的涡流损失了大量功率。

Tuohy 等人在 2010 年设计了一种用于轮缘驱动推进器的感应电动机，如图 10-9 所示，其中传统的"深杆"笼被一个具有低径向深度的简单笼取代，可以简化转子设计，一系列护套提供环境屏蔽。该设计的实验结果与有限元分析预测的一致，即电动机产生与传统工业感应电动机相同的满载扭矩，同时减轻了约 60% 的重量。

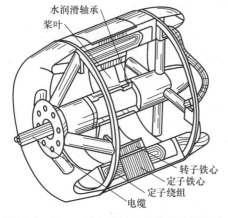

图 10-8 Brown 等人设计的轮缘驱动推进器

图 10-9 Tuohy 等人设计的轮缘驱动推进器

Richardson 等人于 1995 年设计了由开关磁阻电动机组成的轮缘驱动推进器，其定子有 6 个槽，转子有 20 个槽，为三相电机，如图 10-10 所示。定子和转子表面涂有耐腐蚀涂料，定子绕组由 PVC 绝缘电缆制成，气隙为 0.6mm。推进器中直径为 290mm 的螺旋桨安装在黄铜环内，该黄铜环固定在内转子孔上。在额定相电压 250V 下，在 1200r/min 的速度下测得输出功率为 5kW，但摩擦损失高达 1.5kW。

感应电动机和开关磁阻电动机都具有相对较厚的转子和定子，因此阻力损失较高，相对厚的管道在高的前进速度下会降低流体动力学效率。由于在转子和定子的表面上涂覆腐蚀保护层需要大的气隙，感应电动机和开关磁阻电动机的性能通常较差。

永磁电动机可容许较大的间隙，并且可以设计有大量的磁极，从而产生相对非常薄的转子和定子，而没有牺牲电动机的效率。为此，大多数研究人员更喜欢在轮缘驱动推进器设计中使用永磁电动机。

为了实现令人满意的整体效率，永磁电动机必须具有大量的磁极，径向厚度小，气隙相对较大，轴向长度较短，并且磁铁相对较薄。

图 10-10　Richardson 等人设计的轮缘驱动推进器

Sharkh 教授是轮缘驱动推进器无刷直流电动机的先驱，它详细地描述了使用这种电动机的紧凑型轮缘驱动推进器的设计优化方法。

挪威科技大学（NTNU）与 Smart Motor AS 和 Nor propeller AS 合作，为轮缘驱动推进器原型机建造了一个集成的 100kW 永磁同步电动机，如图 10-11 所示，电动机内径为 600mm。永磁体是矩形的，并且安装在转子轭的表面上，转子轭由实心软铁制成，定子叠片厚 0.5mm，磁钢采用钕铁硼，双层分布绕组减少了谐波。电动机极数为 22，标称频率为 128Hz，电动机线电压为 400V，额定电流为 150A，标称运行速度为 700r/min。轮缘驱动推进器作为陆上发电机进行了测试，其平均效率接近 93%，远低于计算的 0.97。样机也安装在试验船上并进行测试，结果表明绕组温度在满载时不超过 40℃。

图 10-11　挪威科技大学建造的轮缘驱动推进器原型机

Van Dine 在 2003 年设计并制造了由永磁电动机驱动的轮缘驱动推进器样机（120hp[注]，500r/min），螺旋桨、外壳、结构叶片、电动机密封舱和整流罩均由复合材料制成，以降低成本和重量并消除电动机的涡流损失。复合电动机的效率比金属电动机高 6%（复合材料为 98.188%，金属材料为 92.285%），因为复合定子不会产生与金属电动机相同的涡流损耗。这种复合材料轮缘驱动推进器的成本也比金属单元低 35%。

海军工程大学乔鸣忠、梁京辉等人在 2013 年将 Halbach 阵列应用于轮缘驱动推进器永磁交流电动机设计，如图 10-12 所示，电动机输出功率 60kW，转子厚度 25mm，气隙 6mm。随着永磁体厚度的增加，气隙磁密增加，因此当永磁体厚度达到一定值时，Halbach 阵列将具有明显的优势。由于电流密度高，永磁电动机最重要的尺寸限制是定子内部的热状态。梁京辉等人研究了轮缘驱动电动机的电磁场—流体场—温度场相互耦合以及水下运行时其流热分布等方面的问题，提出了任意充磁 Halbach 永磁电动机解析模型的分析方法及适用于一体化电动机的场—路—运动耦合模型，并对理论计算进行试验验证，为电动机优化以及整个装置的冷却设计提供了技术基础。

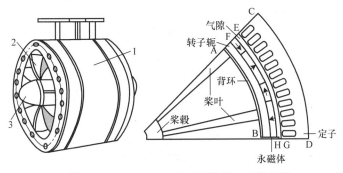

图 10-12　应用 Halbach 阵列的轮缘驱动推进器
1—流线形基座外壳　2—螺旋桨桨叶　3—导流罩

为进一步降低功率损耗，提高永磁电动机效率，使轮缘驱动推进器更加紧凑，Hassannia 和 Darabi 在 2013 年设计了一种用于轮缘驱动的高温超导电动机。高温超导线的所有层的厚度约为 0.1mm，线和隔离层的总厚度约为 0.2mm，电动机的输出扭矩非常平稳。高温超导电动机相当薄而紧凑，而电磁效率高于传统永磁电动机，在较薄的电动机中也可以显著减少不期望的阻力。总而言之，这种结构可用于构建优越的电力推进系统。

10.5　轮缘驱动电力推进案例

TSL 技术有限公司（TSL Technology Limited）持有南安普顿大学颁发的 RDT 许可证。图 10-13 显示了其商业轮缘驱动推进器产品之一，可以安装在 BLUEFIN 水下航行器上。

美国海军研究部在高级船体形式陆上演示器（AHFID）计划的资助下，Waaler 等人在 2003 年与太平洋船舶供应公司（Pacic Marine Supply Company）和缅因大学合作开发了 2100hp 的轮缘驱动推进器，推进器通过钢 "V" 形支柱悬吊安装在海军表面效应船的艉部，如图 10-14 所示。

[注]　1hp = 735W。

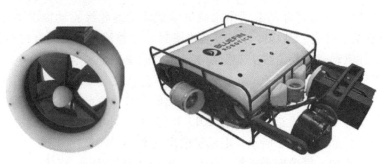

图 10-13　TSL 技术有限公司生产的商业轮缘驱动推进器

图 10-14　艏部装有轮缘驱动推进器的美国海军表面效应船

Brunvoll 公司于 2002 年与 Nor propeller AS 合作开始研究轮缘驱动推进器。5 年后，平台供应船 "Edda Fram" 安装了 810kW 轮缘驱动推进器。挪威渡轮 M/F Eiksund 于 2011 年配备了两台由 Brunvoll AS 开发和交付的轮缘驱动推进装置，业界普遍认为这是第一艘主推进采用轮缘驱动推进器的商船。该船及其推进器如图 10-15 所示。

图 10-15　第一艘主推进采用轮缘驱动推进器的商船

罗尔斯·罗伊斯公司早在 2005 年就推出了 RDT 技术。他们的设计采用了带桨毂方案，可提供更高的可靠性。第一台额定功率为 800kW 的轮缘驱动推进器（RT1600）由奥林匹克航运公司 2005 年订购。2012 年，罗尔斯·罗伊斯公司将其新开发的永磁轮缘驱动推进器（TT-PM1600）交付给 Norwegian 公司 Olympic Shipping，安装在其 Olympic Octopus 船上。罗尔斯·罗伊斯公司设计和制造额定功率为 500kW 的轮缘驱动推进器，于 2015 年投入挪威科技大学的研究船 Gunnerus 上，如图 10-16 所示，推进器运行超过 1500h 无故障。Gunnurs 在生物学、技术、地质学、考古、海洋学和渔业研究等领域都有最新的技术。船上装有一个动态定位系统和一个 HIPAP500 单元。这为 ROV 操作和任何部署的设备的定位提供了最佳条件。除了研究之外，该船还用于教育目的，是各级海洋学科研究的重要平台。

福伊特是最早从事轮缘驱动推进器开发的公司之一。自 2008 年开始批量生产以来，福伊特已售出超过 55 台轮缘驱动推进器，其中大部分已投入使用。用于建造风力发电

图 10-16　挪威科技大学的研究船

站的 430ft[⊖] 长，128ft 宽的自升式船采用了 2010 年福伊特最先进的轮缘驱动推进器，该推进器的额定功率为 1500kW，内螺旋桨直径为 2300mm。2014 年，两台福伊特轮缘驱动推进器 VIT 2000 – 1000 作为艏部推进器及其控制系统安装在 Wagenborg 运维船上，如图 10-17 所示。

图 10-17　Wagenborg 运维船

⊖　1ft = 0.3048m。

第 11 章
船舶超导电力推进

船舶超导电力推进是用高效能的超导电动机来取代普通电动机的一种新型、先进的电力推进，由于价格昂贵且风险较高，在1985年前它一直被置于次要地位。经过40多年的发展，超导电力推进不仅完成了超导材料从低温超导向高温超导的转变，还完成了直流到交流系统的转变，包括超导推进电动机在内的船舶超导电力推进装置研究已接近实用化程度。尽管该项技术尚未在船舶上获得实际应用，对它的认识有些是基于在理想状态下估算的，还有待更多的实践考核和进一步修正，但是作为船舶推进动力的发展方向其前景是十分广阔和令人鼓舞的。本章将介绍超导材料、超导推进电动机、超导电力推进系统等。

11.1 超导技术概述

超导技术是一项具有重要应用价值和巨大开发前景的高技术，它在民用和军事领域的应用可分为强磁和弱磁两大类。超导强磁技术主要是利用超导材料能够产生很高的稳态强磁场，据此将可制成超导储能装置、超导电机和电磁推进装置。①超导储能装置，该类装置可长时期储存大量的能量，然后根据需要加以释放。大型超导储能系统将可作为陆基自由电子激光器或天基定向能武器的功率源。②超导电机，该类电机的体积和质量将比常规电机显著缩小，功率成倍增长，效率大大提高，做发电机时，可为武器装备提供动力。做电动机时，可推进船舶航行。③电磁推进装置，用超导强磁材料制造的电磁推进装置，把电能直接转变为动力，将能以很高的速度推进大重量的物体，在军事上用作舰艇的动力装置，可消除传动噪声，提高隐蔽性；也可用作电磁炮的动力装置。

超导弱磁技术的理论基础是约瑟夫森效应。利用这种效应制成的超导电子器件，将具有功耗低、噪声小、灵敏度高、反应速度快等特点，可进行高精度、弱信号的电磁测量，也可用作超高速电子计算机元器件等。主要的超导电子器件有：①超导弱磁探测器件，超导量子干涉仪、电磁传感器和磁强计等，对磁场和电磁辐射的灵敏度比常规器件高得多，可用于军事侦察。②超导计算机，采用约瑟夫森器件的超导计算机，运算速度将比普通计算机快几十倍，功耗减少到普通计算机功耗的1/1000以下，散热性能很好。③超导高频探测器，如超导红外探测器、参量放大器、混频器、功率放大器等，将使空间监视、通信、导航、气象和武器系统的性能远远超过利用常规器件时的性能。

11.1.1 超导材料的发展

自从1911年超导现象被发现到1986年高温超导体的出现，人们从未停止过对超导材料的研究。超导材料可以简单地分为低温超导材料和高温超导材料。所谓低温超导，通常是指超导材料的临界温度较低，只能运行在液氦温区，用沸点温度为4.2K的液氦冷却；所谓高温超导，实际上只是一种相对概念，通常是指超导材料的临界温度较高（目前已经有很多达到100K以上），可以运行在液氮温区，用沸点温度为77K的液氮冷却。

超导材料的研究史是不断提高超导体的临界温度和临界电流密度的历史。通常超导材料是指在温度、磁场强度和电流密度都小于它们的临界值的条件下，电阻为零的材料，它具有两个最基本的特性：零电阻效应和完全抗磁性，这些特性对于提高船舶电力系统的功率密度和效率具有变革性的意义：超导线的输电能力比相同截面的铜导线高两个数量级；用超导材料制造的设备具有磁场强、电流大、体积小、重量轻、效率高的优点。

20世纪90年代末，在高温超导薄膜和高温超导导线方面相继得到突破并实现了产业化。最近，美国、欧洲、日本、韩国等都相继启动了基于铋系高温超导导线和基于钇系薄膜的超导应用产品开发计划。

经过十几年的飞速发展，高温超导材料已经形成了YBCO、BSCCO、TBCCO、HBCCO等四类，它们的转变温度分别为95K、110K、125K和135K，其线材的制备工艺亦有多种方法。但是，最成熟的已经商品化和在超导装置使用的线材主要是BSCCO材料。美国超导体公司（ASC）具有最强的实力，该公司持有BSCCO短导线实验室临界电流的世界纪录，年产量已达250km，正在建立一个新的年产量为10000km的生产基地。日本住友电气公司（SEI）是首先在世界上主导BSCCO导线发展的公司之一。此外还有丹麦北欧超导公司、德国真空冶炼公司（VAC）等。表11-1是国外高温超导线材料研究进展简表。高温超导线材在许多方面比低温超导材料更优越，因此，目前研究的主流大多是指向高温超导应用研究。

各种超导装置对线材都有一些基本的要求，表11-2是美国能源部（DOE）提出的一些超导装置对线材要求的目标。

表11-1 国外高温超导线材料研究进展简表

材料体系	制备工艺	线材长度/m	性能指标J_c/(A/cm²)	研制单位
BSCCO	PIT	短样	$>7.3 \times 10^4$ (77K, 0T)	美国超导公司
BSCCO	PIT	100	$>2.0 \times 10^4$ (77K, 0T)	美国超导公司 日本住友公司
BSCCO	PIT	1200	$>1.3 \times 10^4$ (77K, 0T)	美国超导公司 日本住友公司
BSCCO	PIT	1000	$>2.0 \times 10^4$ (77K, 0T)	丹麦北欧超导公司
YBCO	IBAD	短样	$=1 \times 10^6$ (77K, 0T) $=1 \times 10^5$ (77K, 5T)	美国洛斯阿拉莫斯国家实验室
YBCO	RABiTS	短样	$>7.0 \times 10^5$ (77K, 0T) $>1.5 \times 10^5$ (77K, 1T)	美国橡树岭国家实验室

表11-2 一些超导装置对高温超导线材要求目标

应用项目	J_c/(A/mm²)	成本/(美元/kA·m)	磁场/T	温度/K	I_c/A 77K	弯曲半径/m	应变(%)	线材长度/m
限流器	10~100	30~10	3	40~65	100	0.05~0.15	0.2~0.4	200~1000
电动机	100	10	4	>25	300	0.05	0.2~0.3	1000
发电机(100MVA)	10	10	4~5	20~65	100~200	0.1	<0.2	500~1000
电缆	10~100	30~10	<0.2	>65	>30	0.01	>0.4	100~1000
变压器	10~100	20~5	0.15	20~65	200	0.1~0.2	0.1	250~1000
高场磁体	10~100	5~1	>20	4.2~65	300~500	0.01	0.5	500~1000

目前，高温超导导线工业生产的关键技术掌握在世界上少数几家公司手中，如美国超导公司（ASC）、日本住友电气公司（SEI）和德国真空冶炼公司（VAC）。国内的北京英纳超导技术有限公司也有相应产品问世。

11.1.2　超导材料的性质

1. 零电阻特性

1911 年，荷兰物理学家昂内斯发现汞的电阻在 4.20K 左右突然下降，测量电流越小，电阻变化越明显，如图 11-1 所示。用足够小的测量电流，能使电阻下降的温度范围在 101K 之内。在这个温度以下，电阻率小到实际为零。通常称发生这种变化的温度为临界温度，用 T_C 表示。不同的超导材料 T_C 值往往不同，汞系铜氧化物的 T_C 值可超过 130K。昂内斯还发现，超导转变是可逆的，加热升温超导样品，当温度高于 T_C 时，样品恢复其正常电阻率，而与样品的历史无关。零电阻特性是所有超导体的一个共性。

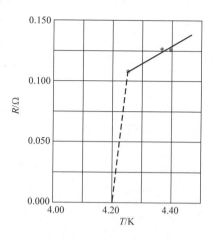

图 11-1　在 4.20K 附近汞的电阻突降为零

值得注意的是，零电阻现象的发生是有条件的，即只有在直流电情况下才能发生。

2. 完全抗磁性

1911 年发现的零电阻现象使人们一直以为超导体处于超导态时具有完全理想的导电性质，即认为超导体处在超导态是完全理想的导体。这种对超导体片面的认识，一直保持了近 20 年。1933 年，迈斯纳和奥克森费尔德发现超导体具有完全抗磁性。即超导体处于超导态时，其内部磁感应强度为零，却把原来存在于体内的磁场排挤出去，如图 11-2 所示，这与将它先加磁场再降温至超导态，还是先进入超导态再加磁场的过程无关，这就是完全抗磁性，也称为迈斯纳效应。超导抗磁性应用最多的即是我们熟知的磁悬浮技术，如图 11-3 所示。

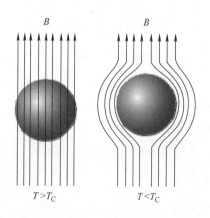

图 11-2　迈斯纳效应

图 11-3　超导磁悬浮

现在研究中的磁悬浮列车的材料就是应用磁场强、体积小、重量轻的超导磁体。磁悬浮列车的原理是运用磁铁"同性相斥，异性相吸"的性质，使磁铁具有抗拒地心引力的能力，即"磁性悬浮"。这种原理运用在铁路运输系统上,使列车完全脱离轨道而悬浮行驶,成为"无轮"列车,时速可达几百千米。这就是所谓的"磁悬浮列车"。列车上装有超导磁体,由于悬浮而在线圈上高速前进。这些线圈固定在铁路的底部,由于电磁感应,在线圈里产生电流,地面上线圈产生的磁场极性与列车上的电磁体极性总是保持相同,这样在线圈和电磁体之间就会一直存在排斥力,从而使列车悬浮起来,如图 11-4 所示。

3. 通量量子化

通量量子化又称约瑟夫森效应,指当两层超导体之间的绝缘层薄至原子尺寸时,电子对可以穿过绝缘层产生隧道电流的现象,即在超导体—绝缘体—超导体结构可以产生超导电

图 11-4　中国第一条磁悬浮列车试验线上的试车情景

流。约瑟夫森效应分为直流约瑟夫森效应和交流约瑟夫森效应。直流约瑟夫森效应指电子对可以通过绝缘层形成超导电流。交流约瑟夫森效应指当外加直流电压达到一定程度时,除存在直流超导电流外,还存在交流电流,将超导体放在磁场中,磁场透入绝缘层,超导结的最大超导电流随外磁场大小作有规律的变化。

4. 临界磁场与临界电流

逐渐增大磁场到某一特定值,超导体会从超导态转变成为正常态,我们把破坏超导电性所需的最小磁场称为临界磁场,记为 H_C。一系列实验表明,临界磁场与温度有关,是温度 T 的函数。它随温度的升高而下降,两者之间可以用以下关系式表示:

$$H_C(T) = H_C(0)(1 - T^2/T_C^2)$$

其中 $H_C(0)$ 为 $T = 0K$ 时超导体的临界磁场。

许多读者可能会错误地认为超导体无阻载流能力是无限的,但实验发现,当通过超导体中的电流达到某一特定值时,超导体又会出现电阻,发生超导态到正常态的相变,如图 11-5 所示。通常称这个特定的电流值为临界电流。

5. 同位素效应

1950 年美国科学家 E. M. 麦克斯韦和 C. A. 雷诺兹分别独立发现汞的几种同位素临界温度 T_C 各不相同,它与原子量二次方根成反比。同位素的原子量越小,T_C 越高,后来发现其他超导元素也有类似现象,这就是超导的同位素效应。

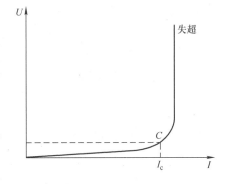

图 11-5　超导体的临界电流特性

除以上几个主要性质外,超导体还具有其他的一些物理性质,如比热和热电导性质等。值得注意的是,虽然超导体的大多数电子性质由于转变成超导态而受到深刻的影响,但也有许多性质改变很少,包括力学性质与弹性、抗张强度、声速和密度等。

上述性质中，超导体材料的三个临界参数，临界电流、临界磁场和临界温度不是独立的，而是相互关联、彼此对应的，临界电流一般是随着温度和外磁场的增加而减少。所以，超导材料运行参数超过临界值时就会失去超导电性，出现电阻进而发生"失超"现象，实际上超导电动机磁体运行参数应设计得比超导材料短样特性参数更低，这是因为考虑了使用长线和由线材绕制成超导磁体后所带来的影响，而且也是为了留有余量以保证电动机运行安全。

11.1.3 超导技术应用

随着超导材料的日渐成熟，人们对其应用的研究日益增多，尤其是在高温超导体的研究取得了巨大突破后，超导技术走向了大规模应用。它在军事、高能物理、医疗设备、交通运输、电子技术（通信）、电力能源、机械工程等领域中都将得到大规模应用。

在电气工程领域，目前世界发达国家正在研究的超导装置包括超导储能系统、高温超导发电和推进电动机、高温超导电缆、高温超导变压器、高温超导限流器，以及与电力电子相结合组成的全超导电力系统。对于超导电力推进而言，超导推进电机（包括超导电动机和超导发电机）是其核心组成部分。

超导电机就是用超导线材绕制的超导磁体取代普通电机中用铜材绕制的铜线圈，如图11-6 和图 11-7 所示。

图 11-6　超导导线（含 2120 根微米直径的铌钛合金纤维）

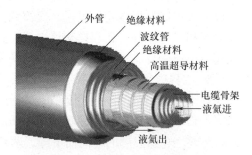

图 11-7　超导技术用于电缆

正是由于利用超导材料的零电阻特性，使得超导电动机具有了一系列的优点为人们所青睐。低温超导电机多采用的是铌钛（NbTi）、铌三锡（Nb_3Sn）低温超导材料；目前高温超导电动机大多采用的是铋系（Bi2223）高温超导材料。由于超导材料承受的交流损耗是有限的，所以超导电动机中应用的多是通以直流电的励磁线圈，而难以应用在电枢绕组上，一般设计为半超导电动机。

11.2　船舶超导电力推进装置的发展

超导电力推进装置最初是建立在低温超导（LTS）材料电缆的基础上，但需要液氦将它冷却到几乎是 0K 的超导状态，在实际应用上具有较大难度。令人欣慰的是，高温超导（HTS）材料在 1986 年作为一种陶瓷被发现，继而来自美国超导公司的发现者解决了如何将易碎的陶瓷超导体制成用于工业上的有韧性的耐用电缆，并使用便宜而环保的液氮或深冷制冷装置来冷却其到超导状态，从而极大地促进了超导电力推进的发展。

超导电力推进装置的核心设备是超导推进电动机，主要有超导单极电动机、超导同步电动机，还有超导异极电动机（即超导换向器式直流电动机）、特种超导电动机等。但前两类电动机具有更广泛的研究基础，较为成熟，尤其是超导同步交流电动机前景更为看好。

直流超导电力推进系统采用的是超导单极电动机，到目前为止，世界上已经研制成功20多台功率不等、型式各异的低温超导单极电机，2200kW和1000kW超导单极发电机和电动机已进行推进系统实船试验。2007年，美国完成了对一台36.5MW，120r/min全尺寸船舶超导直流单极推进电动机和相关的支持设备的设计、制造和工厂验收测试。另外，在高温超导（HTS）材料出现后，HTS单极电动机的研究也取得相应的进展，已经完成多台百千瓦级电动机研制。图11-8是我国研制成功的、以船舶电力推进为最终应用目标的300kW低温超导单极电动机试验样机。

交流超导电力推进系统采用的是超导同步电动机，美国超导体公司等已连续研制成功220kW、735kW、3.7MW（1800r/min）和5MW（230r/min）HTS同步电动机。2007年3月又成功通过海军验收试验，完成了36.5MW，120r/min HTS同步电动机研制。此外，还计划用4套40MW HTS推进发电机和推进电动机作为下一代CVX–13A航母电力推进动力备选方案之一。德国、韩国、日本、法国、英国、俄罗斯和一些发达国家正在进行各种类型HTS同步电动机研制。我国也已完成百千瓦级样机的研制。图11-9是美国5MW 230r/min HTS同步电动机试验照片。

图11-8　300kW超导单极电机（中）

图11-9　5MW HTS同步电机（左边）

鉴于超导技术在船舶推进中的广阔应用前景，美国、英国、德国、法国、日本等发达国家对未来水面舰船综合全电力推进系统给予了新的诠释。

图11-10是美国海军在未来战舰上的综合电力推进系统计划，据此美国海军于2003年

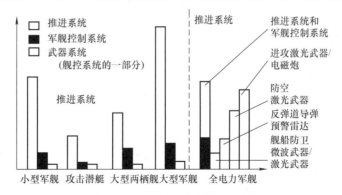

图11-10　未来战舰对能源的需求

开始了一个全尺寸的高温超导技术舰船应用目次，其目标是在下一代舰船上建立起以下高温超导系统：

1) 推进用电动机，25～30MW，100～200r/min；
2) 推进用发电机，25～30MW，3600r/min；
3) 武器用能源发电机，3～5MW，3600r/min；
4) 武器用磁场储能装置，400MJ，150MW。

姑且不谈超导发电机，仅以推进用超导电动机的研发来讲，美国一直在循序渐进地进行着，近几年则是飞速发展。2001年7月，美国超导公司和Rock-Well Automation宣布：世界上第一台735kW高温超导交流同步电动机运行试验获得成功。2002年7月，美国超导公司又宣布世界上第一台3.7MW，1800r/min高温超导同步电动机已完成研究开发和试制，其应用对象是海军舰船和商业船舶。2002年2月美国海军ONR（US Navy's Office of Naval Research）与超导公司签定合同，研制低转速、高转矩的5MW、230r/min高温超导舰船推进电动机，合同要求从设计方案、制造安装直至与推进系统集成在2003年7月完成，年底进行海试。该电机是更大的实船使用的万kW级超导电动机模型机。该电机全部组装后，长3m，宽1.5m，重26t——大约为普通舰船推进电动机尺寸和重量的1/4。美国超导公司又与美国海军签定研制36.5MW实用全尺寸高温超导舰船推进电动机，包括线路的断路器、开关装置等。这是一种标志，它意味着大容量高温超导舰船推进电动机即将走向实用化。这台电机研制时间规定为37个月，于2006年上半年完成了试制。

除美国外，其他一些国家也在研制高温超导同步电动机。德国研制成400kW电动机，韩国从1996年就开始研制220V、25A、1800r/min电动机，其特点是转子部分为液氮杜瓦，工作温度为77～85K，功率为450W。另外，日本与韩国联合研制超导电动机也在进行。

随着超导材料和技术的发展，超导电力推进是将来船舶推进的发展方向。世界上有许多国家海军都采用现代电力推进船，其中最突出的是美国海军在2000年宣布，它们下一代水面舰艇将采用电力推进系统。但一般的电力推进系统，当舰船功率很大的情况下，舰船推进电动机可能是体积巨大和十分笨重的，这影响了它的进一步推广和应用。另一方面舰船中的吊舱式推进得到普遍认可，这种外部安装电动机使舰船的动力学效率和它的内部有效空间达到最大化。但普通电动机因尺寸重量使吊舱结构应用受到限制，而上述超导电动机的特性表明不存在这种顾虑，在很宽的功率范围内都可以是优选的方案。此外，目前一般的推进电动机舰船在低速下航行，其效益会明显降低，从而增加运行成本。舰艇巡航又很少在全速和满负荷下进行，因此电动机效率是海军应用中最感兴趣的，这样超导电动机在低速下运行的高效率特性无疑是受欢迎的。

总之，由超导电动机组成的超导电力推进比一般的电力推进具有更多的优点而为人们所青睐，它将代表着舰船推进的发展方向。

11.3 超导电力推进系统

11.3.1 超导电力推进的特点

超导电力推进与普通电力推进以及齿轮机械推进相比具有突出的优点，主要有：

1. 功率大

在直流系统中,以超导单极电动机为动力的超导电力推进单轴推进功率可高达 200MW,克服了普通直流电机极限容量为 10MW 的局限性;普通舰船的电力系统由蓄电池和电动机组成。由于蓄电池的容量有限所以不能长时间用电动机来带动螺旋桨转动去推进舰船,而且电动机功率也小,单独使用电动机推进能力低。另外,在潜艇上为了弥补电动机耗费的电能,潜艇必须定时浮出水面给蓄电池进行充电,这就大大降低了舰船的隐蔽性。而使用超导材料就可以消除上述缺点,增大功率和使用间隔时间。

2. 体积小、重量轻、效率高

大容量超导电动机与常规电动机相比,在相同的重量、尺寸情况下可以输出多几倍的功率,推进系统的效率可提高几个百分点,高温超导电动机与常规电动机的效率比较如图 11-11 所示。

高温超导电动机还有另外一个优点,就是其较高的效率。事实上,在整个功率范围内效率都

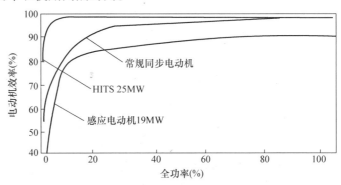

图 11-11 高温超导电动机与常规电动机的效率比较

是恒定的。图 11-11 显示了典型的高温超导同步船用推进电动机与等值的常规船用推进同步电动机和感应电动机之间的计算效率的比较,该计算还包含了电动机冷却系统的损耗。这意味着电动机和发电机可以有效地在接近于最大效率值下运行而不用顾及船舶的航速。

表 11-3 是美国已经试制成功的 3.7MW、1800r/min 高温超导电动机与同一规格的普通感应电动机的参数比较,可见其重量与体积也都减少一半。超导电动机减轻重量的优点在吊舱式结构中更有价值。据估算,舰船每减轻 500t 的重量,就可以多装载大约 40 多箱集装箱。

因此,对大功率集装箱船,当使用超导电机吊舱时,将能够多装载 2.5%~4%集装箱。对于军舰,减轻的重量可以多装载武器装备或其他战略物资,提高舰船的战斗力。

表 11-3 3.7MW、1800r/min 高温超导电动机与普通感应电动机参数比较

参数	ASC 公司超导电动机	普通感应电动机
功率/MW	3.7	3.7
转速/(r/min)	1800	1800
极数	4	4
电压/kV	6.6	6.6
满负荷效率(%)	97.7	95.9
机座形式	Alpha-1	86095
重量/t	6.8	12.3
体积/m³	7.47	15.76

3. 机舱布置灵活

由于推进系统重量和体积的减少,以及设备配置的合理与灵活的布置,使大型集装箱船可以提高运输能力达 10%~20%。

4. 低噪声,隐蔽性好

普通船舶的推进技术由发动机和螺旋桨等转动部分组成,存在较大的振动和噪声。超导

电磁推进技术不需发动机和螺旋桨,无振动和噪声,对于军用舰船特别是潜艇,可有效提高自身的隐蔽能力,对于保存自己、打击敌人有着十分重要的意义。即便对于一般超导电力推进,其不仅比机械推进而且也比普通电力推进运行更平静,噪声更低,更好地解决了人们一直关注的大功率、高航速与低噪声之间的矛盾。

应该指出的是,上述特点多为模拟研究得出的结果。超导电力推进系统种类多,也比较复杂,并不是每一特定的系统都具备上述所有的优点。

11.3.2 适用范围及主要组成设备

适合应用超导电力推进的船舶有如下几种类型:

1) 舱内推进装置安装空间狭小、轴系传递机构复杂的船舶。
2) 要求推进功率大的船舶。
3) 要求有效利用机械设备安装自由度,缩短主机室长度,增加武备、作战物资或其他货物的船舶。
4) 过载力矩很大,操纵性要求很高的船舶。
5) 不满载航行或巡航状态比较多的船舶。
6) 要求安静型、低噪声或隐蔽性好的特殊船舶。

对于具体的船舶来讲,最有希望首先获得应用的有驱逐舰、潜艇、小水线面双体船、水翼艇、表面效应船、气垫船、海洋控制船、护卫舰等有特殊船型要求的高速型船舶;大型破冰船、油轮、集装箱船、游轮和航母等需要大功率输出,且对操纵性要求很高的容积型船舶。

完整的超导电力推进系统除了包含有超导推进电动机以外,超导发电机也是不可缺少的组成部分。超导材料的零电阻效应具有无损耗运输电流的性质,如能实现超导化大功率发电机、电动机,例如在电力领域,利用超导线圈磁体可以将发电机的磁感应强度提高到 $5 \sim 6T$,并且几乎没有能量损失,这种发电机便是交流超导发电机,如图 11-12 所示。超导发电机的单机发电容量比常规发电机提高 $5 \sim 10$ 倍,达 10000MW,而体积却减少 1/2,整机重量减轻 1/3,发电效率提高 50%。那么其不必要的能耗将大大降低,这在国防、科研、工业上具有极大的意义。

图 11-12 超导发电机

超导电力推进的组成设备与普通电力推进相类似，除超导电动机系统和超导发电机系统之外，还包括配电系统，控制系统等，而最大差别是在于需要一套低温冷却系统：制冷机、冷却介质以及循环系统等。

11.3.3 推进方式与特征

超导电力推进与普通电力推进相似，具有多种方式，采用超导化以后的推进方式特征见表11-4。

表11-4 各种电力推进方式的特征

推进方式	直流-直流	交流-直流（晶闸管整流器）	交流-交流（可变螺距）	交流-交流（变频器）
原动机转速	一定	一定	一定	一定
电　压	可变	一定	一定	一定
作电源用	不可以	可以	可以	可以
后退①	电动机磁场反向	用双层电桥转换	改变螺旋桨螺距角	变频器输出倒相
实现超导化的问题要点	磁场反向　集电技术	阻尼屏高次谐波的吸收　集电技术	低速多极超导电动机　大功率输出变距螺旋桨	阻尼屏高次谐波的吸收　低速多极超导电动机

① 用转换主电路的方式除外。

船舶超导电力推进方式采用交流、直流或混合系统，需要从系统上和总体方面综合分析确定。就超导电动机而言，无论是超导单极电动机或是低速、多极超导交流电动机的关键技术都不少，一些国家对超导交、直流电动机同时进行大量研究。在早期，主要重视发展超导直流电力推进系统，在HTS材料和电力电子技术已获迅速发展后，HTS交流同步电动机得到更为广泛的重视，采用变频器的交流-交流推进方式受到人们的青睐。

11.3.4 低温冷却方案

1. 配置低温超导电机的冷却方案

按蒸发氦气的处理方法不同对低温（液氦）冷却系统进行分类。大气放散方式，从节能角度考虑是不适用的；陆上液化方式，可减少船上设备，用于像渡轮那样航程短而且航线固定的船舶上；若要求节约能源同时又适用于长期航行和航线不受限制的船上使用，一般采用在船上装备制冷机的方式。船上补充液氦方式可有：蒸发气体直接液化方式；冷凝热交换器方式和间隙方式——将来自制冷机的液氦输入液氦储槽，再将储槽内的液氦灌入电机的低温容器内。

2. 配置高温超导电机的冷却方式

对于高温超导电机，系统的冷却方式简单得多，高温超导电机励磁绕组，目前可以运行在30~35K，采取冷氦气冷却方式或液氖冷却方式而不需用液氦或冷氦冷却方式，并且可以采用闭式循环，从而大大简化冷却系统。这两种方式的比较见表11-5。

表 11-5　高温超导电机磁体两种冷却方式的比较

	冷氦气冷却	液氦冷却
冷却介质工作温度	范围宽（可设定为 20~30K）	范围窄（1.1~30K）
工作压力	大（约 8×10^5 Pa）	小（约 1×10^5 Pa）
冷却介质传输装置	复杂	较简单
制冷装置	有氦气泵	无氦气泵
冷却介质循环动力	来自氦气泵	来自热虹吸
磁体冷却方式	传导冷却	传导冷却
安全性	好	稍差
转子磁体冷却温度	在制冷量充足时，温度可以低一些，磁体性能指标可以相应提高	温度稍高，为 30~35K
冷却介质价格	贵	很贵
国外应用情况	美国 5MW HTS 电机	韩国 75kW、德国 380kW HTS 电机

随着超导材料性能的改进，如果高温超导磁体可以运行在液氮温区，则采用取自空气中的氮气经液化而成的液氮来冷却，那么超导电机、超导电力推进系统的技术、经济指标将会进一步显著提高。

11.4　超导推进电动机

由超导线材的不同自然而然地将超导推进电动机分为低温和高温超导推进电动机。因必须维持低温超导材料在超低温环境工作所遇到的能量消耗和制冷系统的复杂性等问题，低温超导技术对其在船舶推进领域中的应用，始终没有乐观的评估。

11.4.1　低温超导直流单极电动机

1. 大功率电动机主要潜在优点

超导单极推进电动机的优点主要有重量轻、体积小，低速电动机功率密度有可能达到 0.7kW/kg，而高速电动机则可能达到 3kW/kg；考虑低温设备损耗，电动机的效率可能高达到 98% 以上；电动机单机极限功率为 200MW；电动机具有高于磁饱和极限的高磁场，故可以安静地运行。电动机中心是空气而不是铁，定子和转子之间的间隙不含铁，因此定子齿没有震颤。

高电枢堆积因数和没有铁齿就意味着重量和体积可减小到原来的 1/5。

超导电动机的绕组由一个深冷制冷设备冷却，借助于仅仅 18in^3 ⊖ 的压缩机工作，电动机的机械和电磁噪声都会是很小的。

2. 基本的结构型式

1）固体电刷集电的超导单极电动机主要有内圆筒式、外圆筒式、内圆盘式和外圆盘式。对于圆盘式电机，为提高电压，可将圆盘分割成彼此绝缘的扇形片，然后在圆盘内外径

⊖　1in^3 = 1.63871 × 10^{-5} m^3。

处安置电刷，并用适当方式进行电路上的串联连接；对于圆筒式电动机，则用导条串联连接提高电动机电压。

图 11-13 是英国设计的破冰船圆筒式推进电动机，容量为 50MW，电压 3000V，转速 100r/min，由于采用高场强磁体以及转子用 32 根导条串联，可以形成 3000V 的端电压。

2）液态金属集电的超导单极电动机因集电装置位置不同和结构差异而有许多结构型式，从大的框架来讲，也离不开盘式、筒式等结构，但具体型式相差甚大，内磁体布置、多筒串联的液态金属集电超导单极电动

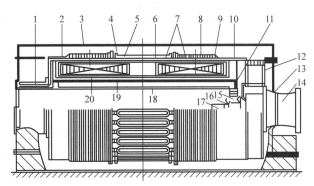

图 11-13　50MW 超导单极电动机设计示意图

1—固定端轴颈　2—励磁线圈　3—定子外壳　4—伸缩接头　5—液氦
6—电枢导体　7—环氧树脂　8—集电环　9—支撑圈　10—转子圆筒
11—隔板　12—冷却水通道　13—密封口　14—主动轴
15—低温容器内胆　16—轴承和轴　17—封闭循环水　18—真空槽
19—支架管子　20—液氦槽

机以及在定子的固定圆盘与转子的旋转圆盘之间的间隙中全部灌满液态金属的多盘式液态金属集电超导单极电动机是其典型的两种结构型式。

3）磁屏蔽的结构也是涉及电动机结构的一个重要方面，设置一个或几个超导屏蔽线圈且都放在超导励磁线圈的外侧，同时以相反方向的电流励磁，就产生了与主磁场相反方向的磁场。通过精确设计，使电动机有效磁通的降低可以达到允许的程度，外磁场又能降低到可以接受的水平，从而降低电机整机重量。另外，利用超导体的完全抗磁性原理设置超导磁屏蔽层也是一个选择方案。

3. 主要关键技术

主要包括电动机结构、理论计算及主要电磁参数的选择；提高电压技术；大电流集电技术；超导磁体系统；适应调速的电机内外部电气连接方式与结构等。

11.4.2　高温超导交流同步电动机

高温超导推进电动机是舰船电力推进设备未来发展方向之一。应用传统电动机的舰船电力推进受到效率、体积和重量方面的限制，而安静、大功率、低速大扭矩的高温超导推进电动机将是未来舰船电力推进的关键设备之一，由高温超导发电机—高温超导推进电动机—螺旋桨构成的舰船电力推进系统将以其显著的优点在水面舰船和潜艇上得到广泛的应用。特别是在现代吊舱推进系统中，由于受到空间的限制，大功率推进适于通过高温超导推进电动机来实现，这是大功率、低噪声、高航速舰船推进动力的理想方案。

1. 大功率电动机主要潜在优点

提高功率密度，减小电动机重量，大大缩小体积和占用空间，一般仅有常规电动机的 1/2 ~ 1/3；在整个功率范围内都具有不变的高效率，尤其可贵的是在低速下，即使是 30% 额定航速（2.7% 功率），其效率也会超过 94%；还有很多优点，例如：电动机定子采用空芯结构，只有很低的同步阻抗；磁场线圈几乎是在恒定的温度下运行，不会产生热疲劳；电动机电压几乎不含谐波；电动机具有高于磁饱和极限的高磁场，故可以安静地运行，噪声很低；定子和转子之间的间隙不含铁，因此定子齿没有震颤；维护简单，不需要通常的检查、

返修或者重新绝缘等。

2. 基本结构

低温超导电动机与 HTS 电动机结构的基本组成部分都相似，只是后者由于超导磁体采用的冷却介质温度为 30K 左右的液氖或冷氦气因而消除了温度为 4.2K 的液氦所带来的某些影响，以及由于采用高温超导材料所引起的马鞍形超导磁体改变为跑道型超导磁体所带来的某些影响等。图 11-14 是 HTS 同步电动机模型结构示意图。电动机主要结构部件的特征和功能表示在表 11-6 中。

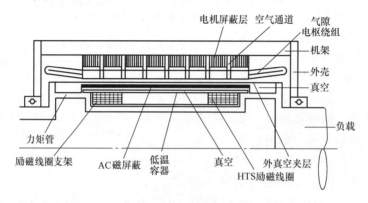

图 11-14　HTS 同步电机模型结构示意图

表 11-6　HTS 电动机主要结构部件的特征和功能

序号	结构部件	特征	功能
1	力矩管	低温和常温间过渡的圆筒体	减少由力矩传递轴而引起的热侵入
2	磁场绕组	超导磁体	产生高磁通密度
3	转子热屏蔽层	高真空多层绝热	辐射热屏蔽
4	转子电磁屏蔽层	低电阻圆筒体	电磁屏蔽和阻尼
5	电流引线	高温超导电流引线	集电环和超导磁场绕组间连接
6	低温传输装置	旋转与静止间的连接结构	制冷机和超导磁场绕组间冷却介质的传输
7	真空层	$(10^{-2} \sim 10^{-3})$ Pa	真空绝热
8	电枢绕组	气隙电枢绕组	提高电动机功率密度
9	定子铁心屏蔽层	叠片钢板	增大气隙磁通密度和电动机外部磁屏蔽
10	励磁电源	恒电流电源	直流电供给超导磁场绕组

3. 主要关键技术

HTS 电动机是一项高新技术，具有多学科的交叉技术特点。涉及超导理论、深低温、高真空技术、流体力学、材料学、电磁理论，以及其他新技术新工艺等。

1) 高温超导电动机总体设计计算研究。包括电动机结构、三维磁场计算、电磁参数优化匹配、强度、传热、温升、振动噪声等理论计算；电动机总体参数性能确定；电动机运行过渡过程特性计算和相关的软件开发。

2) 高温超导磁体系统研究。确定磁体电磁参数、绕制工艺、磁体结构型式；结合高温超导材料特性、磁体结构、运行温度、场强和励磁速度，确定磁体冷却方式、介质以及低漏热电流引线研制；确保旋转状态下，保持低漏热和足够强度特性的措施：包括结构型式、材料构成、真空技术、热屏蔽特性、加工工艺等；对超导磁体的失超机理、判据、检测及保护进行研究。

3）电磁阻尼和屏蔽研究。为避免定子绕组交流电在转子超导磁体中感生涡流，必须对超导磁体引起的交流损耗、电磁阻尼及运行安全的可靠性进行研究，对设置电磁屏蔽的材料、尺寸、布置方位等的作用效果进行研究，也需要进行电动机定子磁场对外界的影响和屏蔽的研究。

4）力矩管研究。要分析力矩管的受力情况及绝热要求，考虑温度变化、力矩传递、结构强度，采用试样研究方式探讨尺寸小、重量轻的力矩管材料、结构、制造工艺、安装特性等问题。

5）冷媒传输与密封技术研究。超导磁体处于旋转状态的电动机转子中，必须确定冷却介质，解决高效能、低漏热、紧凑型的冷媒传输装置结构及其与转子的配合方式，研究转子冷气旋转密封以及低温系统回收技术。

6）转子冷收缩补偿技术研究。超导电动机转子的低温部位与常温部位温差达280K，甚至更高，由于冷收缩的存在，可能会造成巨大的机械应力，因此必须设置冷收缩补偿装置和采取电动机的径向冷收缩补偿措施，需要进行转子冷收缩补偿装置的材料、结构、安装方式的研究。

7）转子参数无线检测技术研究。主要研究内容是在旋转状态下，处于深低温、强磁场环境的温度、磁场、力场等的无线检测，探讨传感器的抗干扰措施、参数检测方式及线路优化等。

8）空气隙电枢绕组技术研究。为提高电动机的功率密度，取消电枢的齿槽，让电枢绕组紧密排列成空气隙电枢绕组。研究内容主要包括绕组的结构、温升特性、安装和紧固方式以及由此而带来的材料、结构问题和空气隙电枢绕组内冷却方式、介质和传输系统。

9）船用条件适应性研究。超导磁体、内外转子构成的杜瓦容器及有关部件需要对船舶的倾斜、摇摆、冲击、振动、防霉、油盐雾的适应性进行研究。

11.5 船舶超导电力推进系统方案设计示例

本节所讨论的超导电力推进系统都是指低温超导的交、直流电力推进方案设想，是由理论技术参数估算的。近期迅速发展的高温超导电机所组成的高温超导电力推进系统，有望比这些系统具有更高的技术和经济性能指标。

11.5.1 液化天然气破冰船超导直流电力推进系统方案

日本对一艘三轴系的125000m^3液化天然气破冰船的推进系统，按普通电力推进和超导电力推进进行设计方案对比。其主要设备的项目列于表11-7中。考虑到部分负载时能有较高的效率，设想在一根轴上串联配置两台电动机，对于普通电动机，考虑到起动力矩特性、制造功率极限，选用晶闸管控制电动机。在超导电力推进系统中，考虑采用变螺距螺旋桨。

超导与普通电力推进系统的主要推进设备的重量与占地面积的比较表明，采用超导方案，电力推进系统重量减轻70%（约2250t），占地面积缩小65%（约960m²）。若将两种机舱配置在船上布置，则机舱长度可缩短13.5m，船体尾部亦可变狭小许多。

表11-7 液化天然气破冰船推进设备主要项目比较

项目		普通电力推进系统	超导电力推进系统
对象船	船种	125000m³液化天然气破冰船	
	轴数×螺旋桨形式	3×定距桨	3×变距桨
推进发电机 台数×形式 容量/kW×转速/r·min⁻¹		6×交流同步发电机 25000×3600	6×超导直流单极发电机 23500×3600
驱动发电机的原动机 台数×形式 输出/MW		6×燃气透平 26.2	6×燃气透平 24.1
推进电动机 台数×形式 容量/kW×转速/r·min⁻¹		6×晶闸管电动机 22100×133	6×超导直流单极电动机 22100×133
配电盘台数		6	6
晶闸管盘台数		6	—
推进电动机励磁控制盘台数		6	6
推进发电机励磁控制盘台数		—	6
液体电阻器台数		6	6
氦制冷/液化机 台数×容量/L·h⁻¹		—	12×10
氦气压缩机台数 容量/m³×表压力/MPa		—	6 160×1.62
氦气回收装置		—	1套

11.5.2 直流超导电力推进试验船

英国曾研制一套由1000kW超导单极发电机和超导单极电动机组成的推进系统，并在试验船上进行试验。美国曾将300kW超导直流电力推进系统和2200kW超导单极发电机与电动机组成的超导电力推进系统，前后分别在试验船上进行示范表演并获成功。图11-15是300kW发电机和液态金属集电超导电动机及其系统在试验船上的布置图。

11.5.3 小水线面双体船、水翼艇等的超导交流电力推进系统方案

国外有学者对所需的一定排水量的小水线面双体船、水翼艇、表面效应船（气垫船）、海洋控制船和护卫舰等特种船舶，就超导交流电力推进方案与普通的机械推进方案进行详细比较，结果见表11-8。表中所示的超导电力推进系统是指包括发电机、电动机、开关设备、控制装置、低温设备和电缆等组成的超导电力传动系统。

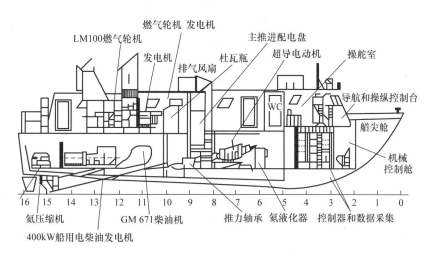

图 11-15 试验船低温超导直流电力推进装置布置图

表 11-8 超导交流电力推进系统比较

舰船种类	排水量 /t	推进功率 /MW	航速 /kn	传动装置重量比	
				常规系统	超导电力推进系统
小水线面双体船	4300	2×22	30	1.0	0.64~0.72
水翼艇	750	2×15.4	50	1.0	0.9~0.95
表面效应船（气垫船）	2000	推进 2×36.8 浮升 2×8.1	—	1.0	0.78~0.91
海洋控制船	12000	210.4	22	1.0	0.63~0.765
护卫舰	4000	25.7	30	1.0	0.52~0.70

第 12 章
船舶磁流体电力推进

磁流体推进是一项综合性很强的高新技术，既涉及电磁学、流体力学、电化学等学科相互交叉的理论，又涉及新结构、新材料、新工艺、新控制方法等综合性技术，到目前为止，有些问题已经解决，有些问题已取得重大进展，有些问题尚有待于未来的高新技术，如高场超导磁体技术的发展和突破。可以确信，随着科学的发展、技术的进步和新材料的涌现，磁流体推进的关键技术问题必将得到解决，从而改变 100 多年来船舶螺旋桨推进的状况，并促使船舶推进技术质的飞跃。本章主要介绍磁流体推进性能特点、关键技术以及应用实例等。

12.1 磁流体推进概述

12.1.1 磁流体推进基本概念

磁流体推进是指利用海水中电流与磁场间的相互作用力使海水运动而产生推力的一种推进方法，可用于船舶、鱼雷等水中装置的推进。图 12-1 是船舶磁流体推进示意图。图 12-2 是磁流体推进装置框图。它具有振动小、噪声低、操纵灵活的特点和高速推进的能力，人们因此对其颇为重视并开展了一系列的研究工作。

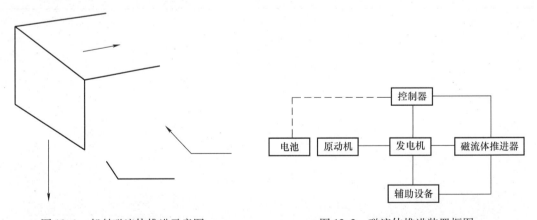

图 12-1　船舶磁流体推进示意图　　　　图 12-2　磁流体推进装置框图

20 世纪 60 年代船舶磁流体推进的设想一经提出，立即受到人们的普遍关注，但由于当时导磁体与永磁体的技术所限，不能提供足够强磁场，使得它的发展一度几乎处于停滞状态。超导技术的发展以及利用超导磁体的磁流体推进器及其船模的成功试验，使人们看到了光明前景，因而许多造船大国纷纷对此进行研究。1992 年世界上第一艘超导磁流体推进船"大和一号"的试航，标志着磁流体推进的研究进入了一个新的阶段。它是当前船舶推进研究和发展的一个方向。

12.1.2 磁流体推进原理

磁流体推进有四种型式,按产生磁场所需的励磁电流类型不同,可有直流磁场型和交流磁场型,按磁场布置的位置不同,有在船体外部形成磁场的外磁式和在船体内部设置管道并在管道内形成磁场的内磁式。由于交流损耗的问题,目前超导材料还无法在交流电强磁场的状态下工作,只能选择直流电励磁。为此,直流内磁式和直流外磁式成为主要的两种型式。从目前的技术水平和研究目标来看直流内磁式更适合一些,尤其是漏磁少的特点更吸引人。下面将分别对直流和交流的推进原理予以介绍。

1. 直流磁流体推进原理

直流磁流体推进原理是:利用海水中电流和磁场间的相互作用力使海水运动而产生推力的一种推进方法。具体地说,直流磁流体推进是把海水作为导电体,利用磁体在通道内建立的磁场,通过电极向海水供电,当海水中通过电流时,载流海水就会在和它垂直的磁场中受到电磁力(洛伦兹力)的作用,其力的方向按图 12-3 所示的左手定则确定,即将左手的拇指、食指和中指呈直角那样张开,其中食指指向磁场方向,中指指向电流方向,拇指方向则是电磁力的方向。海水受力时沿电磁力方向运动,其反作用力,即推力,推进船舶运动。在磁场一定的情况下,电流越大,电磁力越大,相应的推力也越大,船的运动速度也就越快;反之亦然。当电流的方向改变即电极的极性改变时,电磁力和推力的方向也改变,船舶的运动方向也会随之改变。这样,可以利用调节电流大小的方法来控制船的速度,利用改变电极的极性来操纵船的运动方向。

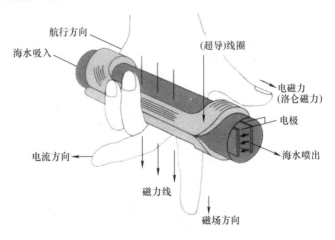

图 12-3 电磁推进示意图

假设在海水中通过的电流密度为 J,存在的磁通密度为 B,那么由费莱明(Flemin)左手法则定出电磁力的方向,而产生在单位体积海水中的洛伦兹力则为

$$F = J \times B \tag{12-1}$$

由上式可知,要产生很大的电磁推进力就必须提高电流密度和磁通密度并且使它们形成正交。一般的铜材线圈或永磁体形成强磁场是十分有限的,只有超导技术的采用才有可能实现。因此,船舶的磁流体推进技术实际上主要就是指超导磁流体推进技术。通常把采用这种

技术的船舶称为超导磁流体推进船或简称超导船。

根据磁流体推进器工作区域理论模型，当在工作区域海水中垂直地形成一个磁场，与该磁场正交的方向上水平地流过均匀电流，则产生电磁力 $F(N)$ 可表示为

$$F = jBlab \quad (12-2)$$

式中，j 为电流密度（A/m^2）；B 为磁通密度（T）；l 为工作区域长度（电极长度）(m)；a 为工作区域高度（电极宽度）(m)；b 为工作区域宽度（电极间距)(m)。

用 η_T 表示电磁力转换为推力的效率，则推力 $T(N)$ 可表示为

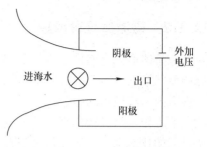

图 12-4　海水电磁推进原理图

$$T = \eta_T \cdot \Sigma F = \eta_T NnjBlab \quad (12-3)$$

式中，N 为推进器数量；n 为每一个推进器的管道数量。

2. 交流磁流体推进原理

船舶交流磁流体推进是指利用交流磁流体推进器推进船舶运动，与直流磁流体推进的相同点是利用电磁力来推进，不同点是通过海水中的电流是感应电流，而不是外加的直流电。但是，为了得到较大的推力和效率，仍需建立数以十特计的强磁场。如此强的磁场利用常导磁体是不可能实现的，只能采用超导磁体。鉴于目前交流超导磁体尚未达到制造此类推进器的水平，因此船舶交流超导磁体推进的研究也只是停留在原理性探讨和模拟试验阶段。

交流超导磁流体推进器一般由多相交流励磁的超导线圈构成的磁体和通道组成。以平面型磁流体推进器为例，如图 12-5 所示，其推进原理是：将海水作为导电体，由多相交流超导线圈作为磁体产生磁场，

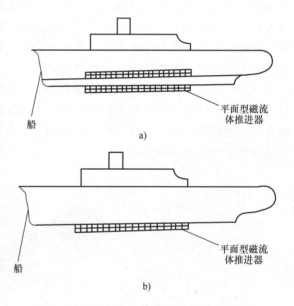

图 12-5　平面型磁流体推进器及船舶示意图
a) 内磁式　b) 外磁式

由于线圈内的电流随时间而变化，使得它所产生的磁场也随时间变化，图 12-6 给出了三个不同时刻的磁场分布。如果我们以 $t=0$ 时的磁场分布作为基准，那么随着时间的推移，其磁场分布也会发生相应的变化，好似 $t=0$ 时的磁场沿着船舶纵轴方向移动，这一移动的磁场称为行波磁场。

在行波磁场作用下海水便感应出一个电动势，该电动势在海水中产生电流，载有电流的海水就会在磁场中受到电磁力的作用而运动，其反作用力即推力，推进船舶运动。电磁力和推力的大小取决于磁场的强弱，其方向取决于磁场移动的方向。当磁场很强时，电磁力及推力很大，船舶的运动速度就会很快；反之亦然。在磁场线圈匝数一定的情况下，磁场的强弱由线圈中的电流来决定，因此可以通过调节多相电流的大小来控制船舶的运动速度，通过变换多相电流的相序来操纵船舶运动的方向。

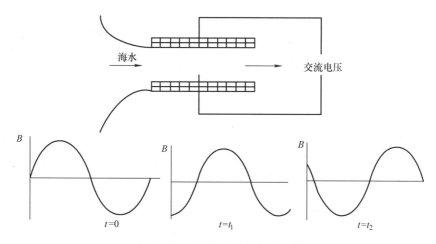

图 12-6　不同时刻的磁场分布图

12.1.3　船舶总体构成

1. 船舶系统的主要构成

由超导磁流体推进器组成的超导船，一般有如下的几个主要组成部分：

1）船体系统：船体、航海仪表、锚、链及系船装置、起居设备、救生设备等一般船舶所具有的设置。

2）推进系统：原动机、发电机、超导磁体、海水通电电极、蓄电装置、推进控制装置等。

3）制冷系统：制冷机、压缩机、纯化装置、低温容器、液氦及液氮冷却介质的传输系统、低温介质储槽等。

4）船上辅助机械、电气设备、灯光照明等的辅助电源设备。

为了减小船舶负载和占用空间，有些超导低温的辅助设备可以考虑装在岸上，如闭合运行磁体的充电电源，一部分冷却介质的存储、回收及传输设备和首次对磁体预冷所需的大容量制冷机等。

2. 超导磁流体推进系统的主要构成

（1）原动机　原动机类型有船用燃汽轮机、船用柴油机、矿物燃料汽轮机、核动力汽轮机、燃料电池等。为了将燃料转换为机械能或电能，原动机的选择及其组合是十分重要的，燃料效率、投资成本以及尺寸、重量是选择的主要指标。燃料电池应是未来优化选择的目标，它将取消原动机和发电机。

（2）发电机　配置高速原动机和发电机以减小尺寸、重量，提高功率密度。磁流体推进器需要的是十万安培以上电流、数百伏电压、具有极低纹波系数的低压大电流电源。可以采用超导单极电动机，也可以采用多相整流式交流发电机。

（3）输电系统与开关设备　磁流体推进器需要非常大的电流，电力传输要考虑效率、重量、体积、费用、电磁干扰等因素，近期采用液体冷却的同轴汇流排，未来采用高温超导电缆也是可能的。需要有满足对发电机的开断或反向的大电流开关，国外曾设计同轴开关容量达 100kA。

(4) 辅助系统

1) 低温冷却系统是主要的辅助系统,它由磁流体推进器的超导磁体自身要求所决定,也跟磁体冷却时间、真空漏热情况、失超回收和可靠性等因素有关。如果磁体采用可拔式电流引线,则会减少低温热负载。如果未来采用高温超导磁体,则低温制冷系统将大大简化。

2) 励磁系统包括磁流体推进器的超导磁体和发电机的励磁系统。后者比较小,主要是磁体的励磁。对于大型船舶最好的办法是尽可能利用其中一台推进发电机兼作励磁电源。

3) 冷却系统包括热交换器、泵、管道、阀门等部件,其尺寸、重量主要由推进系统的效率所决定。冷却液体宜采用淡水或去离子水。

4) 其他的辅助设备:与原动机有关的润滑、通风、燃油系统,以及整套的控制系统等。这些对能源的消耗和所占有的费用也是值得注意的。

(5) 其他

海水通电电极是超导磁流体推进所需要的独特的部件,最主要的要求是不应造成海洋污染、腐蚀轻微、使用寿命长。另外,为可靠起见,必要时可设置蓄电池装置作为应急电源。

12.2　磁流体推进的性能和特点

与传统的机械类推进相比磁流体推进具有明显优势,其主要的潜在特点是:

1. 安静

磁流体推进取消了螺旋桨推进使用的螺旋桨、轴系和减速齿轮,取消了喷水推进使用的水泵等转动机构,消除了由这些转动机构引起的噪声和振动,其辐射噪声也比螺旋桨推进器小,使得船舶几乎在安静状态下航行,对鱼雷、潜艇等军用舰艇来说,安静航行可以增强它们的隐蔽性,具有极强的军事意义。

2. 操纵容易

磁流体推进易于实现由驾驶人员在驾驶室中通过控制推进器的输入电压或电流对船舶进行操纵,通常利用调节电压(电流)的大小来控制船舶的推力及速度;利用改变电压的极性,即电流的方向,来操纵船舶运行的方向。因此,操纵灵活,机动性能好,容易应付紧急状况,增加了航行的安全性。

3. 布局灵活

磁流体推进装置中的部件,如发电机、推进器、辅助及控制等设备之间没有刚性连接,它们可以集中或分散安装在舱室中任何一个位置。因此设计者可灵活地将各部件进行合理布局,以便为有效负载提供更多的空间。

4. 高效

磁流体推进器没有机械轴系,没有转动机构,没有螺旋桨,就不会有桨叶上产生空泡所带来的推进效率下降、桨叶或流道的空泡剥蚀损伤等的恶果,也没有尾部密封问题;运营费用极低,除电力外,几乎不需要其他费用。另外,在超导磁体内还储有巨大的能量,在紧急情况下可作备用电源,也为使用高能量电磁武器提供可能。

5. 高速

从新动力来看,传统舰船提高速度困难重重。当航速达到 30kn 时,如果增加 10% 的速度,在动力上就要增强 50%。这对使用燃料的船来说太不容易了。而磁流体推进器是一个静止设备,它产生的磁场和电场均是静止的,没有机械运动部件,既克服了转动机械的功率限制,也克服了螺旋桨高速旋转时所形成的空泡对船速的束缚,因此可以采用大功率的主机,从而为制造出超大功率的高速舰艇创造了条件。

12.3 超导磁流体关键技术与总体概念

12.3.1 推进器总体设计

一艘大船需要很大的推进动力,可以采用多个推进器以减少其单机容量,每一个推进器采用多个磁体线圈排列成莲花状的环形结构,如图 12-7 所示。通过这样的排列,不但推进器外漏磁场大为减少,线圈磁通叠加后会形成更强的中心磁场,而且作用在线圈中的电磁力是一个向心力,其结构容易处于稳定状态,工作可靠。

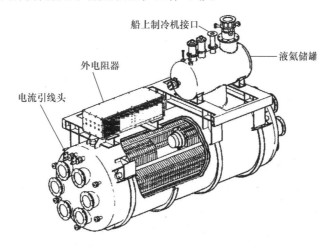

图 12-7 超导磁流体推进器简图

推进器的优化设计除了与船身的紧密配合以外还涉及许多磁流体动力学问题,对于管道横截面形状、管壁摩擦情况(包括由电解产生的气体及磁场对它的影响)、电磁力对其压力的影响、电磁力效率等基础研究试验将是必要的。为了最大限度地提高推进效率并使水动力损失减到最小,推进器设计需尽量满足:使海水进口流速增到最大值、使纵向流体排出无阻碍、使对吃水和船宽的影响减到最小、使矢量推力性能增到最大,等等。

直管式通道的磁流体推进器结构可以是多样的,如笼型磁流体推进器、线性磁流体推进器、环状式磁流体推进器、双层磁体线圈磁流体推进器等。很多情况下磁流体推进器是考虑与船体呈一体化的结构,这也是磁流体推进船的一个特点。图 12-8 是潜艇环状式超导磁流体推进系统一体化示意图,艇的后部可以安装许多设备。

12.3.2 超导磁体系统

超导磁体系统包括超导磁体、低温容器及其附件,它是超导船最重要的部件之一,也是

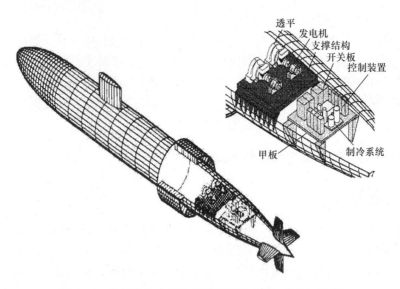

图 12-8　潜艇环状式超导磁流体推进系统一体化示意图

体现超导船运行特征和可靠性的决定性因素。

1. 超导磁体

对超导磁体的基本要求是工作稳定、能产生很强的磁场强度、磁通分布均匀且与管道垂直、结构紧凑可靠。尽管高温超导材料制作的磁体很有发展前景，但是目前还有困难，Nb3Sn 低温超导磁体是可行的，不过工艺性较差，此前已经制作的磁流体超导磁体多采用工艺性更好的 NbTi 低温超导线。

对于直管式通道的磁体类型，一般为马鞍型磁体和跑道型磁体。磁体的形状与管道形状紧密相关，它要根据磁场强度要求和预先计算的电磁力分布用有限元法计算确定，按磁场均匀性好、线圈中最大磁场强度与平均值接近的原则确定磁体线圈的支持形状、结构布置及线圈的匝数。低温超导磁体的冷却一般采用 4.2K 温度的液氦浸泡方式，也有采用更低温度，如 1.8K 温度冷却。磁体结构件、支撑装置采用高强度复合材料、铝合金等，在减轻重量的同时，保证有足够的强度。

另一种磁体是螺管式超导磁体，与之相配的管道是螺旋式管道，如图 12-9 所示。其中，主要的过程都发生在同轴的两个电极之间形成的绝缘壁面螺旋管道中，管道入口处用了导向叶轮，使轴向流动的海水转变为螺旋式流动，而在出口处用一个校正叶轮将海水螺旋流动变成轴向流动，形成轴向推力。根据计算，这种型式比直管式超导磁流体具有更好的特性。

2. 低温容器

低温容器的特点是：内胆盛满液氦并存储低温超导磁体，以维持超导磁体始终处于零电阻的超导状态下；在内外胆之间至少保持 10^{-3}Pa 真空度和设置良好的绝热层以防止漏热和减少液氦的蒸发；低温容器夹层之间利用液氮或冷氦气设置热屏蔽层以进一步减少从周围高温环境直接向深低温区传入热量；应具有适合于磁流体推进要求且与船体紧密结合的异型低温容器结构；各部件尺寸结构要采用有限元计算结果来确定，要考虑正常和失超情况下的电磁力作用的影响，以及失超时磁场迅速发生变化在低温容器内产生涡流的影

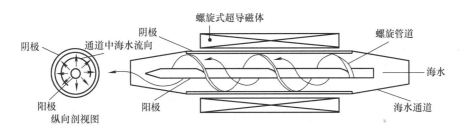

图 12-9　螺管磁体螺旋管道超导磁流体推进示意图

响；在低温容器上方还应该设置一定容积的液氦储罐，以备内胆由于漏热蒸发而进行液氦补充。

3. 磁屏蔽

磁屏蔽课题与低温容器的结构及材料紧密相关，也与磁体的设计有关。

超导磁体的设计必须保证在管道中形成强磁场，在不形成电磁力的位置应使磁场减弱，然后对其难以避免的漏磁场进行屏蔽。利用自由电子模型和光束电子模型对磁屏蔽分析显示，由玻璃纤维增强塑料层和 2mm 厚度的铁-镍基合金非晶薄膜构成的薄壁结构对磁屏蔽有效，它使船舶磁流体推进用低温容器的磁屏蔽重量大幅度减轻，而且还同时起了绝热作用和结构元件作用。

国外正在开发可浇注的轻量聚合凝结物磁屏蔽，用它可以浇注成任何尺寸形状、质轻、机械强度大、不透水并具有磁屏蔽性能的部件。它比铸铁、钢有更好的减震特性，在电磁屏蔽应用中具有足够的导电能力。另外的一种设想，考虑超导体所具有的完全抗磁性，可以利用超导薄膜（或板材）的这种迈斯纳（Meissner）效应进行磁屏蔽，这种薄膜（或板材）的层数越多屏蔽效果就会越好。

12.3.3　低温制冷系统

低温超导磁体浸泡在 4.2K 的液氦中工作才具有超导电性。超导磁体的预冷和第一次灌装液氦，可以考虑利用岸上的大型氦液化装置生产的液氦来解决。但在航行中，环境的外部热量会通过传导、辐射、对流等形式浸入超导磁体，而且磁体连接接头等部位也会产生一些热量，使得液氦蒸发成氦气，为此，需要船上的低温制冷设备生产的液氦给予补充。另外，低温容器上方具有一定容积的液氦储罐也是作为液氦补充的储备而设置的，制冷机就安装在它的上方。考虑到冷氦的再回收等因素，船上的低温制冷系统应包括氦气压缩机、制冷机、氦存储器及预冷和冷屏用的液氮系统等。

作为船用的低温制冷系统，必须具备体积小、可靠性高、操作方便等特性，至于哪一些设备可以安装在船上或陆地上最终必须从船舶总体功能和系统需求角度出发进行优化。图 12-10 是部分低温设备设置在陆地上的超导船磁流体推进器系统框图示例。

12.3.4　海水通电电极

要使直流电通过磁流体推进器管道中的海水，使用的电极的材料至少必须具备如下的两

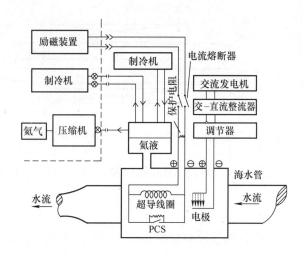

图 12-10　超导船磁流体推进器系统框图示例

个条件：其一是海水电解的生成物不应造成海洋污染；其二是电极板表面的电化学腐蚀轻微、使用寿命长。目前采用镀铂的钛作为电极材料较为合适，其耐腐蚀性比其他一般使用的电极更好。而且在可允许的电流密度下，其电解气泡直径可下降到 10mm 以下，不构成产生航迹的威胁，增加其隐蔽性。

海水的电导率将影响海水通电，曾经研究使用添加离子的办法使海水导电性增强，以此提高内磁式磁流体推进装置的效率。添加离子的办法之一是在管道中加入各种各样浓度的硫酸混合物。它也有助于在淡水河流与港口等低电导率区域磁流体推进装置的运行操作。当然，这样做的代价是十分昂贵的，不过有人已在探讨在推进器出口处回收这些物质的可能性。

12.3.5　推进用电力系统

在大型氦液化装置及相关设备安装在岸上的情况下，船舶推进用电力系统由两个供电系统组成，其中一个供电系统给设置在海水管道中的电极提供直流电，而另一个供电系统则给船上各种辅助推进系统提供电源，其中包括船上供电系统、推力控制系统及监控与测量系统。为了维持连续供电，给推进系统、液氦制冷设备等使用的主要控制电路可配备交、直流双重供电系统。蓄电池组是其备用电源，以便在交流供电系统发生故障时通过控制板由蓄电池组供给直流电。

12.3.6　超导磁流体推进船设计概要

首先选择对船舶最合适的磁流体推进装置类型，并选择（或初步设计）船形。其次是要按照船速和推力的要求来确定磁场和电场的分布图形、设计超导磁体和电极。在设计低温容器和电源系统之前，详细地计算推进特性，并对照船舶规范进行校验。最后再根据船舶设计来检查系统的总体布置情况。设计过程框图如图 12-11 所示。

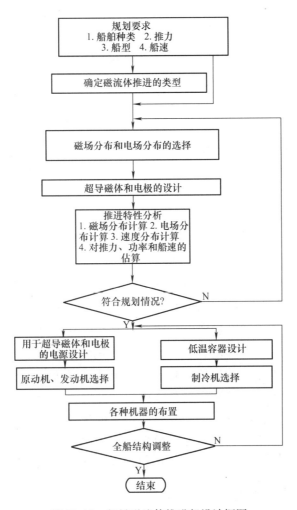

图 12-11 超导磁流体推进船设计框图

12.4 发展应用

12.4.1 发展历程及前景

自1961年以来，美国、日本、苏联、中国等先后开展了磁流体推进的研究。到目前为止，这方面的研究大致分为三个阶段：磁流体推进原理性研究、磁流体推进应用基础研究和磁流体推进实用化技术的研究。

1. 磁流体推进原理性研究

1961年，赖斯（Rice W A）基于液态金属电磁泵工作原理提出了电磁推进系统即磁流体推进系统的思想，从而拉开了船舶磁流体推进研究的序幕。1962年，飞利浦提出了船舶交流磁流体推进系统，即利用行波磁场与其在海水中的感应电流相互作用产生的电磁力来推进船舶运动。1963年，多拉格提出直流内磁式超导磁流体推进器，它与赖斯磁流体推进器的区别在于，超导磁体的磁场对载流海水作用的电磁力区域是在推进器的通道内部，而不是在它的外部。由于推进器安装在船上，通过合理的设计，可以使通道内部的磁场很强，通道外部或船体外部的磁场即漏磁很弱，但增加了海水流动的阻力。

1966年，韦（Way S）研制出由常导线线圈构成的双圆柱电磁推进系统，并安置在EMS—1潜艇模型上进行实验，尽管推进器的磁场只有0.015T，推进器的船速也只有0.4m/s，但他毕竟首次实现了船舶磁流体推进。研究人员预言：只有将推进器的磁场提高到20T左右，才有可能使其达到实用的推进效率，而利用常导磁体是不可能实现这样高的磁场的，只能采用超导磁体。迫于当时超导磁体的场强还不高，磁体技术也不够成熟，使得在20世纪60年代中期以后的10年时间里，磁流体推进的研究基本上处于停滞状态。

2. 磁流体推进应用基础研究

20世纪70年代，超导技术步入实用化阶段，因而将超导技术用于磁流体推进已成为可能。1976年，日本神户商船大学佐治吉郎、岩田章等人将超导磁体用于磁流体推进器，研制出磁场0.607T、推力0.015N的SEMD－1磁流体推进装置，并在水槽中进行了实验，首次证实了超导磁体在磁流体推进器中应用的有效性以及推力的快速响应。1979年，他们又成功地利用超导磁体研制出磁场2T，推力15N的磁流体推进器并进行试验。试验表明，在船体的振动和冲击下，推进器的超导磁体仍能正常工作，从而为超导磁体能够可靠地作为推进器的磁体提供了依据。此外，佐治吉郎等人还展开了船舶交流超导磁流体推进的研究，鉴于当时条件限制，他们采用旋转直流超导磁体的方法去模拟交流超导磁体进行交流超导磁流体推进器性能试验。原理性分析和试验表明，交流磁流体推进与直流磁流体推进一样，只有在很高的磁场下才能得到很高的效率。但要研制出场强达几十特斯拉的交流超导磁体是很困难的，也不可能在短期内实现。所以，人们只能对它进行原理性探讨和应用基础的研究。

通过上述研究可以得出这样的结论：磁流体推进器能够利用超导磁体产生的强磁场得到高效率，问题在于要有高场强的可实用的超导磁体。因此，磁流体推进在船舶上的实用化也就取决于超导材料的发展及磁体技术的进步。

3. 磁流体推进实用化技术的研究

随着超导材料尤其是高温超导材料的发展，磁体技术的进步以及超导磁流体推进船模试验和理论研究的成果，使人们看到了磁流体推进实用化的前景，并开展了一系列实用化技术的研究，包括高场强超导磁体和磁流体推进器的结构型式及最佳设计计算方法、试验装置及方法等。下面简单介绍几个国家的研究发展概况。

（1）日本 鉴于具有超导磁流体推进船模的理论和试验研究基础以及大型超导磁体的制造能力，1985年，日本成立了"超导电磁推进船的开发研究委员会"，决定建立超导电磁推进实验船。

1976年，日本的神户商船大学用超导体电磁材料装备船的推进系统，制成了超导体电磁推进船的模型船"SEMD－1"。船长仅1m，在海水中的磁场强度达到6000Gs。1979年又制成一艘超导船的模型船"ST-500",全长3.6m,重700kg,船底装备的超导体电磁线圈用铌钛合金制造,在海水中可产生20000Gs的强磁场。ST-500模型船在海里可以1m/s的速度前进,完全没有振动和噪声。

经过不懈努力,世界上第一艘以超导磁体作为行驶动力的新型超导电磁双体推进船在日本建成,如图12-12所示。这艘命名为"大和一号"的实验船长30m,宽18m,高8m,自重280t,排水量185t,航速15km/h。它的船身为铝合金材料制造,超导电磁流体推进是把电能直接转换成流体动能,以喷射推进取代传统螺旋桨推进的新技术,它具有低噪声和安全性等特点,在特殊船舶推进应用中具有重大价值。

图12-12 日本"大和一号"超导磁流体推进试验船

遗憾的是推进器超导磁体的磁场未达到设计预定的4T指标就失超,但从在磁场2.0T时船速为5.3kn的运行试验得出了与设计计算基本上相吻合的结果,从而为今后的超导磁流体推进船的开发奠定了设计计算基础。

(2) 美国 考虑到目前超导磁体的场强还不足以使磁流体推进达到实用化性能的情况,美国阿贡国家实验室、海军水下系统中心、戴维·泰勒研究中心以及阿夫柯公司等单位建立了海水循环回路并进行相关试验研究,提出了磁流体推进潜艇的概念设计,并对8T、$\phi 116 \times 285$mm超导螺旋型磁流体推进器通道进行了试验研究。

为了突破传统舰船速度的限制,美国海军研发了"海影"系列试验船。它不用传统动力,而是靠超导体电磁推进。它是双体船,船体下部中间有一个形状奇特的大洞。大洞的存在是为增加喷气口径,将海水往后推。"海影"的推进原理是:利用船内的超导体产生磁场,这个磁场和电池的电场因垂直作用产生力,不断把海水从中间的大洞往后推,船因此前进。"海影"前进时会产生一种叫"沉流"的水流,不会产生噪声。图12-3和图12-4分别为美国"海影"的试航照和进船坞照。

图 12-13 美国"海影"试航照

图 12-14 美国"海影"进船坞照

（3）俄罗斯 早在 20 世纪 70 年代，苏联科学院高温物理研究所、卡尔波夫物理化学研究所等单位就开展了潜艇磁流体推进的研究，已研制出了 5.8T、$\phi 150 \times 800$mm 的超导螺旋型磁流体推进器通道模型，并在此基础上，进行了 7T、$\phi 1000 \times 2200$mm 的超导螺旋型磁流体推进器及其推进的潜艇概念设计计算；此外，俄罗斯科学院高温研究所克雷洛夫研究院和圣彼得堡造船学院提出了新型螺旋通道推进器——1200kW 超导电磁推进器，中心磁场是 7T，用于潜艇。

（4）中国 我国于 1996 年开始进入超导电力推进技术的研究，研究的目标是一艘由超导螺管磁体和螺旋通道推进器推动的模型船，其长度为 3m，一人驾驶，航速为 1kn，磁体采用液氦浸泡冷却，正常运行时采用超导开关闭合，低温液氦挥发率为 0.3L/h，一次加液可连续运行 6 天。图 12-15 是我国研制成功的世界上第一艘超导螺旋式电磁流体推进实验船，2000 年获中科院科技进步二等奖。

船舶超导磁流体推进还没有达到实用化程度,一些关键技术还需解决,一些技术指标还需提高。随着基础研究的深入开展、理论研究计算的加强、结构型式的改进以及一些新材料、新工艺的出现和应用,尤其是高温超导材料及磁体技术的进一步开发,未来能在高温下进而在液氮温度下实现20T甚至更高的强磁场时,低温制冷问题将大大简化,超导磁流体推进装置各项技术指标将得到全面提高,超导船实际应用的前景是光明的。

图 12-15 我国研制的超导螺旋式电磁流体推进实验船

12.4.2 潜在应用示例

超导磁流体推进的应用,在技术上尚未成熟,仍然处于探索阶段。无论是实验室的关键技术研究与基础研究、试验船的试制和潜在应用船只的概念设计都将有助于该项技术的实用化进程。

1. "大和一号"(日)超导磁流体推进试验船

"大和一号"超导船是为了实现把超导磁流体推进装置作为船舶推进器并能在实际海域中进行自由航行的实船而建造的。尽管它是一艘小型试验船、技术指标也较低,但是它还是世界上第一艘超导船,对超导磁流体推进走向实用化具有重要意义。图 12-16 是"大和一号"超导船的总体布置图。表 12-1 是其主要参数。

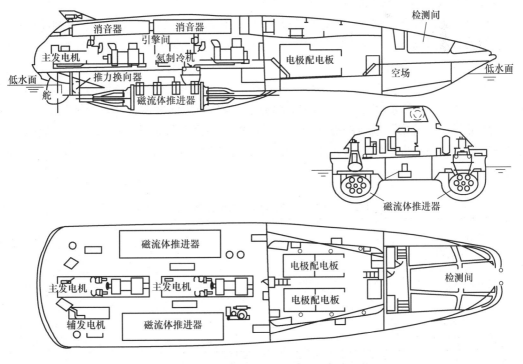

图 12-16 "大和一号"超导船总体布置图

表 12-1 "大和一号"超导船主要参数

项目	参数
总长/m	30.00
型宽/m	10.39
吃水/m	2.69
标称排水量/t	185
航行海区	静水区域
设计航速/kn	约 8
推进器形式	6 连环内磁式×2 只
输出洛伦兹力/kN	总计约 16
通电功率/kW	约 3600
船上制冷装置	
冷制机	涡轮膨胀制冷式×2 台
氦压缩机	油压螺旋式×1 台
主发电机/kW	2000×2 台
辅助发电机/kW	180×1 台
定员	
乘务员	3 名
其他	7 名

2. 潜艇超导磁流体推进方案

在军用潜艇设计中，隐蔽性是必须考虑的重要因素，这就需要在技术上限制磁场泄漏，以减小船舶的外磁场，这一限制，排除了采用磁场暴露在船体外面的外磁式结构。对于磁流体推进器的圆筒形管道几何形状，为了增强船舶的操纵性和生存能力，可以在同一推进装置上装多个磁流体推进器，这种组合可提供最大的推进效率和最小的磁场泄漏，把磁体分段地安装在环形结构中，与船体更贴切，船形更流畅，体现更好的推进特性。如果某一分推进器损坏，还可保持"受伤"潜艇的战斗能力。单独控制各个分推进器就能改变船舶的操纵性。美国曾经根据这种推进器的特点提出一种潜艇的设计方案（见图 12-8），其性能参数见表 12-2。

表 12-2 （美）环形超导磁流体推进潜艇性能参数

基本参数：	
海水电导率 σ/Ω^{-1}	4.5
电场强度 $E/(kV/m)$	1
磁通密度 B/T	15
潜艇长度 L/m	100
阻尼系数 C	0.001

(续)

基本参数:	
海水密度 ρ/(kg/m³)	1024
磁体串联级数 N	3
潜艇性能:	
输入功率密度 P/(kW/m³)	2370
效率 η(%)	47.4
推进器功率密度 PT/(kW/m³)	1120
喷口速度 VT/kn	67.8
电流密度 J/(A/m²)	2370
推力密度 F/(kN/m³)	35.5
潜艇直径 D/m	10
超导线圈重 W/t	150
潜艇排水量 Q/t	5630
推进器内半径 r_1/m	4
推进器外半径 r_2/m	5
推进器截面积 A/m²	22.6
推进器长度 L_1/m	3
总表面积 S/m²	4710
推进器有效体积 Vl/m³	67.9
总推力 F_1/kN	2410
推进器功率 $P11$/MW	76
总输入功率 $P1$/MW	161

3. 破冰船超导磁流体推进方案

破冰船要求其推进装置具有最大的输出功率和最小的推进阻力,而在破冰时要求产生 2~3 倍的额定输出推力。为此,外磁式的超导磁流体破冰船的推进方式可能最符合这些要求。对于破冰船超导磁流体推进除了一般的优点之外,还具有如下优点:没有容易受冰损害的螺旋桨和舵;在系泊状态下能获得最大的推力;氢气泡的存在将减小船体与冰的摩擦;焦耳热的损耗使海水受热。因此,对于破冰船来讲,采用磁流体推进方式是十分合适的。

4. 其他船型的超导磁流体推进方案

图 12-17 是一艘装有 U 型管道式的超导磁流体推进器的单体水面船的示例。推进器设置在平行船体的前端,以便顺畅地吸入高压水流以及能顺畅地纵向排出水流,把对船舶吃水的影响减到最小值,并可降低推进器形状和安装位置引起的兴波影响。

图 12-18 是在每个水下船体艏部附近装有一个椭圆管道式磁流体推进器的小水线面双体船的示例。从水动力性能的角度来看，超导磁流体推进器装在这一位置是合适的，它可使进口的流速最大，从而可得到最有效的能量转换。

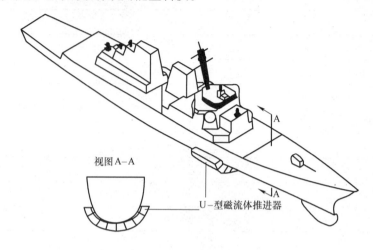

图 12-17　装有超导磁流体推进器的单体船示例

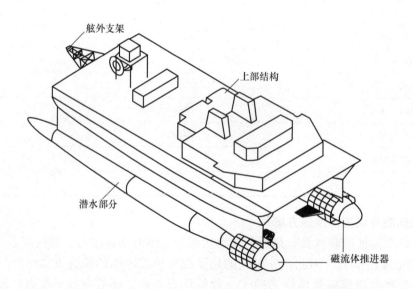

图 12-18　装有超导磁流体推进器的小水线面双体船示例

第13章 船舶电力推进的监测与控制

船舶电力推进系统功率大，操作不当将会引起全船性停电和失去所有动力，造成可怕的故障，因此必然要设置船舶电力推进监测与控制系统，保证电力推进系统安全操作和运行。本章将介绍船舶电力推进监测与控制系统通信技术、设计方案以及应用实例。

13.1 船舶电力推进监控概述

13.1.1 船舶电力推进监测与控制技术现状

电力推进监测与控制系统主要涉及电力推进系统、执行机构系统、传感器系统和计算机控制系统。设计与制造的任务则是按工程标准规范，将这些子系统进行有目的的整合，完成满足要求的监测与控制功能。

计算机控制系统由硬件/软件平台组成，至少有一个含有 CPU 和 I/O 的控制器或处理器，装有基础软件和应用软件，有一个或几个操作台的机柜。机柜有一系列接口，作为传感器输入、每个控制器 I/O 单元和网络连接。计算机控制系统执行所有依照电力推进监控原则设计的程序，进行监测和指令设备所需的计算，以实现一整套有计划的或具备系统特征动作的功能。其他的功能涉及相关的安全性、系统完整性、正确的故障保护和操作，针对系统故障和有限的适应外部环境的安全策略（如主动重构）等。

一个船舶电力推进监控系统自然要与电力系统、配电系统、开关设备和与电力变换器一体化的推进电动机、后传动设备及它们工作的物理过程相关联。通过不同的传感器测量各参数并控制执行机构完成一系列操作。因此，电力推进监控系统的设计，可以从下面一些子系统着手整合：

1）监控系统——将事先设计好的一系列传感器以操作员站集成。操作员站在船上不同位置会有不同称呼，但一般装备有用于监视（开环控制）各设备基本物理状态和工作过程的各种指示器和警报器。

2）指令系统——按要求设计好的执行机构，用于接受来自操作员站的指令，并按预定逻辑，操纵指定设备（开环控制）。

3）反馈控制系统——通过计算机的算法设计，将监控系统和指令系统进行组合而成。用于依照某一控制目标，完成特定设备特定状态的自主控制。

从本质上说，现在的船舶电力推进监控系统都是"量身定做"结构。

通常的推进控制器会设有下列接口：辅推/主推系统、发电及配电系统和功率管理系统、有遥控手柄的桥楼控制系统、自动航行系统及动力定位系统等。电力推进控制的一个基本功能是：正常情况时，将转速、转矩和动态性能置于预定的限额范围之中，然后将转速维持在给定的参考值。电力推进操作是可能引起全船停电事故的主要原因,为规避这种失控性故障,可以考虑将电力推进设备和其他动力机械中可用的执行机构一起纳入电力系统的功率/能量管理系统(PMS/EMS),使各种动力机械具备诸如自动起/停的功能;在必要时,可将推进或其他负载减额,或卸掉那些非关键性负载。利用对推进电动机转矩或功率的恰当控制,可以有效地克服对电网的扰动和性能参数的冲击以保持电力系统的稳定运行。

13.1.2 船舶电力推进监测与控制技术的发展

1. 计算机控制技术

可将现代船舶电力推进监测与控制系统看成一个计算机监控系统(Computer Supervisory Control System)。其中,各计算机要分工协调完成输入处理、巡回检测、信息加工、分析决策以及输出控制调节等一系列功能。软件的作用越来越重要,在全船综合自动化系统的区域级优化层面,甚至于有"软件就是一切"的说法。

2. 系统的开发与集成

基于模型的系统设计方法采用一种称为"V"模式的系统开发流程。它包括需求定义、系统级规范说明书、子系统设计、子系统实现、子系统整合与试验、系统级集成与试验、全系统综合与试验。在一个新建项目中它是联系技术条件、软件和硬件设计、开发和集成及所有阶段的试验工作过程的纽带。像 ALSTOM、ABB 等公司,早已将此模式规范为船舶自动化和轮机控制系统的标准设计方法。

这种方法的关键在于模型。要求从模型得出的结果具有预测性,即模型应与工程中实际目标系统存在足够的恒等关系。复杂系统显现出下面两方面属性:一是系统的特性不同于部件特性的简单总和;二是不允许人们用各个部件行为的知识,去预测整个系统行为。但在船舶电力推进系统控制问题上,系统的复杂性是不可避免的。这样监控系统设计工程师必须要在置信度与模型简化之间,成功地进行折中。

例如,船舶电力系统采用 50Hz 频率供电,带 50Hz 频率负载时,在平衡状态下,这个系统是稳定的,也可以预测;但多台发电机并联运行或电力推进采用变频负载,都会使这个脆弱的船舶电力系统变得不稳定和不可预测;况且无论是发电、配电或电力推进,人员的操作是不可避免的。

3. 半实物仿真试验

半实物仿真(Hardware-In-Loop Simulation,HILS),一般是指将实物(如控制器)与对象的仿真模型(数学)连接在一起进行实验的技术。因为试验中,实物与仿真模型间的比例,可以根据不同目的和需要而改变;可以将电气、机械、水动力、环境(热、海况、冲击)等集成在一个仿真试验环境中,并反复执行仿真试验。这样,可使潜在的设计失误发生之前将它们识别出来,以达到风险最小化的目的。所以,人们已将此技术,成功地用于许多工程活动的不同阶段。如舰船新装备的系统概念研究、可行性分析与设计、系统开发的测试与评估、集成验证、装备出厂鉴定试验、系泊试验和海试,还可包括人员培训、使用与维护及现代化改造等。无疑,这是加快研制进度、节约开支、有效降低项目技术风险行之有效的方法。今天,国外大多数行业承包商都有一个或多个半实物仿真实验室。国内,许多民用行业(如汽车、航空、电力)的重要项目的半实物仿真试验也达到了较高水平。

为一个特定控制系统配置的,由硬件和软件组成的半实物仿真器,应是深思熟虑的结果。半实物仿真实验基本特征体现在两个方面：半实物仿真器中软件与硬件的比例和建模处理的水平。因此，要求半实物仿真试验设计者对其可获得的配置数据和实践知识进行恰当综合，以实现各种不同的装置。

半实物仿真实验是一个基于模型设计贯穿产品全寿命周期的研究方法。但对一艘新建船舶，主要试验活动通常被划分为卖方工厂试验，买方码头系泊试验和海试。而对一艘已投入营运的船舶，试验活动则可分为系泊试验、海试和航行试验。新建系统，最大的试验范围一般会在工厂接收试验和系泊试验阶段进行。监控系统设备装置在工厂进行接收试验的目的是检验控制系统与其功能要求的一致性。用半实物仿真软件建模可以便利地检验试验目标和内容，上述试验将构成海试的基础。海试和船东接收试验的目的是检验全部装船的控制系统与其功能要求的一致性，验证其是否满足预期使用和管理要求。各阶段半实物仿真硬、软件的比例各不相同。

成功的验证结果应记入验收证书中，作为全船验收的一部分。现在，半实物仿真试验已经被提议作为船舶控制系统验证和入级认证的一种新方法。

4. 基于网络的控制

下一步控制的发展将更多地涉及因特网与实际环境的交互对接，将会有越来越多的控制系统基于网络运行。可以预见，传感器、执行机构、诊断、指令和协调信号都将经数据网传输。计算与控制功能由多个与数据网连接的处理器（如智能传感器可在传送重要信息之前完成大量的局部信号处理）执行。

设想发生下面一系列情况：传感器异步地将信息包传输到网上，控制器进行数据处理，然后将结果发送到执行机构。数据包的传输可能有时延迟，甚至会丢失；通信连接也可能被断掉或受阻塞；传感器和执行机构本身可能变得不可用；随时可能有新的传感器、执行机构和处理器被加入到系统中，并自动地进行重新配置以使用新的资源等。但只要有足够的可用传感器与执行机构，能保证允许足够的信息包传输通过，则整个系统就能工作（或许一切还不如现今固定的、同步控制系统那样好）。显然，这种系统与目前的高性能控制系统完全不同。有理由期望将当前的控制系统与网络结合起来，建立基于信息包传输的网络上的分布式控制系统的结构、设计和分析方法。如果做得好，或许还能将鲁棒控制系统的一些好的特性（如对参数变化与模型失配的鲁棒性）与网络结构的良好特性（如自构造、对总体拓扑变化与节点失效的鲁棒性、超越元件的可靠性等）结合起来。

大多数情况下，今天的电力推进控制工程师必须要同时解决好两种极端情况：完全同步的实时系统和完全异步的基于信息包传输的系统。

13.2 船舶电力推进监测与控制系统通信技术

伴随着各种电力电子器件的发展，使得电力推进船舶的各种数据信息均能转化为电信号传输，然后通过计算机和可编程逻辑器件编写数据采集与控制的程序，实现船舶的自动化。但是传统推进系统、甲板机械等船舶传动装置的通信系统时效性差，准确性不高，同步性存在延迟，不能实现数据信息、控制信息的实时传递，无法跟上日新月异的船舶电工新技术的步伐，成为制约电力推进船舶发展的瓶颈。所以，船舶电力推进监测与控制系统的通信技术成为人们研究的重点。

从20世纪80年代开始，由于计算机及其网络通信技术的快速发展，特别是微处理器的广泛应用，先后出现了各种特点鲜明的通信技术，可以对船舶设备的运行状态进行监测和故障诊断，实现驾驶台遥控操纵、无人机舱管理，其中应用比较广泛的为现场总线技术，包括：FF现场总线、PROFIBUS现场总线、CAN总线、HART总线等，这里我们简要介绍PROFIBUS总线和CAN总线技术。

1. PROFIBUS技术及主要特点

PROFIBUS采用混合的总线存取控制机制来实现其通信目标。它包括主站（Master）的令牌（Token）传递方式和主站与从站（Slave）的主—从方式。令牌实际上是一条特殊的报文，它在所有的主站上循环一周的时间是事先规定好的。主站之间构成令牌逻辑环，令牌传递仅在各主站之间进行。令牌按令牌环中各主站的地址的程序在各主站之间依次传递。

当某主站得到令牌报文后，该主站可以在一定时间内执行主站工作。在这段时间内，它可以依照主—从通信关系表与所有从站通信，也可以依照主—主通信关系表与所有主站通信。令牌传递程序保证每个主站在一个确切规定的时间内得到总线存取权（即令牌）。如图13-1所示。

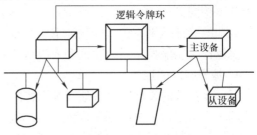

图13-1 PROFIBUS现场总线存取方式

2. CAN总线技术及主要特点

CAN（Controller Area Network）总线，又称控制器局域网，是Bosch公司在现代汽车技术中首先推出的一种多主机局域网，主要应用于汽车内部强干扰环境下的电器之间的数据可靠通信。但由于其优异的性能，现已被许多领域广泛采用和推广。CAN总线的规范已被ISO国际标准组织制定为国际标准，CAN协议也是建立在国际标准组织的开放系统互连参考模型上的，主要工作在数据链路层和物理层。用户可以在其基础上开发适合系统实际需要的应用层通信协议。CAN总线的特点如下：

1）可实现全分布式多机系统，且无主、从之分；
2）可以点对点、一点对多点及全局广播几种方式传送和接收数据；
3）按节点类型可分成不同的优先级，可以满足不同的实时需要；
4）采用短帧结构，传输时间短，受干扰的概率低，重发时间短，且有良好的检错效果；
5）采用循环校验（CRC）和其他校验措施，保证了极低的信息出错率；
6）具有自动关闭功能，不影响总线的正常工作；
7）用户接口简单、编程方便，很容易构成用户系统。

应用于船舶推进时，CAN网络主要负责系统中数据的传递，提供实时可靠的信息通道，如图13-2所示。机舱的主机报警信息通过CAN总线把报警信息及时送到驾驶台的控制面板单元，而驾驶台的操船命令也是通过CAN总线送到机舱的车钟执行单元。

机舱的主机报警单元主要包含主机各主要参数的监控，主机参数信息的获得是通过传感器的测量得到，如果采用传统手段，通常是要配置D-A和A-D转换单元，把采集到的信息用数字表示，并进行一系列计算，最终得出决策的方案。而未来的发展趋势是监测传感器全部由智能变送器构成，变送器将被监测信号转换成数字信号，该数字信号可以通过现场总线交由PC进行处理。这种方法最为先进，代表了未来的发展方向。

机舱的车钟执行单元主要是通过CAN总线获得驾驶台的命令，根据驾驶台的命令驱动

第13章 船舶电力推进的监测与控制

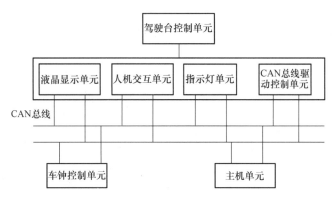

图 13-2 基于 CAN 总线的船舱遥控和报警系统结构示意图

执行相应的操作。驾驶台的控制面板中包含液晶显示单元、人机交互单元、报警指示灯单元以及最重要的 CAN 总线的驱动和控制单元。液晶显示单元主要用于显示主机当前的状况,当遇到紧急情况时显示报警信息。人机交互单元主要是利用键盘功能实现,对于报警信息的确认和车钟控制的遥控都是通过键盘命令的输入来实现的。指示灯单元主要是提醒用户当前处在何种状态,以及完成整个面板的背景灯亮度变换等功能,使得系统的状态更容易被确认。同时当报警情况发生时,不仅有液晶显示单元的提示,指示灯的指示,还伴有扬声器的提醒,这样对于每一次的报警都不会被遗漏,提高了船舶航行的安全性。

13.3 船舶电力推进监测与控制系统设计要求

13.3.1 环境要求

1) 在舱室内应能在 0 ~ +45℃温度范围内正常工作,在机舱内温度下限允许为 +5℃;
2) 如有发热器件且无空调的封闭处所,还应能在 +70℃温度时不失效;安装在温度可能超出上述范围的部位,如在发动机、锅炉上或近旁等,则应特别考虑;安装在可能出现低温的处所,如敞开甲板,无保温措施的甲板室等,还应能在 -25℃温度时正常工作;
3) 船舶电力推进监测与控制系统应能在各方向倾斜及摇摆 22.5°,周期为 10s,以及垂直方向线性加速度为 ±9.8m/s^2 时正常工作;
4) 船舶电力推进监测与控制系统应能适应船上盐雾、油雾、霉菌及灰尘等环境。

13.3.2 安装要求

船舶电力推进监测与控制系统应能在表 13-1 所述的振动条件下正常工作。

表 13-1 振动条件

安装位置	振 动	参 数
一般处所	2.0 ~ 13.2Hz 振幅 ±1mm	13.2 ~ 100Hz 加速度 ±0.7g
往复机上如柴油机、空压机上及其他类似处所	2.0 ~ 25Hz 振幅 ±1.6mm	25 ~ 100Hz 加速度 ±4.0g
其他特殊部位,如柴油机(特别是中、高柴油机)的排气管上	25 ~ 200Hz 加速度 ±5.0g	

如在上述频率范围内发生共振,使振动超过上述规定值,则应采取适当措施予以抑制。

13.3.3 绝缘耐压要求

船舶电力推进监测与控制系统应满足下表13-2所要求的绝缘电阻。

表 13-2 绝缘电阻

额定电压	试验电压(DC)	要求值
≤65%	2×输出电压	1MΩ
>65%	500V	10MΩ

船舶电力推进监测与控制系统应能承受试验电压为(2×额定电压+1000)V,频率为45~62Hz耐时1min,无击穿和闪烁。

13.3.4 工作电源要求

船舶电力推进监测与控制系统应能在表13-3所述的电压、频率条件下正常工作。由蓄电池供电时,电压变化-25%~30%;如充电时设备不接到充电的蓄电池上,则电压变化为±20%。当电源的谐波成分不大于5%时,船舶电力推进监测与控制系统应能正常工作。船舶电力推进监测与控制系统应具有必要的电磁兼容性。

表 13-3 电压和频率波动

项目	变化范围		
	稳态	瞬态	
	%	%	恢复时间/s
电压	±10	±20	1.5
频率	±5	±10	5

船舶电力推进监测与控制系统的电源应来自主配电板或应急配电板(若设有时),并应设有备用电源。主电源失电时仍有必要供电的自动控制系统,应自动转接到备用蓄电池组并发出报警和予以指示,且备用蓄电池组的容量至少能满足30min的供电需要。

13.3.5 主要功能性能要求

船舶电力推进监测与控制系统应能实现预定的自动化监控功能。

船舶电力推进监测与控制系统应具有自检功能。查出故障后,应以适当的方式指示出故障的位置,并发出报警。硬件的设计应尽可能模块化,以便检测和更换。更换模块或部件时,应有措施防止被控机电设备处于不安全状态。

人机对话应尽可能简单,至少应设一专用键或采用其他等效方法能随时中断计算机运行,以便在必要时,将机电设备的控制转为就地人工控制。

对于具有多种监控功能的计算机,当其中某些功能由人工选择退出时,应予以指示。

控制重要机电设备的计算机或其主要功能模块出现故障时,如既不能及时转换至机电设备的人工控制，又不能使机电设备处于预定安全状态，则应设有自动切换的备用计算机或功能模块。

显示器可作为报警显示用，但它应满足：应能清楚地显示出所有同时出现的报警；应以适当方式显示出故障报警在应答前后的区别，但不允许仅用不同颜色显示这种区别；应配有打印机记录故障的内容；至少有一台备用的显示器；主电源失电时，显示器仍能正常工作；如参数显示与报警合用一个显示器时，不应妨碍报警信号的显示。

船上的控制站（室）可有机舱集控室、驾驶室控制站、就地控制站、桥翼控制站等。

各控制站（室）之间对可以共同控制的机电设备在正常运行或发生故障时，应能实施转换。转换时，不允许引起设备运行状态的严重变化。

机舱集控室与驾驶室之间的转换，只允许在机舱集控室进行；就地控制站与机舱集控室或驾驶室控制站之间的转换，只允许在就地控制站进行。转换应得到接收控制的站（室）的应答后才完成。在所有的控制站（室）均应指示哪个控制站（室）正在进行控制。在同一时刻，只能有一个控制站执行控制。

13.3.6 监控系统网络的要求

应有监视计算机局域网使用和状态的措施；应可取消和插入节点，而不中断网络的正常运行。当服务于重要功能时，要有设施保证在预定时间内接收信息。

对于网络间的连接，互连的网络要能互相独立，互连的设施可以是路由（router）、网桥（bridge）或网关（gateway）。

网络的拓扑结构应做到当节点间发生故障时，网络上各系统要能继续工作，数据传输不能停止。

通信协议要确保网上数据流的完整，此外分享网络的计算机软件设计要进行数据值极限的校核。

网络要能传递最大可能的数据速率，而不致引起不能接受的数据等待或数据碰撞。在安全和报警显示方面的数据等待极限时间在2s以内。

网络的安装要足以防止机械损伤和电磁干扰。

13.3.7 监控系统用传感器的要求

传感器应能长期稳定地正常工作，其量程和频率特性应与被测参数预计的最大变化范围及变化速率相适应，并应有适当的精度和灵敏度。

传感器应在其安装位置对环境条件有良好的适应性。传感器应牢固耐用，具有良好的机械保护，可靠的电气连接和良好的绝缘性能。

传感器的安装位置应能正确反映被测参数，并易于接近、测试。在难于接近和拆装的位置，还应加装一个备用传感器。

如相互独立的监控系统测量同一参数的传感器及其信号电缆的故障能得到有效的检测，则允许合用一个传感器，但对规定要求设置2只传感器者除外。

13.3.8 控制软件基本要求

控制软件按功能分解成模块，这些模块既有一定的独立性，同时又有一定联系。每一模块的编制要求相对独立，以便对各模块进行检验、修改、说明和维护。

系统的控制软件要具有较高的可靠性和抗干扰能力，而且还要具有良好的开放性，便于软件升级和功能扩展。

用于自动化监控的程序和数据应存放在永久存储器中。如果程序和数据的任何一部分存放在非永久性存储器中，则船上应配有该程序和数据的复制件及重新输入该程序和数据的设备，并有相应的措施检查程序和数据的正确输入。

13.4 船舶电力推进监测与控制系统设计

设计船舶电力推进监测与控制系统必须按用户对其基本性能的要求，并依据被监控对象的特点来进行。同时要充分了解市场上相关设备和器件的性能、质量、价格和服务等。

船舶电力推进监测与控制系统设计主要内容和步骤可分以下几点。

13.4.1 方案的初步制订

首先根据电力推进系统的需要，对电力推进监测与控制系统有一个初步设想，确定电力推进监测与控制系统的基本架构是采用集中式监测与控制，还是选用分布式监测与控制；是采用模拟式还是全数字式；系统是否采用网络技术，选用几级网络；整个系统由那些主要部分或设备组成等。当然事先可以制订多个总体方案，以便进一步分析比较。

13.4.2 监测与控制网络设计

随着计算机技术、通信和网络技术的迅速发展，以及船舶推进系统自动化、信息化的要求，船舶电力推进监测与控制系统越来越多地采用网络技术。

在总体方案提出的网络结构仅仅是一个粗略的轮廓，必须根据电力推进监测与控制系统具体性能要求和技术指标，譬如在网络上交换的信息量、实时性、误码率、通信可靠性等，以及监测与控制系统所监控的对象特点，选择具体的网络组件。包括网络的拓扑结构（是总线网、星型网、还是环形网、协议是走令牌、还是主从）、网络介质、交换机、中继器、网关等。

船舶电力推进系统典型监测与控制网络单线图如图13-3所示。

13.4.3 监测与控制系统设计

船舶电力推进监测与控制系统是船舶电力推进系统的重要组成部分，完成电力推进系统各组成设备主要运行技术参数、工作状态的监测和电力推进系统的操作控制以及故障监测、报警、保护等功能，并通过便捷友好的人机界面进行显示、报警等。

1. 信号、电源、接地的抗干扰设计

（1）信号系统的抗干扰措施 信号抗干扰的重要措施之一是采用信号隔离，信号隔离可以采用隔离放大器，也可以采用光电隔离器件，使监控计算机与测量、控制现场没有直接的电的联系。对于空间干扰，信号通常用屏蔽的双绞线传送，当传送距离较远时，应加金属管屏蔽；对于串模干扰，除了信号屏蔽外，还采用RC滤波和数字滤波；对于共模干扰，可

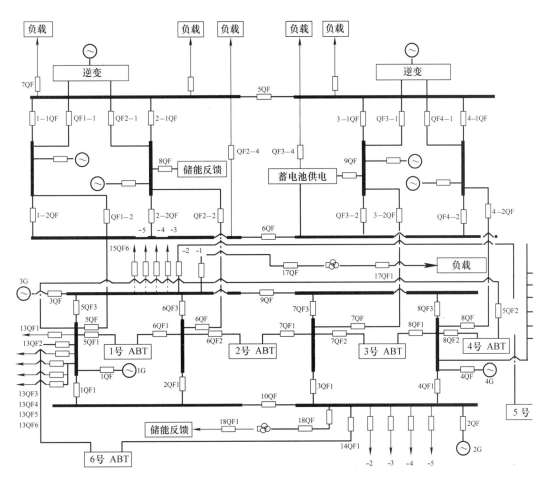

图 13-3 某船电力推进系统典型监测与控制网络单线图

以采用信号放大器浮空加屏蔽及信号隔离等措施。

（2）电源系统的抗干扰措施　对于交流电源一般采用变压器隔离、LC 滤波、交流稳压和不间断电源。对于直流电源加稳压、RC 滤波；对于印刷电路板及 IC 芯片电源加置 RC 滤波。对于电源系统中的电源变压器一律加电磁屏蔽，最大限度地减少电源系统被干扰的可能。

（3）接地系统的抗干扰措施

接地的正确性和良好性，直接关系到系统的抗干扰能力和工作的稳定性和可靠性。

1）印制电路板的地线：在电路板设计中尽量采用多层板，其中几层作整体地线；在电路板上采用环抱网状接地，即将电路板的空位和边缘留作地线，边沿地线作为主干线，而且要尽量宽；平行信号线间尽量添加地线。

2）输入、输出系统的地线：在输入、输出接口中，各种开关、按钮容易产生抖动脉冲干扰，接口电路中存在各种感性负载，还存在瞬态冲击电流很大的阻性负载，另外，各种引线敷设很长，这些都是产生和引入干扰的因素，针对以上情况，可采取以下措施：

接口地线在敷设过程中应连接可靠、绝缘良好；不同等级的电压、电流线和容易引进干扰的信号线，应分别设置地线；在信号电缆束中，合理设置地线，对信号线起到屏蔽和隔离作用；输入、输出信号的地线在可能的情况下要分别设置，而且要尽量粗。

2. 电力推进监测与控制面板设计

舰船电力推进控制系统的操作控制一般分为驾驶室（含两翼）、机舱集控室和机旁三个操作部位，在系统运行过程中可以相互转换，而且有操作优先级，任何时刻只允许一个操作位置有效。

（1）驾驶室操纵面板

1）组合式速度操纵装置。用于设定螺旋桨的速度给定；

2）指示仪表。螺旋桨转速指示；

3）驾驶室与集控室控制地转换控制组合。转换按钮（带灯光照明）；蜂鸣器；当前控制部位指示灯；

4）主控台与桥翼控制站选择及指示组合。本站获取控制权按钮；控制权在右桥翼指示灯；控制权在左桥翼指示灯；

5）转速机旁控制信号灯。当在推进机舱选择转速机旁控制时，转速控制系统进入机旁就地控制模式，该信号灯将会点亮；

6）紧急停车按钮（硬连线到电机起动装置）。紧急停车用于立即断开电动机电源，正常的停车等到电动机转速降低到某一程度时才断开电动机电源；

7）驾驶室故障报警模板；

8）调光器及灯测试。

（2）驾驶室桥翼操纵面板

1）组合式速度操纵装置。用于设定螺旋桨的速度给定；

2）指示仪表。螺旋桨转速指示；

3）主控台与桥翼控制站选择及指示组合。本站获取控制权按钮；控制权在驾驶室主控台指示灯；如果是左桥翼面板，则是控制权在右桥翼指示灯（如果是右桥翼面板，则是控制权在左桥翼指示灯）；

4）紧急停车按钮，硬连线到电动机起动装置；

5）调光器及灯测试。

（3）机舱集控室操纵面板

1）指示仪表；

2）螺旋桨转速指示；

3）角度控制手柄；

4）集控室与驾驶室控制地转换控制组合转换按钮（带灯光照明）；蜂鸣器；当前控制部位指示灯；

5）转速机旁控制信号灯；

6）机舱集控室故障报警模板；

7）灯测试按钮。

（4）推进机舱操纵面板　该面板安装在一个控制柜上，控制柜安放在推进器舱。控制

面板包括:
1) 螺旋桨转速指示;
2) 应急车钟;
3) 本地操舵/遥控操舵选择开关。用于选择机旁或者集控室与驾驶室遥控方式;
4) 微型终端面板。微型终端面板包括一个数字显示器及一个功能键盘,用于调节、维护和故障排除。

13.4.4 监测与控制系统软件设计

随着计算机、通信、软件技术的不断发展,监测与控制系统软件设计也发生了根本变化。组态软件已逐步成为监测与控制系统软件设计的主流设计方法。

监控组态软件是面向监控与数据采集的软件平台工具,具有丰富的设置项目,使用方式灵活,功能强大。早期监控组态软件主要解决人机图形界面问题。随着监控组态软件的快速发展,实时数据库、实时控制、通信及网络、开放数据接口和对 I/O 设备的广泛支持也成为其主要内涵。国际上比较知名的几种监控组态软件见表 13-4。

表 13-4 国际上比较知名的几种监控组态软件

序号	公司名称	产品名称	国别
1	Wonderware	Intouch	美国
2	Intellution	iFIX	美国
3	西门子	WINCC	德国
4	国家仪器仪表	LabView	美国
5	罗克韦尔	RSView	美国

现场总线是一种特殊的网络技术,其核心内容一是工业应用,二是完成从模拟方式到数字方式的转换,使信息在一根双线电缆上传输。同其他网络一样,现场总线的网络结构也具备 OSI 的若干层协议。现场总线技术的成熟发展更加促进了组态软件的应用。

组态软件一般由图形界面系统、实时数据库系统、第三方程序接口组件和控制功能组件等组成。组态软件最突出的特点是实时多任务。如数据采集与输出、数据处理与算法实现、图形显示与人机对话、实时数据的存储、检索管理、实时通信等多任务同时运行。

工程设计技术人员在组态软件中填写事先设计的表格,再利用图形功能把被控对象形象地画出来,通过内部数据连接把被控对象的属性与 I/O 设备的实时数据进行逻辑连接。当由组态软件生成的应用系统投入运行时,与被控对象相连的 I/O 设备数据发生变化会直接带动被控对象的属性变化。

组态软件设计的一般步骤:
1) 收集具体工程应用对象的所有 I/O 点,并填写 I/O 参数表;
2) 明确所使用的 I/O 设备的特征,使用的通信接口、采用的通信协议,以便在组态时准确定义 I/O 设备;
3) 标识 I/O 点。每个 I/O 标识是唯一的,组态软件通过向 I/O 设备发出 I/O 标识请求对应的数据；

4）根据工程的工艺过程设计画面结构和画面；

5）根据 I/O 参数表，建立实时数据库，组态各种变量参数；

6）在实时数据库中建立实时数据库变量与 I/O 点的一一对应关系，即定义数据连接；

7）组态静态的操作画面；

8）将操作画面中的图形对象与实时数据库变量建立动画连接关系，同时规定动画属性和幅度；

9）对组态内容进行分段调试和总体调试。

13.4.5 人机界面设计

典型电力推进系统监测与控制界面如图 13-4 所示，其主要组成部分和功能如下：

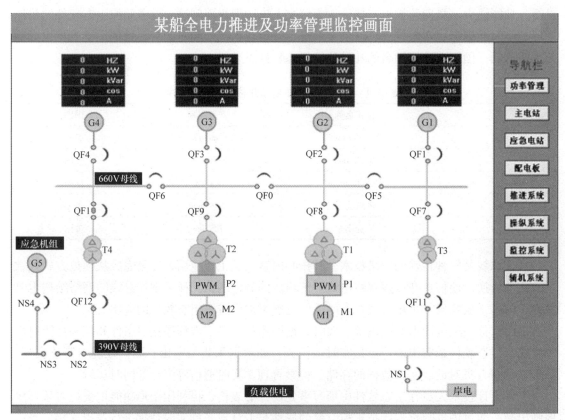

图 13-4 某船电力推进系统监测与控制界面

登录界面：进行系统登录和用户管理；

主导航栏：切换查看舰船电力推进系统各监控子画面；

状态栏：显示当前系统运行状态、运行时间和指示所监控的子系统，同时包含若干监控系统的快捷按钮；

主监控界面：主监控画面主要显示当前所监控的子系统的具体情况，为监控界面的核心，主监控画面一般由分导航栏和监控画面两部分组成；

报警画面：主要分实时报警和历史报警，当某个系统发生故障报警时，监控界面自动切换到实时报警界面，状态栏的报警状态闪烁显示，同时发出报警声响，直到实时报警被确认为止；

趋势画面：分实时趋势和历史趋势，主要用于显示舰船电力推进的功率趋势、温度趋势等；

日志系统：记录不同用户对监控系统的登录、注销、对数据库的访问、修改等。

13.5 船舶电力推进监测与控制系统方案实例

13.5.1 某船电力推进监控系统设计

1. 系统概述

某船综合全电力推进系统采用 4 台柴油发电机组并网发电组成船舶电网，为日用以及 2 套推进系统供电，每套推进系统包括一台推进变压器、一台变频器以及一台推进电动机。每台电动机由独立的变频器供电，每台变频器通过推进变压器连接到船舶电网，如图 13-5 所示。

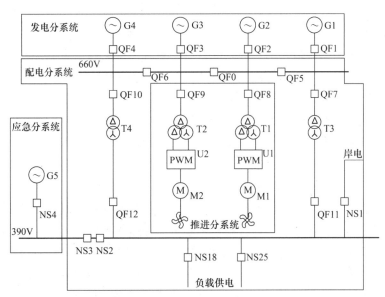

图 13-5 某船综合全电力推进系统

对于这样的综合全电力系统，监控系统作为综合全电力推进系统的控制中心，控制对象主要有柴油发电机组、发电配电屏、变频调速驱动推进装置（推进变压器、变频器、推进电动机）、配电变压器、中央控制台、驾驶室推进控制台、车钟系统以及一些辅机控制箱。根据功能划分，可将监控系统控制对象分为发电分系统、推进分系统、配电分系统、应急分系统四部分。

监控系统能对各组成设备实施实时控制、有效的故障诊断与保护，能自动协调柴油发电机组和电力推进功率，实时记录系统的事件信息及系统设备的运行参数和状态。功率管理和监控系统包括分布在整个电力推进系统内的传感器和执行机构。这些传感器和执行机构通过实时通信连接到中心处理器。功率管理和监控系统将实时监测电力推进系统各设备的运行状况，并利用对设备的在线检测，使操作人员全面掌握电力推进系统的运行状况，同时功率管理和监控系统利用检测的信息对电力推进系统进行评估、故障诊断和故障报警等，从而提高电力推进系统的可靠性和维修性。

2. 系统设计

船舶监控系统的控制对象分布于不同的舱室，各舱室之间布线不便，为此，通常采用分布式网络控制系统，而对于分布式控制系统稳定性和可操作性很大程度上取决于控制网络设计。包括控制网络现场总线的选择、网络传输介质的选择、控制网络拓扑结构的设计。

（1）现场总线选择 随着生产车间自动化和过程自动化中分散化结构的迅速增长，现场总线系统的应用日益普遍。现场总线系统实现了数字和模拟输入/输出模块、智能信号装置和过程调节装置与可编程序控制器（PLC）和 PC 之间的数据传输，把 I/O 通道分散到实际需要的现场设备附近，使安装和布线的费用开销减少到最小，从而使成本费用大大节省。另外，标准化的现场总线具有"开放"的通信接口，允许用户选用不同制造商生产的分散 I/O 装置和现场设备。

在选用现场总线时，我们对多种现场总线进行比较，特别是对较具竞争力的几种总线，如 PROFIBUS、FF 总线、CAN、Lonworks 等。只有通过深入比较，才可能从市场上大量可供应的现场设备和部件中选择最佳的产品组成自己的系统。根据数据传输容量的不同，可分为数据流总线（如 FF 等）、字节总线（如 PROFIBUS、Device Net 等）和位总线（如 AS－I 等）。数据流总线适用于大型系统的信息传输与过程控制；字节总线有开关量和模拟量 I/O，适合于 PLC 和过程控制应用，数据量适中，实时性也可以得到保证；位总线传送二进制信号，适用于简单开关量 I/O 等。显然，本系统实时性要求较高，数据量适中，应该选取字节总线。根据控制对象的情况可最终确定总线方案，本船的推进部分采用 SIEMENS 公司的 6SE71 系列变频柜以及多种 SIEMENS 控制器，由于这些设备都集成了 PROFIBUS 总线接口，因此功率管理与监控选用 PROFIBUS 现场总线来构造控制系统网络，不仅降低改造成本，提高了系统的智能化和自动化程度，而且使整个系统的控制水平得到了很大的提高。

现场总线 PROFIBUS 满足了生产过程现场数据可存取性的重要要求。一方面它覆盖了传感器/执行器领域的通信需求，另一方面又具有单元级领域的所有网络通信功能。特别在"分散 I/O"领域，由于有大量的、种类齐全的、可连接的现场设备可供选用，因此 PROFIBUS 已成为事实上的国际公认的标准。

连接在 PROFIBUS 现场总线上的站点分为主站和从站，PROFIBUS 总线存取协议包括主站之间的令牌传递方式和主站与从站之间的主从方式。令牌传递方式确保得到令牌的主站可在一个事先规定的时间内得到总线控制权，令牌传递就是在总线上传递总线控制权，连接到 PROFIBUS 的主站按其总线地址的升序组成一个逻辑令牌环，令牌是按主站地址升序在令牌环中传递，为了使逻辑令牌环闭合，具有最高总线地址的主站总是把令牌环传递给具有最低总线地址的主站，如图 13-1 所示。主从方式允许得到令牌的主站可以与所属的从站进行通信，主站向从站发送数据或发出轮询，从站接收数据或者接收到轮询后进行应答。总线起动或初始化时,介质存取控制(MAC)通过辨认主站建立令牌环,并将这些主站的地址保存在主站列表(LAS)中,LAS可以在运行期间自动更新,可以自动剔除有故障的主站节点,也可以添加新的主站节点到令牌环中。

(2) 网络介质选择及拓扑结构设计 用玻璃或塑料纤维制成的光纤电缆可用作PROFI-BUS传输介质,目前光纤能处理的连接距离达到15km。光纤通信作为第三代有线通信技术,具有大容量、速度快、线路损耗小、抗干扰等突出优点。光纤技术的成熟已经为新型的总线结构打下了坚实的基础,使用光纤技术,可以构建更加复杂的网络拓扑结构,如环形结构,此外还有线形、树形或星形结构,光纤链路模块(OLM)可以用来实现光纤环网。在光纤环网中,OLM通过双工光缆相互连接,如果光纤发生断线或OLM故障,它们将作出反应并自动地切换总线系统成线性结构。一旦光纤导线中的故障排除后,总线系统即返回到正常的冗余环状态。因为每条光缆有发送光纤以及接收光纤组成,有些文献把这种称为冗余双环。

(3) 控制网络设计 现场总线控制系统结构按照职能分为三层:现场控制层、过程监控层和管理层,如图13-6所示。其中现场控制层主要包括现场控制器PLC、变频器、远程I/O设备等。过程监控层主要包括操作面板、监控工作站以及其他工作站,它是联系现场控制层和管理层的纽带,通过与子站进行通信获取现场设备运行信息,并传送给管理工作站或服务器。管理层包括管理工作站及其他服务器,如知识库服务器、运行数据库服务器等。

图13-6 控制网络分层

功率管理和监控系统是由中央控制台、驾驶室推进控制台和发电配电板、机旁控制箱组成,通过PROFIBUS现场总线相连,通过OLM实现光纤环网连接,中央控制台S7-400作为主站的单主站PROFIBUS系统,同时通过以太网与上位机相连形成计算机监控系统。

功率管理和监控系统对主推进系统的控制设备实行实时监控,实现航行工况及航速的集中控制;对柴油发电机组控制设备实行实时监控并显示。对发电配电分系统,主要操作模式有中央控制台自动、半自动、板前半自动、板前手动以及机旁操作。对推进分系统,有主要操作模式驾驶室操车、中央控制台操车、中央控制台后备操车以及变频器机旁操车。

3. 软件设计

本监控系统采用 SIEMENS 公司的 S7 系列可编程序控制器（以下简称 PLC）S7-400 为主控制器，结合外围控制电路组成计算机控制系统来控制、管理本系统相关设备。驾驶室推进控制台推进子站、配电子站选择 S7-300 作为控制器，应急子站选择 S7-200 作为控制器，发电子站采用 S7-300 作为主控制器，通过 PROFIBUS 连接 4 台 ET200M。

软件能实时对各种故障信号进行检测及判断，并及时作出处理。PLC 上电后，能对设备进行初始化及工作后的实时诊断，并且软件加入冗余和容错技术，进一步提高了系统的可靠性，可输出正常工作信号、故障报警和保护信号。

功率管理功能由中央控制台 S7-400 协同系统设备完成，功率管理是本系统功能的一个很重要的组成部分，是船舶电力系统的核心。它可以根据功率需求以及机组运行状态对全船供用电进行管理监控。可实现以下主要功能：

1) 电站机组控制模式选择；
2) 机组起动、解列顺序；
3) 负载检测、合理分配；
4) 母线开关管理控制；
5) 发电机管理与保护；
6) 母线电压、频率检测与管理；
7) 功率管理报警与事件信息。

S7-300 及 S7-400 系列 PLC 程序使用 Step7 编程语言编制。Step7 编程语言与 SIMATIC S7 系列 PLC 一起使用，用以实现各种自动控制功能。STEP7 引用了结构化程序设计思想，采用软件块来构造程序。软件块分为组织块 OB、功能块 FB、功能 FC、数据块 DB。组织块 OB 是操作系统与用户的接口，用以管理用户程序，可用于循环、中断驱动或定时驱动。PLC 系统在运行时实际上是循环调用组织块 OB1 的，这样用户就是从 OB1 开始自顶向下构造程序的。功能块 FB 是在逻辑操作块内的功能或功能组，在操作块内分配存储器，并存储有变量，需要背景数据块。功能 FC 是类似于 FB 的逻辑操作块，但是不分配存储区，不需要背景数据块。有许多标准功能块 FB 和功能 FC 由 OEM（能源管理器）提供。数据块 DB 存储用户数据。软件块可用嵌套调用。PLC 程序通过 Step7 软件包实现程序编制、调试等功能。

S7-200 系列 PLC 程序使用 Step7-Micro/WIN 编程语言编制。它基于标准 Windows 操作系统，可以进行符号编程，通过符号表来分配符号地址和绝对地址。对 TD200 文本显示面板、PID 控制器、用于 CPU 之间数据传输的通信功能、高速计数器等，Step7-Micro/WIN 具有非常适用的向导功能，帮助用户快速完成自动化任务。

4. 人机界面设计

本系统在中央控制台设有工控机一台，通过工业以太网与 PLC 通信，采用上位机监控软件。Wonderware 公司的 InTouch 是用于工业自动化、过程控制和管理监视的一个强大的图形人机界面（HMI）软件。它在 PC 基础上开发的操作员监控系统，用于可视化和控制工业生产过程。同时以 Wonderware 公司的 InSQL Server 提供工业实时数据库支持智能化和信息化,不仅提供更友好的人机界面,使信息更加详细,并可以向上提供标准数据接口,使监控系统与管理系统能沟通。这样,综合全电力控制系统将不再是信息孤岛,而成为全船信息系统的一部分。

某船电力推进监控系统,它可以对全船的各种设备的重要变量进行实时监控,主界面如图 13-7,它主要组成和功能如下:

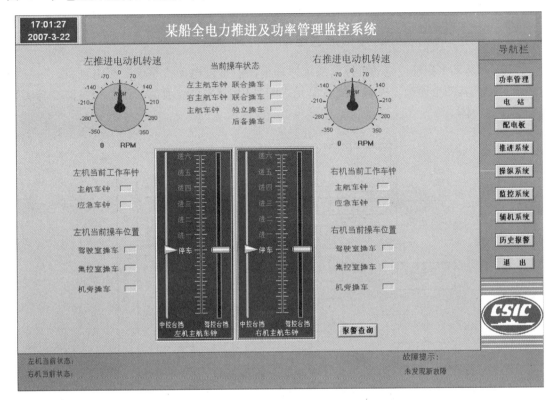

图 13-7 电力推进监控系统实时监控主界面

登录界面:可进行监控系统登录,由操作人员输入正确的密码方可进入系统操作;

导航栏:切换查看监控系统的各监控画面,主导航栏包括 8 个监控画面菜单,即功率管理系统、主电站系统、应急电站系统、配电系统、推进系统、操纵系统、监控系统、辅机系统。

状态显示:指示当前所显示的监控画面,具体表现为当显示某监控画面时,背景画面上的绿线指示到主导航栏相应的菜单。例如,若当前显示推进系统监控画面,则绿线指示导航栏中的推进系统菜单。

主监控界面:主监控画面主要显示当前所监控的子系统的具体情况,为监控界面的核心部分。主监控画面由两部分组成:导航栏和监控画面。本监控系统的主监控画面是功率管理系统监控画面,它能实时监测各发电机的输出有功功率、无功功率、功率因数、频率、电流等变量,以及监测各开关和变压器、逆变器的工作情况。

报警查询系统:主要是向用户提供历史报警记录,当某个系统所监控的变量发生报警时,该变量名后的状态框会变成红色,音响发出报警声,直到报警被确认为止,报警查询系统则记录了该次报警，以便用户查询。

在推进控制台设有 OP 操作面板一个，通过现场总线 PROFIBUS – DP 连接到 PLC，OP 通过总线报文获取现场运行数据，以图形化方式显示系统运行状态，用户也可以通过它给出推进控制指令。OP 面板通过 COROS ProTool 软件包来设计画面。ProTool 是一个 Windows 支持软件包。利用它设计好画面后，通过编程器传送给 OP 面板，自动实现了 OP 面板与 PLC 的连接，实现对系统的状态监控和其他功能。

13.5.2 采用 CAN 总线的多相推进电动机控制系统

图 13-8 是某多相推进电动机控制系统原理框图。推进电动机是十二相电动机，每三相为一个通道，共四个通道。控制系统各单元之间采用 CAN 总线通信。该总线将监控与实时控制连接为一体。

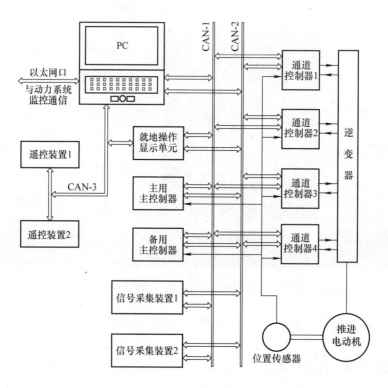

图 13-8　多相推进电动机控制系统原理框图

CAN 总线通信距离越远，波特率也越低，其关系见表 13-5。由于实时控制要求通信速率高，而且相互之间距离近，故 CAN – 1 和 CAN – 2 选择最高波特率 1Mbit/s。但遥控装置位于其他舱，与系统其他单元之间的距离远，仅传输操作命令和用于显示的信息，要求通信速率不是很高，因此遥控装置不能作为 CAN – 1 和 CAN – 2 的节点，另外设计 CAN – 3 用于遥控装置与就地操作显示单元及 PC 机之间通信，遥控装置与其他单元之间的通信由操作显示单元或 PC 机转发。考虑遥控装置与操作显示单元或监控计算机之间的距离不会超过 1km，故选择其波特率为 50kbit/s。为了提高可靠性，CAN 总线和主控制器进行冗余设计。

表 13-5　CAN 总线系统任意两个节点之间的最大距离

位速率/(kbit/s)	1000	500	250	125	100	50	20	10	5
传输距离/m	40	130	270	530	620	1300	3300	6700	10000

信号采集装置 1 和信号采集装置 2 分别采集电动机和变频器的参数，PC 实现对控制系统的命令控制及数据显示和储存，主要控制功能有发送命令给下位机并从下位机接收相关数据、发送设定值起动和停机命令，进行系统运行参数显示、故障报警指示，完成监控功能。

参 考 文 献

[1] 马伟明,张晓锋,焦侬,等.中国电气工程大典:第12卷 船舶电气工程 [M].北京:中国电力出版社,2009.

[2] 金德昌,姜孟文,云峻峰.船舶电力推进原理 [M].北京:国防工业出版社,1991.

[3] 王国强,董世汤.船舶螺旋桨理论与应用 [M].哈尔滨:哈尔滨工程大学出版社,2007.

[4] ABU SHARKH S M, LAI S H and TUMOCK S R. A Structurally Integrated Brushless PM Motor for Miniature Propeller Thrusters [J]. IEE Proc. – Electr Power Appl, 2004, 151 (5): 513 – 519.

[5] 杜承东.多相同步电动机直接转矩控制系统研究 [D].武汉:海军工程大学,2008.

[6] 乔鸣忠.舰船多相永磁同步推进电机的模型、参数及运行研究 [D].武汉:海军工程大学,2003.

[7] 于飞.多相空间矢量PWM控制的理论与应用研究 [D].武汉:海军工程大学,2006.

[8] 沈浙.逆变器并联传动系统控制策略研究 [D].武汉:海军工程大学,2009.

[9] 于飞,张晓锋,李槐树,等.大功率逆变器的拓扑结构与器件选择 [J].机车电传动,2004,3 (2):5 – 8.

[10] MALIK S, KLUGE D. ACS1000 World's First Standard AC Drive for Medium – Voltage Applications [J]. ABB Review, 1998 (2): 4 – 11.

[11] G BRAUER, A WIRTH, et al, Simulation Tools for the ACS1000 Standard AC Drive [J]. ABB Review, 1998 (5): 43 – 50.

[12] STEIMER P K, GRUNING H E, et al. IGCT—A New Emerging Technology for High Power Low Cost Inverters [J]. IEEE Industry Application Magazine, 1999 (7/8): 12 – 18.

[13] STILLMAN H M. IGCTs—Megawatt Power Switches for Medium Voltage Applications [J]. ABB Review, 1997 (3): 12 – 17.

[14] EICHER S, BERNET S, et al. The 10 kV IGCT—A New Device for Medium Voltage Drives [J]. IEEE Industry Applications Conference, 2000: 2859 – 2865.

[15] NAGEL A, BERNET S, et al. Characterization of IGCTs for Series Connected Operation [C]. IEEE Industry Applications Conference (IAS), 2000, 3: 1923 – 1929.

[16] MOTTO K, LI Y, et al. High Frequency Operation of a Megawatt Voltage Source Inverter Equipped with ETOs [J]. IEEE Applied Power Electronics Conference (PESC), 2001, 2: 924 – 930.

[17] OGURA T, NINOMIYA H, et al. 4.5kV Injection – Enhanced Gate Transistors (IEGTs) with High Turn – Off Ruggedness [J]. IEEE Transactions on Electron Devices, 2004, 51 (4): 636 – 641.

[18] BRUCKMANN M, SOMMER R, et al. Series Connection of High Voltage IGBT Modules [C]. IEEE Industry Applications Society (IAS) Conference, 1998: 1067 – 1072.

[19] 李崇坚.交交变频磁场定向控制同步电动机调速系统的研究 [D].北京:清华大学,1993.

[20] 马小亮.大功率交—交变频调速及矢量控制技术 [M].北京:机械工业出版社,2003.

[21] SASTRY V V, PRASEAD M R, SIVAKUMAR T V. Optimal Soft Starting of Voltage – Controller – Fed IM Drive Based on Voltage Across Thyristor [J]. IEEE Trans on power Electronics, 1997, 12 (6): 105 – 110.

[22] ROWAN T M, LIPO T A. A Quantitative Aalysis of Induction Motor Permance Improvement by SCR Voltage Control [J]. IEEE Transon Industry Application, 1983, 19 (4): 185 – 190.

[23] WHEELER P W, EMPRINGHAM L, et al. Improved Output Waveform Quality for Multilevel H – Bridge Chain Converters Using Unequal Cell Voltages [J]. IEE Power Electronics and Variable Speed Drives Confer-

ence,2000:536-540.

[24] MANJREKAR M D, STEIMER P K, et al. Hybrid Multilevel Power Conversion System: A Competitive Solution for High Power Applications [J]. IEEE Transactions on Industry Applications, 2000, 36 (3): 834-841.

[25] LEWIS E A. Power Converter Building Blocks for Multi-megawatt PWM VSI Drives [J]. IEE Seminars on PWM Medium Voltage Drives, 2000: 4/1-4/19.

[26] SOMMER R, MERTENS A, et al. New Medium Voltage Drive Systems Using Three-Level Neutral Point Clamped Inverter with High Voltage IGBT [C]. IEEE Industry Applications Society Annual Meeting, 1999: 1513-1519.

[27] 于飞,张晓锋,李槐树,等.一种简单的直接数字式空间矢量PWM实现方法 [J].武汉:海军工程大学学报,2005,2(1):71-75.

[28] 杜煜.三电平逆变器空间电压矢量PWM调制及实现 [D].济南:山东大学,2007,11.

[29] 李新瑞.NPC三电平逆变器及中点电位平衡的研究 [D].东营:中国石油大学(华东),2009,07.

[30] 冯纪归.三电平NPC逆变器PWM控制方法的研究 [D].合肥:合肥工业大学,2009,04.

[31] 周文生,姚钢,宋文祥.中点箝位型三电平逆变器控制方法的综合研究 [J].电气传动自动化,2008,30(2):6-9,15.

[32] MENZIES R W. Five-level GTO Inverter for Larger Inductors Motor Drivers [J]. IEEE Trans on Industrial Applications, 1994, 30 (4): 938-943.

[33] JURGEN K STERNKE. Switching Frequency Optimal PWM Control of a Three-level Inverter [J]. IEEE Trans on Power Electronics, 1996, 7 (3): 487-496.

[34] ZHOU D, ROUAUD D G. Experimental comparisons of space vector neutral point balancing strategies for three level topology [J]. IEEE Trans. On PE, 2001, 16 (6): 872-879.

[35] BENDRE A, KRSTIC S, MEER J V, et al. Comparative evaluation of modulation algorithms for neutral-point-clamped converters [J]. IEEE trans. on IA, 2005, 41 (2): 634-643.

[36] POU J, BOROYEVICH D, Pindado R. New feed forward space vector PWM method to obtain balanced AC output voltages in a three-level neutral-point-clamped converter [J]. IEEE trans. on IE, 2002, 49 (5): 1026-1034.

[37] ESP INOZA J E, ESP INOZA J R, MORAN L A. A systematic controller design app roach for neutral point clamped three-level inverters [J]. IEEE trans. on IE, 2005, 52 (6): 1589-1599.

[38] SERGIO B M, BORDONAU J, BOROYEVICH D, et al. The nearest three virtual space vector PWM-a modulation for the comprehensive neutral-point balancing in the three-level NPC inverter [J]. IEEE Trans. Power Electron. Letters, 2004, 2 (1): 11-15.

[39] JEHUDI M, JAN A M. Speed-sensorless direct torque control of induction motors using an adaptive flux observer [J]. IEEE Trans. on Industry Applications, 2006, 36 (3): 778-785.

[40] SHIN M M, HYUN D. S machine in the field Speed sensorless stator flux-oriented stator control of induction weakening region [J]. IEEE Trans. on Power Eiectronics, 2007, 18 (21): 580-586.

[41] CUSUDCI D, SCRRA G, Tarsi A. Improvement of direct torque control performance by using a discrete SVM technique [J]. Power Electronics Specialists Conference. PESC 98 Record 29th Annual IEEE, 1998, 2: 997-1003.

[42] MARIO MARCHESONI, PAOLO SEGARICH, ERNESTO SORESSI. A Simple Approach to Flux and Speed Observation in Induction Motor Drives [J]. IEEE Transactions on Industrial Electronics, 1997, 44 (4): 528-530.

[43] 陈伯时.交流调速系统 [M].北京:机械工业出版社,1999.

[44] 吕华林.异步电机矢量控制变频调速系统的研究 [D].武汉:武汉理工大学,2010.5.

[45] 张欣. 基于DSP的全数字直接转矩控制系统的研制与开发 [D]. 天津: 河北工业大学, 2005.
[46] 胡崇岳. 现代交流调速技术 [M]. 北京: 机械工业出版社, 2004, (4): 96-101.
[47] 万小东. 基于DSP的异步电机直接转矩控制系统的研究与实现 [D]. 重庆: 重庆大学. 2007.1-2.
[48] ELBULUK M. Torque ripple minimization in torque control machines. Industry Applications Conference [C]. IAS Annual Meeting, 2003: 11-16.
[49] ESCOBAR G, STANKOVIC A M, GALVAN E, et al. A family of switching control strategies for the reduction of torque ripple in DTC [J]. IEEE Transon Control System Technology. 2003, 11 (6): 35-245.
[50] VANJA AMBROZIC, RASTKO FISER, David Nedeljkovic. Direct Current Control - A New Current Regulation Principle [J]. IEEE Transactions On Power Electronics, 2003, 18 (1): 495-503.
[51] BOJOI R, LAZZARI M, PROFUMO F, et al. Digital field oriented control for dual three - phase induction motor drives [C]. Proc. IEEE Ind. Appl. Soc. Annual MeetingIAS, Pittsburgh, Pennsylvania, 2002: 818-825.
[52] 宋庆国. 基于IGCT多相多电平高压变频器的设计与控制 [D]. 武汉: 海军工程大学, 2008.
[53] 乔鸣忠, 张晓锋. 变频器供电的船舶推进系统制动过程研究 [J]. 武汉理工大学学报 (交通科学与工程版), 2009 (5): 33-37.
[54] 乔鸣忠, 梁京辉, 张晓锋. 一种大气隙低噪声机桨一体化永磁推进装置 [P]. 中国: 201110131078.3, 2011.5.20.
[55] 冀路明, 汪庆周. 二十一世纪的Azipod吊舱式电力推进系统 [J]. 船舶工程, 2002 (2): 61-64.
[56] 乔鸣忠, 梁京辉, 蔡巍. 实心转子永磁同步电动机的时步有限元分析 [J]. 电工技术学报, 2011, 26 (9): 18-23.
[57] QIAO MINGZHONG, LIANG JINGHUI, ZHU PENG. Design and Analysis of a Novel IMP PM Motor for Low Noise Pump [C]. ICMA2010, Xi'an, China, 2010.
[58] 马骋. 船舶吊舱推进器水动力学 [M]. 北京: 国防工业出版社, 2009.
[59] 胡健, 黄胜, 马骋, 等. 船后吊舱推进器的水动力性能研究 [J]. 哈尔滨工程大学学报, 2008, 3 (29): 217-221.
[60] 杨晨俊, 钱正芳, 马骋. 吊舱对螺旋桨水动力性能的影响 [J]. 上海交通大学学报, 2003, 8 (37): 1229-1233.
[61] 聂延生, 林叶锦, 汪涌泉, 等. 吊舱式电力推进系统的特点与应用 [J]. 世界海运, 2002, 25 (1): 38-39.
[62] 孙诗南. 舰船电力推进在21世纪的发展 [J]. 上海造船, 2002, (2): 25-28.
[63] 高宜朋, 曾凡明, 张晓锋. 吊舱推进器在舰船推进系统中的发展现状及关键技术分析 [J]. 中国舰船研究, 2011, 6 (1): 90-96.
[64] 唐绍栋. 高温超导交流同步电动机 [J]. 船电技术, 2004, (1): 4-8.
[65] 张磊, 卢文忠, 冀海燕. 基于超导技术的舰船动力系统 [J]. 造船技术, 2009 (4): 1-8.
[66] 周云. 浅谈超导性 [J]. 现代物理知识, 2011, 15 (6): 48-49.
[67] 杨军. 超导电性的研究及应用 [J]. 现代物理知识, 2011, 16 (5): 28-31.
[68] 冀路明, 陈新刚, 王硕丰. 超导技术在舰船电力系统中应用的发展研究 [J]. 船舶工程, 2006, 28 (1): 54-57.
[69] 汪京荣. 超导在军事上的应用 [J]. 应用开发, 2003 (6): 18-23.
[70] SWARN S. KALSI. Development status of superconducting rotating machines [Z]. American Superconductor Corperation, 2005.
[71] 陈伟民, 倪士龙. 全方位推进器与艉侧推器综合作用对船舶操纵性能的影响 [J]. 上海船舶运输科学研究所学报, 2005, 28 (1): 11-14.

[72] 徐周华. 船舶艏侧推器适用的船速域 [J]. 武汉理工大学学报（交通科学与工程版），2002，26 (1)：116－119.

[73] 冯小东. 船用侧推器设计中的几个问题 [J]. 广东造船，2002，(4)：13－15.

[74] 龙飞，王孟莲，杨俊飞. 艏侧推装置及其应用研究 [J]. 船电技术，2005 (2)：6－9.

[75] 高双，朱齐丹，李磊，等. 双喷水推进船舶的运动控制技术研究 [J]. 船舶工程，2011，30 (3)：60－67.

[76] 庞建共，吴静芬，曹云勇. 4999吨级成品油艏侧推的设计放样 [J]. 船体与舾装，1999 (4)：5－6.

[77] 吕军. "滨海292" 轮艉侧推更新安装工艺 [J]. 中国修船，2002 (2)：20－27.

[78] 沙次文，周适燕，杨爱华，等. 超导螺旋式电磁流体推进试验船（HEMS21）[J]. 高技术通讯，2000 (6)：91－94.

[79] 李亚旭，刘晓林. 船舶磁流体推进与高温超导 [J]. 船电技术，2009，29 (8)：1－4.

[80] 赵猛，邹继斌，尚静，等. 磁性流体行波泵实验装置 [J]. 哈尔滨工业大学学报，2009，41 (7)：78－80.

[81] 吴国栋，刘昭. 船舶电力推进模拟器监控系统研究与设计 [J]. 上海造船，2010 (2)：31－34.

[82] 高闽娟，薛士龙，刘世梅. 船舶电力推进实时监控系统的研究 [J]. 仪器仪表学报，2006，27 (6)：513－514.

[83] 杨武，江汉红，张朝亮，等. 面向船舶电力系统监测的混合网络技术 [J]. 电网技术，2010，34 (4)：194－198.

[84] 李学. 综合监测船电力推进系统设计 [J]. 船舶电气，2009 (1)：40－42.

[85] 张晓锋，梁京辉，乔鸣忠，等. 机桨一体化推进电机设计及分析 [J]. 电工技术学报，2013，28 (11)：170－175.

[86] 郑珂. 集成电机推进器构型及特点分析 [J]. 舰船科学技术，2011，33 (6)：96－98.

[87] YAN X, LIANG X, OUYANG W, et al. A review of progress and applications of ship shaft－less rim－driven thrusters [J]. Ocean Engineering, 2017, 144：142－156.